Henri Le Saux (Abhishiktananda) · Wege der Glückseligkeit

Henri Le Saux
(Abhishiktananda)

Wege der Glückseligkeit

Begegnung indischer und
christlicher Mystik

Deutsche Übersetzung von
Reinhold Schein

Kösel

ISBN 3-466-20395-3
© 1995 by Kösel-Verlag GmbH & Co., München
Printed in Germany. Alle Rechte vorbehalten
Druck und Bindung: Kösel, Kempten
Umschlag: Elisabeth Petersen, Glonn
Umschlagmotiv: Mandala mit OM-Zeichen in der Mitte
Frontispiz: Henri Le Saux vor seiner Hütte
1 2 3 4 5 · 99 98 97 96 95

Gedruckt auf umweltfreundlich hergestelltem Werkdruckpapier
(säurefrei und chlorfrei gebleicht)

Inhalt

Vorwort

Was hier ist, ist auch dort,

was dort ist, ist auch hier.

Wer hier nur Vielheit wahrnimmt,

der geht von Tod zu Tod.

Katha Upanishad 4,10

Das vorliegende Buch stellt einen Meilenstein in der interreligiösen Begegnung dar, wie sie sich in den letzten Jahrzehnten entfaltet hat, insbesondere in der spirituellen Begegnung des Christentums mit dem Hinduismus. Es ist ein Teil dieser Geschichte selbst, und daher nicht nur notwendig zum Verständnis des hinduistisch-christlichen Dialogs, sondern immer noch von akuteller Bedeutung für einen sich weitenden Kreis von Menschen, deren inneres Leben von indischen Weisen der Spiritualität inspiriert oder sogar getragen wird. Das Gewicht dieses Buches liegt in der Person und der Erfahrung seines Autors, der sich mit unerbittlicher Ehrlichkeit als christlicher Mönch auf die radikale und entblößende Erfahrung des Advaita, der Nicht-Dualität, eingelassen hat, dem Herzen des Hinduismus, wenn man so sagen darf. Es ist daher sinnvoll, einen kurzen Überblick über das Leben dieses außergewöhnlichen Menschen zu geben[1].

Henri Le Saux wurde am 30. August 1910 als erstes von sieben Kindern eines kleinen Geschäftsmannes in Saint Briac in der französischen Bretagne geboren. Die Familie war fromm katholisch, und Henri entwickelte früh eine Neigung zum religiösen Leben. Schon mit 10 Jahren trat er in das »Kleine Seminar«, und mit 15 Jahren in das »Große Seminar« von Rennes ein. Bald verspürte er eine Berufung zum monastischen Leben, und trat 1929, erst 19 Jahre alt, in die Benediktinerabtei Sainte-Anne de Kergonan an der Atlantikküste der Bretagne ein. Den ersten Hinweis auf eine Berufung nach Indien finden wir im Jahr 1934, ein Jahr vor seiner feierlichen Profeß. 1935 wurde er auch zum Priester geweiht. Doch unterbrach der Zweite Weltkrieg das kontemplative Leben des Benediktiners, 1941 wurde er einberufen und diente ein Jahr in der französischen Armee, bis er 1940 gefangengenommen wurde. Er entkam der Kriegsgefangenschaft und flüchtete zurück zu seinem Kloster, aus dem die Mönche evakuiert waren. Im Jahr 1944 starb seine Mutter, mit der ihn eine tiefe Beziehung verband, und der er seine früheste Schrift »Liebe und Weisheit« (»Amour et sagesse«) gewidmet hatte. Als nach dem Krieg die Abtei wieder zum normalen Leben zurückkehrte, übernahm er wieder seine Funktionen als Bibliothekar und Zeremonienmeister. Seine Liebe zur Liturgie und besonders zum gregorianischen Gesang blieb ihm auch später, als er tief in die Welt des Hinduismus eingetaucht war. Die Jahre des Wartens auf die Erlaubnis, nach Indien gehen zu dürfen, nützte er für das Studium sowohl der Kirchenväter, als auch der indischen Philosophie, des Sanskrit und des Tamil, soweit ihm Bücher zugänglich waren. Seine sprachliche und spirituelle Vorbereitung sollte ihm in Indien große Dienste leisten.

Um seinen Wunsch, in Indien seiner Berufung auf radikalere Weise nachzugehen, zu erfüllen, nahm er 1947 Verbindung mit dem Bischof von Tiruchirappalli auf. Dieser gab seinen auf Französisch geschriebenen Brief weiter an Abbé Jules Monchanin, der in seiner Diözese als Priester diente. Monchanin hatte schon früher in Frankreich einen Ruf als Pionier der Ökumene. Zur großen Freude von Dom Le Saux erhielt er eine Antwort von Abbé Monchanin, der sich mit einem ganz ähnlichen Gedanken an einen indischen christlichen Ashram trug, in dem die Begegnung mit dem Hinduismus auf einer spirituellen und kontemplativen Ebene stattfinden sollte. Die Antwort von Henri Le Saux enthielt eine Darlegung seines Ideals eines indischen monastischen Lebens, das sich weitgehend mit dem Monchanins deckte. Nach langem Warten erhielt er 1948 die Exklaustration und die Erlaubnis, nach Indien aufzubrechen. Im selben Jahr schiffte er sich in Marseille ein und landete am 15. August 1948 in Colombo, von wo er nach Tiruchirappalli weiterreiste. Von Anfang an fühlte er seine innere Zugehörigkeit zu dem Land seiner Wahl, er paßte sich sofort der indischen Lebensweise an, die ihm »so natürlich erschien, als hätte ich seit meiner Kindheit hier gelebt.« Er sollte Indien nie wieder verlassen.

Gemeinsam mit Abbé Monchanin bereitete er die Gründung des Ashrams von Shantivanam (»Wald des Friedens«) am Ufer des ruhig dahinströmenden heiligen Flusses Kaveri nahe der kleinen südindischen Stadt Kulitalai vor. Die Übereinstimmung der beiden Gründer war erstaunlich: Der geplante Ashram sollte sich in der Einfachheit und Armut in nichts von einem Hindu-Ashram, bzw. vom Leben in einem südindischen Dorf unterscheiden; er sollte der Kontemplation der Trinität in ihrer vedantischen »Entsprechung« als Saccidānanda (Sat – Sein, Cit – Bewußtsein, Ananda – Freude, Glückseligkeit) geweiht sein und der spirituellen Begegnung mit dem Hinduismus dienen.

Schon wenige Monate nach der Ankunft in Indien unternahmen die beiden Kontemplativen eine Pilgerschaft zu verschiedenen Hindu-Ashrams und Tempeln. Die wichtigste war nach Tiruvannamalai, wo der größte damals lebende Weise Indiens, Sri Ramana Maharshi, seinen Ashram zu Füssen des heiligen Berges Arunāchala hatte und eine ungeheure Ausstrahlung ausübte [2]. Diese erste Begegnung mit Sri Ramana sollte weitreichende Folgen für den Rest seines Lebens haben. Auch wenn ihm die volle Bedeutung damals noch nicht ganz bewußt war, bedeutete sie sowohl eine grundlegende Herausforderung seines christlichen Glaubens, als auch eine persönliche spirituelle Erfahrung, der er nicht mehr ausweichen konnte. Im selben Jahr, in dem der Ashram von Shantivanam gegründet wurde (am 21. März 1950) starb wenig später Sri Ramana Maharshi, oder vielmehr, ging er in den *mahasamadhi* (die große Versenkung) ein (am 14. April 1950).

Mit der Gründung von Shantivanam nahm Henri Le Saux auch das Gewand und den Namen eines indischen Sannyāsî (Mönches) an:

Abhishiktananda, wörtlich »die Freude des gesalbten Herrn«. Von nun an teilte er sein Leben zwischen dem Ashram, verbunden mit pastoralen Aufgaben in umliegenden Dörfern und Aufenthalten in den Höhlen von Arunāchala, die für ihn ein tiefes Eindringen in die hinduistische Geisteswelt, aber besonders in das Mysterium der Erfahrung Sri Ramana Maharshis bedeuteten. Er wollte sich rückhaltlos dieser Erfahrung aussetzen, geriet aber immer wieder in äußere und auch innere Konflikte mit der Kirche. Doch markierten diese Zeiten der Zurückgezogenheit in den Höhlen wesentliche spirituelle Durchbrüche, deren Frucht u.a. das vorliegende Buch war.

Sieben Jahre nach der Gründung von Shantivanam starb Jules Monchanin 1957 in Paris, und Abhishiktananda blieb als Eremit zurück. Es zog ihn nun immer mehr in den Norden, zum Himalaya, dem traditionellen Ziel der spirituellen Sehnsucht eines Hindu. Er unternahm mehrere Pilgerschaften zu den Quellen des Ganges, und fand schließlich einen Ort in der Nähe von Uttarkashi, wo er sich eine kleine Hütte bauen konnte. Immer längere Zeit verbrachte er dort in Kontemplation, bis er schließlich 1968 ganz in den Norden zog, als er für Shantivanam einen Nachfolger gefunden hatte, den Benediktiner Bede Griffiths. Im selben Jahr erhielt er auch die indische Staatsbürgerschaft.

Abhishiktananda pflegte Kontakte zu spirituellen Hindus sowie zu Christen, zu Ashrams wie zu Klöstern, zu Intellektuellen wie zu einfachen Menschen. Er half vielen christlichen Kontemplativen und Klöstern durch Exerzitien und persönliche Führung. Innerlich fühlte er sich oft zerrissen zwischen seiner christlichen Existenz und seiner Erfahrung der tiefen spirituellen Werte des Hinduismus. Er wußte, es gab keinen Ausweg, außer dem, eine Brücke zu sein zwischen den beiden geistigen Welten. »Es ist eben die Tatsache, eine Brücke zu sein, die diese unbequeme Situation der Mühe wert macht. Die Welt braucht solche Brücken, auf jeder Ebene. Doch die Gefahr dieses Lebens als › Brücke ‹ besteht darin, daß man zu keiner Seite ganz gehört, obwohl es unsere Pflicht ist, so schmerzlich es oft sein mag, zu beiden Seiten ganz zu gehören. Das ist nur möglich im Mysterium Gottes.«[3]

Sein persönliches »Abenteuer«, wie er es oft nannte, hatte aber eine Ausstrahlung und Auswirkung auch auf die Kirche, die im Begriff war, die Einsichten des Zweiten Vatikanums in Indien anzuwenden. Der Einfluß von Abhishiktananda auf eine indisch-christliche Spiritualität, auf eine indische Liturgie und auf eine Revision des Lebensstiles christlicher Gemeinschaften in Indien darf nicht unterschätzt werden. Gleichzeitig waren die theologischen Implikationen seiner Erfahrung weitreichend und forderten einen vertieften Ansatz und nicht bloß oberflächliche Anpassungen.

Gegen Ende seines Lebens wurden ihm ernsthafte Schüler geschenkt, besonders der französische Seminarist Marc Chaduc, dem er die indische Initiation als Sannyāsî verleihen sollte (er erhielt den Namen Ajātānanada, »die Freude des Ungeborenen«). Ihm konnte Abhishiktananda seine tiefste Erfahrung weitergeben, was ihm wichtiger war als die Gründung einer Institution. So wahrte er die Radikalität seiner Berufung als Sannyāsî.

Im Juli 1973, nach einer intensiven Einkehrzeit mit seinem Schüler im Himalaya, erlitt er in Rishikesh einen Herzinfarkt, den er als Erleuchtungerlebnis bezeugte. Er lebte noch wenige Monate im Licht dieser Erfahrung und starb am 7. Dezember in Indore.

Swami Abhishiktananda hat mehrere Bücher und Artikel hinterlassen, ein ausführliches spirituelles Tagebuch, und eine Menge von Briefen an Freunde und Schüler, die ihn als Mensch und Mystiker zeigen. Nach seinem Tod gründete eine Gruppe seiner Freunde in Indien die »Abhishiktananda Society«, die seinen Nachlaß verwaltet und seine Schriften herausgibt[4]. Darüber hinaus bemüht sie sich, sein geistiges Erbe fortzuführen und zu der spirituellen Begegnung von Hinduismus und Christentum im gleichen Geist beizutragen.

Die Bedeutung Abhishiktanandas und seines exemplarischen Weges hat sich in den über zwanzig Jahren nach seinem Tod nicht verringert, im Gegenteil. Die begrifflichen Formulierungen, die er gebrauchte, mögen durch die damalige Theologie bedingt sein, am Übergang von vorkonziliaren Ideen hin zur Erweiterung durch das zweite Vatikanische Konzil, doch betrifft diese Begrenzung nicht die Radikalität seiner Erfahrung. Darin ist er auch heute noch eine prophetische

Figur. Wir können einige Bereiche nennen, in denen er weiterwirkt und in vieler Hinsicht immer noch der gegenwärtigen Situation weit voraus ist. Wie das Buch »Große Mystiker«[5] bestätigt, gehört Henri Le Saux schon zu den Klassikern der modernen Mystik.

Zuerst sollten wir die spirituelle Situation heute, nicht nur im Westen, sondern auch in Asien nennen. Die Menschen – vor allem eine junge Generation – sind heute weniger von theoretischen Problemen geplagt, als vielmehr von der Suche nach einer authentischen Spiritualität, nach einer echten Alternative zu dem in eine gefährliche Sackgasse geratenen »Fortschritt« der westlichen Technologie und Gesellschaft, der zu einer seelischen Entleerung geführt hat. Diese Generation sucht nach glaubwürdigen Vorbildern und nach einem gehbaren Weg, nach einer echten Verwandlung. Da das Christentum oft versagt, die spirituellen Bedürfnisse zu befriedigen, wendet man sich östlichen Meditationswegen und spirituellen Praktiken zu, wenn auch oft von fragwürdiger Authentizität. Die Unkenntis des Hintergrundes dieser Wege führt oft zu Entstellungen und zu einer mangelnden Integration mit den eigenen – meist christlichen – Wurzeln. In dieser Situation sind Menschen nötig, die beide geistige Welten von innen her kennen und die »Mittler, nicht Vermittler« sein können, wie Raimon Panikkar über Abhishiktananda sagt. Der französische Sannyāsî wird als einer der authentischsten Mittler in dieser Situation anerkannt.

Der zweite Bereich, in dem Abhishiktananda immer noch wegweisende Bedeutung besitzt, ist die Beziehung des Christentums zu den östlichen Religionen, bzw. der interreligiöse Dialog. Seine Ansätze werden immer noch nicht genügend ernst genommen und man begnügt sich mit oberflächlichen Anpassungen und »offiziellen« Formen des Dialogs, die nicht zu einer wirklichen Begegnung in der Tiefe führen. Einer der bedeutendsten asiatischen Theologen, der besonders im Dialog mit dem Buddhismus steht, Aloysius Pieris SJ, schreibt bezeichnenderweise über ihn in diesem Kontext: »Hier halte ich es für passend, das Beispiel des Benediktinermönchs Swami Abhishiktananda (Heni Le Saux) zu zitieren, dessen helle Haut und französischer Akzent so ungefähr das einzige war, was von seiner europäischen Vergangenheit übriggeblieben war nach seiner Taufe in den Wassern des Hinduismus. Er hatte die hinduistische Spiritualität so sehr absorbiert (d.h. › Theologie ‹ im ursprünglichen Sinn von Gotteserfahrung), daß seine vielen Aussagen über das Christusmysterium (› Theologie ‹ im sekundären Sinn als › Reden über Gott‹) zu unentbehrlichen Wegweisern geworden sind in der Suche der Kirche nach einem asiatischen Gesicht Christi.«[6]

Über die konkrete Situation der Kirche in Indien – und allgemein in Asien – hinaus hat der interreligiöse Dialog universale Bedeutung, nur darf er nicht in Allgemeinheiten verwässert werden, sondern muß sich auf konkrete und authentische Erfahrungen gründen. Das Beispiel von Swami Abhishiktananda wird von vielen immer klarer als ein Modellfall angesehen, weil er beide Traditionen gleich ernst genommen hat und mit den spirituellen sowie theologischen Implikationen einer solchen Begegnung gerungen hat.

Letztlich ist es Aufgabe der Kirche und der Theologie, solche Erfahrungen zu integrieren und sich daran zu prüfen. Wie der orthodoxe Theologe Olivier Clément in seinem Vorwort zur ersten Auflage diese Buches schrieb, sei »die Begegnung mit Indien für das Christentum ein außerordentlicher Augenblick der Wahrheit. Angesichts der Erfahrung des Advaita bricht jede › getrennte‹ Theologie zusammen.« Und er sieht in dem Ansatz von Henri Le Saux einen Aufruf zu »dem einzig schöpferischen Ökumenismus – zu dem der Kontemplativen.«[7]

Das vorliegende Buch und seine Geschichte spiegeln die Entwicklung wieder, die Swami Abhishiktananda – und durch ihn die spirituelle Begegnung von Advaita (Nicht-Dualität) und Trinität – durchlaufen haben. Ursprünglich war es ein Versuch, die Erfahrung des Weisen Sri Ramana Maharshi[8] und seine persönliche tiefgreifende Beeinflussung durch ihn mit seiner christlichen Verwurzelung im Mysterium der Trinität zu verbinden. Er wollte keine theologische Synthese erzwingen, sondern die beiden spirituellen sowie theologischen Einsichten aufeinander wirken lassen.

Das Buch entstand in seiner ursprünglichen Form in den Jahren 1961-62, also noch vor dem Zweiten Vatikanischen Konzil, und der

Autor drückte sich daher noch sehr vorsichtig aus und war noch weitgehend von einer »Theologie der Erfüllung« bestimmt, die die hinduistische Erfahrung in der christlichen »aufheben« bzw. zur Erfüllung bringen wollte. Das Buch enthielt daher einen Überblick über die Dreifaltigkeitstheologie, wenn auch in Begriffen der Spiritualität. Wie der Verfasser des Vorwortes, M.-J. Le Guillou OP, schrieb: »Er dringt ungehemmt in die hinduistische Problemwelt ein, um ihren Wert zu prüfen und in einer echt katholischen, trinitarischen Schau zu vollenden.«[9]

Der erste Titel drückte auch noch einen gewissen christlichen Triumphalismus aus, in der französischen Originalfassung: *Sagesse hindoue mystique chrétienne – du Vedanta à la Trinité* (Paris 1965). Diese erste Fassung wurde auch auf Deutsch übertragen, mit demselben Titel[10]. Diese, schon lang vergriffene deutsche Übersetzung enthält einige Fehler bzw. mißverständliche Begriffe[11]. Inzwischen hatte sich das Denken und die Erfahrung von Abhishiktananda grundlegend geändert und entwickelt, auch ermutigt durch die neue Öffnung der Kirche den (immer noch sogenannten) »nichtchristlichen« Religionen gegenüber. Er sah sich veranlaßt, dieses sein zentrales Werk gründlich zu überarbeiten, und die englische Übersetzung bot ihm einen Anlaß dazu. So verbrachte er viel Zeit in den letzten Jahren seines Lebens mit der Überarbeitung des englischen Buches, mithilfe seines Freundes James Stuart, anglikanischer Mönch in Delhi, der sich um die Übersetzung und Herausgabe seiner Bücher auf Englisch sehr verdient gemacht hat, und der auch eine Biographie anhand seiner Briefe veröffentlichte[12]. Bis wenige Tage vor seinem Tod war Abhishiktananda noch damit beschäftigt, Fahnen seines Buches zu korrigieren, das erst nach seinem Tod unter dem geänderten Titel: *Saccidananda. A Christian Approach to Advaitic Experience* erschien[13]. Diese vom Autor selbst revidierte Fassung wurde, zusammen mit der ersten französischen Version, für eine neue französischen Ausgabe von Odette Baumer-Despeigne überarbeitet, und erschien mit einem Vorwort von Jacques Dupuis SJ und einer neuen Vorrede: *Sagesse hindoue, mystique chrétienne. Une Approche chrétienne de l'expérience advaitine*[14].

Schon die Einleitung des Autors zur veränderten englischen Ausgabe des Buches, im Jahr 1971 verfaßt, drückt sein Unbehagen aus, daß er sich mit der ursprünglichen Intention des Buches, nämlich einer Theologie der Erfüllung, nicht mehr identifizieren kann, und daß die Formulierungen der Trinitätstheologie immer noch zu sehr vom westlichen – wie er sich ausdrückt, griechischen – Denken beeinflußt sind. Worum es ihm eigentlich geht, ist »eine innerliche Annäherung an diese Probleme, d.h. den Weg zu zeigen zu dem wahren Ort der Begegnung in der › Höhle des Herzens‹, wo alle wahren geistigen Erfahrungen wie aus ihrer Quelle entspringen.« (S. XIV). Er beschreibt seinen Versuch folgendermaßen: »Es ist die Meditation dessen, der in den spirituellen und intellektuellen Überlieferungen der Kirche verwurzelt ist, der aber nun in direkten Kontakt mit den Einsichten der Upanishaden und der lebendigen Erfahrung der (indischen) Weisen gekommen ist.« (S. XIV).

Das Bewußtsein von der Begrenztheit aller »Namen und Formen« (nama-rupa) wuchs im Licht der immer stärkeren mystischen Erfahrung seiner letzten Lebensjahre. Diese unaufhaltbare innere Entwicklung und Befreiung spiegelt sich in seinem Tagebuch. Obwohl ihn das Thema der Trinität bis zuletzt nicht losläßt, wie seine letzte Eintragung im Tagebuch am 12. September 1973 bezeugt, spricht er immer mehr von einer »Explosion«, von einem Erwachen, von einem Licht, das alles durchdringt und alles übersteigt (vgl. Tagebuch, 12.9.1973). In diesem Licht sieht er nun auch sein Buch. Im November 1972 schreibt er noch: »Die Trinität. Die Unendlichkeit des Schauenden, die Unendlichkeit des Geschauten, die Unendlichkeit selbst. Aber wenn sich im Schoß dieser Unendlichkeit jede Beziehung auflöst, wenn es keinen Schauenden mehr gibt, wo bleibt dann die Trinität?« Und am 30. Februar 1973 gibt er zu: »Das ganze Gebäude der Trinität bricht zusammen. Es ist noch *nāma-rūpa*. Und alle Versuche, Brahman = Schweigen = *avyakta* (das Unoffenbare) = Vater in eins zu setzen, bleiben auf der Ebene des *Mythos* – *Logos*... Das trinitarische Mysterium ist die Entfaltung in eine wunderbare Aussage, *nāma-rūpa*, dieser innersten Erfahrung, sowohl der Einheit, der Nicht-Dualität, und der Beziehung. Es ist die Verwirklichung der Ewigkeit meiner Beziehung mit meinem Menschenbruder.

Doch der Versuch, eine neue Trinitätstheologie zu entwickeln, führt nur in Sackgassen. Es ist noch eine Begeisterung für den *Mythos*, den *Logos*. Es kommt der Gleichsetzung von *theos* mit *theo-logia* gleich und verwechselt den Begriff Gottes mit Gott.

Mein ganzes Thema von *Sagesse* (das Buch) bricht zusammen, und in diesem totalen Zusammenbruch – das Erwachen!« (Tagebuch, S. 450).

Trotz dieses Bekenntnisses gegen Ende seines Lebens und an der Grenze seiner Erleuchtung – seines Erwachens – erfüllt dieses Buch noch eine wichtige Rolle, und zwar eben die des Brückenschlags zwischen der Erfahrung der Nicht-Dualität, vorgelebt von Ramana Maharshi, und der christlichen Spiritualität. Doch *wegen* dieses Bekenntnisses seines Autors haben die Herausgeber es gewagt, den am meisten umstrittenen und am stärksten theologischen Teil aus dieser deutschen Fassung auszulassen. Es handelt sich um den ursprünglichen 2. Teil mit dem Titel: »Die Erfahrung der Dreifaltigkeit«, und den Unterkapiteln 7 bis 12. Lediglich der erste Abschnitt von Kapitel 9 »Die wesentliche Leere« wurde beibehalten. Wir meinen damit zum einen der inneren Entwicklung Swami Abhishiktanandas und seiner gewandelten Anschauung gerecht zu werden und sein Unbehagen diesem Abschnitt des Buches gegenüber zu überwinden. Zum andern kommt diese Kürzung einer Leserschaft entgegen, der es weniger um theologische Rechtfertigung und christliche Synthesen geht, als vielmehr um die Unmittelbarkeit der doppelten Erfahrung – der beiden Wege der Glückseligkeit, *ānanda* und *beatitudo*[15].

Bettina Bäumer
Präsidentin der Abhishiktananada Society
Pfingsten 1995

und
Ganga Dasahara

Einführung zur englischen Ausgabe

Dieses Buch wurde ursprünglich vor Jahren (1961) auf französisch geschrieben. Sein Ausgangspunkt war ein Vortrag über Ramana Maharshi, der bei einem Treffen in Rajpur im Rahmen der von J.A. Cuttat in den frühen sechziger Jahren organisierten Serie von Zusammenkünften gehalten wurde[1]. Seit damals hat es ungeheure Veränderungen in der Kirche wie in der Welt im allgemeinen gegeben. Das Zweite Vatikanische Konzil hat stattgefunden, von dem ein unerwartet starker Impuls zur Erneuerung des Christentums ausging. In der nachkonziliaren Epoche sind nicht nur Äußerlichkeiten der Kirche verändert worden – auch die ganze Gedankenwelt, in der und durch die sich das Verständnis christlichen Glaubens in den ersten zwei Jahrtausenden der Kirche entwikkelt hat, wird nun tiefgehend in Frage gestellt. Es ist jetzt ein Gemeinplatz, daß Christen mit allen Menschen guten Willens in einen Dialog treten müssen.

Kein Christ kann sein Interesse oder sein Denken noch auf seine eigene Konfession oder Gruppierung beschränken, nicht einmal mehr auf die christliche Tradition im ganzen. Wer nicht einfach seine Augen schließt, entdeckt überall um sich herum Menschen lebendigen Glaubens, und diese Kennzeichnung trifft auch auf Leute zu, die kein transzendentes Ideal akzeptieren können. Das Vatikanische Konzil hat es als Gewißheit angesehen, daß jeder aufrichtige Mensch Erlösung finden kann, welche religiösen Überzeugungen er auch haben oder nicht haben mag. Damit hat es die Tatsache anerkannt, daß nur eine Minderheit von Menschen ihre ewige Bestimmung in irgendeinem Bezug zur Menschwerdung Christi ausgestalten wird. Es ist nicht nur notwendig, hier und jetzt die tatsächliche religiöse Pluralität anzuerkennen, es läßt sich auch keine Zeit in historischer Zukunft voraussehen, in der das Christentum für die ganze Menschheit auch nur der vorherrschende – geschweige denn der einzige – Weg zur Verwirklichung ihrer transzendenten Berufung werden würde. Die Behauptung der »Krisentheologie«, außerhalb der christlichen Offenbarung sei alles Finsternis und Sünde, ist nicht mehr akzeptabel; selbst die »Theologie der Erfüllung« kann nicht allen Gegebenheiten des religiösen Pluralismus gerecht werden. Eine »Theologie der gegenseitigen Befruchtung« läßt andererseits wenig Raum für die Ansprüche des Evangeliums; dasselbe ist zu den gegenwärtigen Versuchen zu sagen, das Mysterium Christi in jeder Art von Mythos oder religiösen Aussage zu entdecken, obwohl sie wenig oder keinen Bezug zur historischen Mission des Jesus von Nazareth unter den Menschen haben, und erst recht keinen zu der Kirche, die seine Arbeit fortsetzt.

Während die Christen auf der ganzen Welt wertvolle Äußerungen transzendentalen Glaubens entdeckten, hat der westliche Mensch die enorme Vielfalt menschlicher Kultur mit Staunen zur Kenntnis genommen. Technisch weniger fortgeschrittene Völker können Träger von Kulturen und Zivilisationen sein, die sich zu ihrem Vorteil mit allem vergleichen lassen, was in der klassischen mediterranen Welt entstanden ist. Zweifellos hat der Westen die Pflicht, solchen Völkern bei ihrer materiellen Entwicklung zu helfen, aber er hat kein Recht, ihnen seine Denkmuster oder seine Lebensweise überzustülpen. Vielmehr sollte er eine bescheidene und rezeptive Haltung einnehmen, besonders wo es um die spirituellen Traditionen des Ostens geht, denn diese können vielleicht eine wichtige Rolle dabei spielen, der Menschheit aus der Sackgasse herauszuhelfen, in die sie geraten zu sein scheint.

Den Theologen ist es vielleicht noch nicht gelungen, eine befriedigende theoretische Erklärung für das Problem des religiösen Pluralismus zu finden, aber sie können sich der Einsicht nicht länger verschließen, daß die Kirche sich selbst, um tatsächlich katholisch zu werden, in einem bisher ungeahnten Ausmaß dem menschlichen Milieu annähern muß, in dem sie das Königreich Gottes zu bekunden hofft. Der nur äußerliche Einbezug oder das Ausborgen einiger Elemente aus den Sphären von Kunst und Folklore führen bei weitem nicht zum Ziel. Das gleiche gilt für die vielen lobenswerten Anpassungen in der Liturgie und der Methode seelsorgerischer Arbeit. Der Prozess der »Katholisierung« muß auch eine Auswirkung auf die theologische Reflexion haben. Mehr als das: er muß jenes innere Zentrum des Herzens berühren, wo der Mensch im Glauben einen Vorgeschmack der Realität von Gottes innerer Gegenwart gewinnt – eine Erfahrung, die zunächst stilles Verwundern hervorruft und die sich in diesem Stadium jeder Formulierung entzieht. Dies alles würde einer Art Neugeburt der Kirche gleichkommen, wenn immer sie in eine neue kulturelle oder spirituelle Umgebung eintritt. Ein solcher Prozeß der Katholisierung wäre zweifellos eine radikale Herausforderung des üblichen westlichen Ansatzes der Theologie und Spiritualität, und es mag manchen Christen so scheinen, als unterminiere er die eigentlichen Grundlagen der christlichen Position. Dennoch – dies zu verweigern würde bedeuten, die Freiheit des Geistes in Frage zu stellen.

In unserer Zeit dürfen Christen, wie wir sagten, die Tatsache nicht ignorieren, daß die Predigt des Evangeliums auch unter günstigsten Umständen nur einen Teil der Menschheit erreichen kann. Dies stellt die Theologie der Erfüllung vor ein ernstes Problem, denn das Neue Testament weist klar darauf hin, daß die Kirche eine Mission für *alle* Menschen hat und in *jeder* Situation spiritueller Sauerteig sein soll. Die Aufgabe des Sauerteigs ist aber nicht, die Zusammensetzung des Teigs zu verändern, in den es gemischt wird, sondern nur, den Teig aufgehen zu lassen. Die Kirche hat also gegenüber jedem Menschen, der in die Welt kommt, ungeachtet seiner Lebensumstände und seiner Kultur, die Pflicht, sein geistiges Erwachen zu Gott zu fördern. Bei diesem Erwachen zu helfen bedeutet nicht unbedingt, ihre eigene Interpretation des Mysteriums anzubieten und noch viel weniger, sie aufzudrängen. Die Kirche – das bedeutet alle, die bereits zu Christus erwacht sind – muß vielmehr als demütige Dienerin Gottes und seiner Kinder Wege suchen, jeden Menschen durch seine eigene tatsächliche Umgebung zu einem echten Erwachen zu führen, d.h. zu einer Bekehrung, einer *metanoia* in der tiefsten Quelle seines Wesens.

Dies alles muß im wachsenden Maße durch mehr und engere Kontakte auf vielfältigen Ebenen zwischen Menschen von unterschiedlicher Glaubensrichtung und Kultur erreicht werden. Die Verweigerung des Dialogs führt nur zu einer Verhärtung der Positionen, oft zum Nachteil der Wahrheit. Der Dialog kann einfach mit einer Beziehung gegenseitiger Sympathie beginnen. Er bringt erst dann Gewinn, wenn er von völliger Aufgeschlossenheit füreinander getragen ist und wenn beide Seiten die Tatsache anerkennen, daß jeder vom anderen etwas empfangen und lernen kann, und zwar nicht nur auf der intellektuellen Ebene, sondern auch in bezug auf sein inneres Leben im Geiste. Der Dialog über Lehrgebäude wird umso fruchtbringender sein, je mehr er auf wirklicher spiritueller Tiefenerfahrung beruht, und wenn jeder einsieht, daß Verschiedenheit nicht Uneinigkeit bedeutet, sobald man ins Zentrum allen Seins gelangt ist.

Hinter dem äußeren Dialog wird es zwangsläufig einen stillen inneren Dialog geben, der in der Seele jedes Teilnehmers weitergeht. Während Fragen und Antworten ausgetauscht werden, wird jeder – angeregt von den neuen gedanklichen Perspektiven, die ihm der Dialog eröffnet – sich auch selbst Fragen stellen und Antworten geben. Daraus entsteht eine Art innerer Kommunion auf der Ebene des Geistes, die beide Parteien, auch wenn eine Meinungsverschiedenheit auf der begrifflichen Ebene nicht überbrückt werden kann, unwillkürlich nach einer höheren oder tieferen Einsicht suchen läßt, in deren Licht ihre gegensätzlichen Ausdrucksweisen nur partielle Annäherungen darstellen.

Aus dieser Perspektive ist das Buch, das nun der englisch- [und deutsch-] sprachigen Öffentlichkeit vorgelegt wird, ursprünglich geschrieben worden. Der gegenwärtige Kontext der Begegnung zwischen den Religionen und das schmerzhafte Wachstum der Kirche auf die ihr bestimmte Universalität hin machen die Angelegenheit heute noch dringlicher, als sie vor Jahren war. In diesem Buch wird jedoch nicht der Versuch gemacht, theologische Lösungen für die aus dieser Begegnung entstehenden Probleme zu liefern, weder im allgemeinen, noch im besonderen Bezug auf die Konfrontation von Christentum und Vedānta in Indien. Es steht vielmehr dem oben erwähnten stillen inneren Dialog nahe, der sich im selben Maß im Denken der indischen Christen ausbreitet, wie der äußere Dialog immer mehr zu einer lebendigen Realität wird. Genauer gesagt ist seine Form die einer fortdauernden, immer von neuem beginnenden und immer wieder zu sich zurückkommenden Meditation über die grundlegendsten Themen der Begegnung. Es ist die Meditation eines Menschen, der in den spirituellen und intellektuellen Traditionen der Kirche verwurzelt ist, aber der nun in direkte Berührung mit den Intuitionen der Upanishaden und der lebenden Erfahrung der Weisen Indiens gekommen ist. Es ist nicht vorstellbar, daß solche Intuitionen trotz aller Unterschiede im Ausdruck in der christlichen Seele kein wunderbares Echo hervorrufen sollten, oder daß sie sich nicht mit allem verbünden würden, was bislang im Gebet und in der Kommunion mit Jesu eigener Erfahrung entdeckt wurde.

Dies gilt ganz besonders für die christlichen Söhne und Töchter Indiens, denn ihr Glaube beeinträchtigt nicht ihr Einfühlungsvermögen in die Erfahrung der Rishis des Altertums, ein Einfühlungsvermögen, das umso stärker ist, als die sprachliche Grundlage ihres Denkens und der besondere Charakter ihrer Psyche sie unmittelbar auf diese Intuitionen einstimmt. Zweifellos erklärt dies die theologischen Probleme, die sich jetzt nicht wenigen unter den jüngeren indischen Theologen stellen. Auf den folgenden Seiten dürfen keine direkten Lösungen für diese Probleme gesucht werden. Was wir erreichen wollten ist, einen *inneren* Zugang zu all diesen Problemen anzuregen, d.h. den Weg zum wirklichen Treffpunkt zu zeigen, zur »Höhle des Herzens«, in der jede echte Erfahrung des Geistes aus ihrer Quelle strömt. Darin kann der Christ, ohne seinen Glauben im geringsten zu verraten, zugleich alles Positive in der Erfahrung des Vedānta annehmen und seine eigene Kontemplation der göttlichen Geheimnisse vertiefen. Auf dieser Basis werden schließlich die Fundamente einer Theologie, eine Art der Gottesverehrung und eine ganze Struktur des

religiösen Lebens gebaut werden, die es der Kirche in Indien möglich machen werden, wahrhaft sie selbst zu sein.
[...]
Dieser Versuch kann nur dadurch entschuldigt werden, daß dieses Feld bisher fast völlig vernachlässigt wurde, und daß er für kühnere und weiterreichende Entwicklungen den Weg ebnen mag. Wir dürfen jedoch nie aus den Augen verlieren, daß eine solche Theologie niemals aus einer bloßen Konfrontation der Daten christlicher Theologie mit denen der Hindu-Philosophie erwachsen kann. Ein Ergebnis von wirklichem Wert kann nur im Herzen des Menschen aus einer inneren Symbiose der advaitischen Erfahrung von Selbst- Bewußtheit mit der Kontemplation der Heiligen Dreifaltigkeit im tiefsten Grund der Seele erwachsen. Nur dann wird die christliche Erfahrung von Saccidānanda in unserem Land Bhārat aufblühen, und der Weg für eine mystische Erneuerung der gesamten katholischen Welt wird sich öffnen.

Gyansu, Himalaya
September 1971

1

Jenseits aller Namen

»Der du jenseits bist, jenseits von allem« -
welcher andere Name entspräche dir?
Welche Hymne könnte deinen Lobpreis singen? -
kein Wort genügt, dich zu besingen.
Du allein bist unbenennbar -
du bist die Quelle jeder Stimme.
Du allein bist unergründlich -
aus dir ist alles Denken geboren.
Alle Dinge zeigen deinen Wert,
die sprechenden, und die stummen nicht minder.
Alle Dinge feiern deine Herrlichkeit,
die mit Vernunft Begabten, wie die Unbegabten.
Die Wünsche aller deiner Geschöpfe,
eines jeden quälende Sehnsucht,
Alle treffen sich in dir, an dich richten sie
ihr Gebet, und Dir opfern sie,
Deine geordnete Welt sehend,

ihre wortlose Hymne.

Für dich steht ein jeder fest;

zu dir eilen alle gemeinsam.

Du bist aller Wesen Ziel;

du bist der Eine, du bist Alles, du bist Niemand;

Und doch bist du kein Ding, noch alle Dinge!

Träger aller Namen, wie soll ich dich nennen -

Dich allein, den Unbenennbaren?

Welcher himmlische Verstand kann die Schleier

Jenseits der fernsten Wolken durchdringen?

Sei nun gnädig, so beten wir,

Der du jenseits bist, jenseits von allem! -

kein anderer Name entspricht dir!

Gregor von Nazianz, Hymne an Gott

Als Jakob an der Furt des Jabbok mit Gott rang, fragte er seinen unbekannten Gegner: »Nenne mir doch deinen Namen.« Der Unbekannte erwiderte: »Was fragst du mich nach meinem Namen?« Doch dann segnete er ihn, und indem er ihn segnete, gab er sich selbst zu erkennen. »Ich habe Gott von Angesicht zu Angesicht gesehen,« sagte Jakob, der nun Israel geworden war – »der mit Gott Macht hat« (Genesis 32, 30).

Später, in der Zeit, als die Philister Israel unterdrückten, kam der Engel des Herrn zu Manoah und verkündigte die Geburt eines Erlösers, des Kindes, das als Samson bekannt werden sollte. Manoah wollte auch den Namen des himmlischen Boten erfahren, aber ein weiteres Mal wurde die Frage abgewiesen. »Warum fragst du nach meinem Namen? Er ist geheimnisvoll (d.h. unaussprechlich).« Da verstanden Manoah und sein Weib; sie warfen sich zu Boden und verehrten ihn (Richter 13, 17 ff).

Ähnlich befragte Moses Gott beim brennenden Dornbusch am Berg Horeb (Exodus 3, 13 ff). Unmittelbar vorher hatte Gott ihm verkündet, daß er der Gott seiner Väter war, der Gott Abrahams, Isaaks und Jakobs, aber damit war Moses nicht zufrieden. Es genügte ihm nicht, zu wissen, daß hier der Gott war, den einst die Patriarchen verehrt hatten. Er wollte Gott in sich selbst kennenlernen, Gott, wie er sich selbst weiß, nicht die ihrem Wesen nach relativen und vergänglichen Namen, mit denen ihn die Menschen anrufen. Und Gott tadelte Moses nicht für seine Kühnheit. Er sagte ihm nicht, daß der Mensch den wahren Namen Gottes nicht hören könne. Er offenbarte ihm seinen »geheimnisvollen Namen« – den »im Geheimnis verborgenen« Namen, wie die Mahānārāyana Upanishad sagt (1, 3) – und erlaubte ihm, ihn von Angesicht zu Angesicht zu schauen, wie uns in der Bibel gesagt wird (Exodus 33, 11). Der Mann jedoch, der Gott gesehen hatte und ihn seinen eigenen Namen hatte aussprechen hören, mußte danach immer sein Gesicht verhüllen, wenn er mit seinen Mitmenschen sprach, so tief war er von der Herrlichkeit gezeichnet (Exodus 34, 35).

Der geheime Name, den der Herr enthüllt hatte, überstieg jedes menschliche Verständnis. Die Antwort »Ich bin, der Ich bin«, bedeutete, daß der Name dem aus bloßer Neugier Fragenden auf immer vorenthalten bleibt. Aber für den ernsthaft Suchenden, der von Liebe getrieben ist, ist diese Antwort eine dringliche Aufforderung, in das Herz jenes Einen vorzudringen, dessen Wesen es ist, zu sein. »Jahve« ist in der Tat der Name, der Gott offenbart und ihn zugleich verhüllt – der ihn vor jenen verbirgt, die nicht in die Dunkelheit einzudringen wagen, in der er lebt (Psalm 18, 11), und der ihn doch auf wunderbare Weise jedem enthüllt, der bereit ist, sich in jene Dunkelheit führen zu lassen und sich in der Schau der Herrlichkeit zu verlieren.

Der Mensch wird jedoch die Bedeutung der Offenbarung von Horeb niemals voll ausloten. Zeitalter folgt auf Zeitalter; Völker und Nationen nutzen ihre besten Mittel der Sprache und Kultur, von Denkformen und spiritueller Erfahrung, um etwas von jenem Geheimnis auszudrücken, das Moses von Gott offenbart worden war. Schließlich werden alle Lobeshymnen und Glaubenssymbole in jenem alles einschließenden Wort von Christus, dem Erstgeborenen zusammengefaßt: »Mein Vater und mein Gott!« Indem er in sich selbst alles zusammengefaßt hat, das *ist* (Epheser 1, 10), bringt er es Gott dar, DEM DER IST, dem Einen, der von Anbeginn *ist* und der auf immer *alles in allem* sein wird. (1. Korinther 15, 28)

Die Unmöglichkeit, Gott zu erkennen, wie sie die Bibel offenbart, hat nichts mit Logik, sondern mit Glauben zu tun. Sie ist ein *Mysterium*. Keine philosophische Entdeckung der göttlichen Transzendenz kann uns so sicher in seine »Nacht« hineinführen wie die biblische Offenbarung des *verborgenen Gottes*.

Für Plotin ist Gott unbegreiflich, weil er der Eine ist. Daher ist keine erschaffene Intelligenz fähig, ihn in seiner völligen Einfachheit zu erfassen[2]. Aber nicht nur, weil Gott ihre Fassungskraft übersteigt, verehren ihn Christen und Juden als den Einen, der *jenseits von allem* ist. Vielmehr vollbringen sie einen Akt des Glaubens an den Einen, der sich als »im unzugänglichen Licht wohnend« offenbart[3]. In der Bibel ist Gottes Unergründlichkeit kein intellektueller Begriff – der Apophatismus der Philosophie – sondern eine persönliche Erfahrung im Geist von der Tiefe Gottes. Daß Gott nicht erkannt werden kann, ist der Hintergrund, vor dem eine jede seiner Offenbarungen stattfindet. Alles, was Gott über sich selbst aussagt, entspringt aus dem Unsagbaren und führt dorthin zurück. Selbst die Theophanie der Menschwerdung ist von apophatischer Natur, wie die griechischen Kirchenväter sagen würden[4]. In allem, was Gott über sich selbst sagt, offenbart er seine Verborgenheit; selbst wenn er sich manifestiert, verbirgt er sich noch tiefer, oder vielmehr ergreift er die, denen er sich enthüllt, und stürzt sie in seine eigene Verborgenheit. Die spekulative Theologie, so bedeutend und erhellend sie auch sein mag, bleibt immer auf der Schwelle des Reichs. Sie kann nur eine Richtung zeigen, und wie alles, was mit Bildern und Begriffen arbeitet, gehört sie zur Ebene der Zeichen. Diese werden erst wirklich bedeutungsvoll, wenn sie dem Geist helfen, zur Kontemplation jener höchsten Weisheit überzugehen, die den Verstand zum Schweigen bringt und all seine Aktivitäten transzendiert.

Diese Erfahrung der Weisheit ist die größte Gabe des Geistes und die Vervollkommnung des Glaubens. Thomas von Aquin erläutert sie als eine Art Wissen durch »Konnaturalität«[5]. Erst wenn der Mensch erkennt, daß er selbst ein unergründliches Geheimnis ist – das heißt, daß sein wahres Sein jenseits aller Gedanken oder allen Bewußtseins liegt, das er von sich selbst haben mag – erst dann kann er in den Tiefen seiner Erfahrung das unergründliche Mysterium Gottes entdecken. Das unerkennbare Wesen des Menschen ist von derselben Art wie das Gottes, denn der Mensch kommt von Gott und ist in seinem Bilde erschaffen worden. Er ist das »Jenseits von Allem« des Seins selbst.

Durch die ganze Bibel zieht sich als goldener Faden diese »Erinnerung« an die Unfaßbarkeit Gottes, mit anderen Worten: an seine Transzendenz und Heiligkeit[6]. Dies erklärt, warum die Bibel von ihm mit einem oft beunruhigenden Anthropomorphismus sprechen kann. Anthropomorphismus ist nur dann falsch, wenn er Gott auf die Form reduziert, die er ihm zuschreibt. Aber wenn ein Mensch die Transzendenz Gottes ganz und gar anerkennt, und wenn dies seinem gesamten Denken zugrundeliegt, dann ist er nicht in Gefahr, Gott mit den Bildern zu verwechseln, die er benutzt, wenn er von ihm spricht.

Dies trifft auch im Kontext des Hinduismus zu. Der Fremde ist in Indien oft verblüfft über die enge Verbindung von tiefer theologischer Einsicht und echter spiritueller Erfahrung auf der einen Seite, mit Kulten, die ihm manchmal als krasser Götzendienst erscheinen, auf der anderen. Dies ist hier aber keineswegs ein ungelöster Widerspruch zwischen zwei unvereinbaren Annäherungswegen an das Göttliche, sondern ein Beispiel von gegenseitiger Ergänzung, wie die komplexe Natur des Menschen sie uns durchaus erwarten lassen kann; die zwei Zugänge sind wie gegenüberliegende Pole, die einander entsprechen. Eben weil Gott jenseits aller Form ist, ist er auch hinter und in jeder Form; weil er formlos, *a-rūpa*, ist, kann er in jeder Form, *sarva-rūpa*[7], erkannt und verehrt werden. Er ist sowohl der

Unbenennbare als auch der Besitzer *eines jeden Namens,* wie in der Hymne des Gregor von Nazianz. Es gibt nichts, das Gott nicht der Seele offenbart, die in tiefer Selbst- Bewußtheit für ihn offen ist, und zugleich gibt es nichts, das nicht, indem es ihn offenbart, auf sein unumstößlich *jenseitiges* Wesen deutete. Alles ist Zeichen Gottes, sein *lingā*[8], vom bloßen, manchmal unbearbeiteten Stein eines Shiva-Schreins bis zu den anspruchsvollsten Formen des Shaktismus und Vishnuismus. Gott ist in allem, aber nichts bringt ihn vollständig zum Ausdruck. Er ist jenseits von allem und kann von keiner Form begrenzt werden. Und wirklich, je roher das Symbol, je weniger es von Menschenhand und menschlichem Denken geformt ist, desto mehr erlaubt es Gott, sich in seiner Transzendenz zu offenbaren. Es ist wie eine Skizze, die nur wenige bedeutsame Linien oder Farbtupfer enthält, oder wie die noch nicht durch menschlichen Mißbrauch verdorbene Natur selbst, in der alles die Gegenwart Gottes verkündet.

Jede echte Annäherung an Gott, in welchem spirituellen Kontext auch immer, mündet zwangsläufig im »Ach« des Jeremias: »Ach, mein Gott und Herr! Ich kann doch nicht reden… « (Jeremias 1, 6). Erst dann beginnt der Mensch, Gott wahrhaftig zu verstehen, wenn er erkennt, daß er nichts über ihn weiß.

> *Wenn du meinst, du kennst es gut,*
>
> *so kennst du nur einen kleinen Teil …*
>
> *Wer ihn nicht kennt, kennt ihn;*
>
> *wer ihn versteht, hat nicht verstanden …*
>
> *In einem Erwachen wird er gefunden …*
>
> *Wie wenn der Blitz aufleuchtet …*
>
> *schließt sich das Auge, Ah!*

(Kena Upanishad 2, 1-4; 4, 4)

Solange der Mensch sich bemüht, Gott in seinen Worten und Begriffen zu fassen, ergreift er ein bloßes Idol[9]. Im selben Moment, in dem er Gott festzuhalten versucht, ist er seinem Zugriff entschlüpft. Keine geringere Gefahr erwartet die, denen Gott sich in seinem fleischgewordenen Wort offenbart hat. Alle Worte Christi sind mit Geheimnis beladen; sie sind Geist und sie sind Leben (Johannes 16, 63). Selbst seine Jünger konnten sie nicht in ihrer vollen Bedeutung erfassen. Erst nachdem der Geist herabgekommen war, konnten sie ihre tiefere Bedeutung verstehen (Johannes 16, 12-13) – und bevor das geschehen konnte, mußte Jesus erst »fortgehen« (Johannes 16, 7).

Gott ruft den Menschen aus dem dichten Dunkel seines Aufenthaltsorts. Er drängt ihn, hervorzutreten und ihm zu begegnen, so wie er das Volk Israel aufrief, ihm am Berg Sinai zu begegen (Exodus 19, 9; 17). Es ist dasselbe Mysterium der Begegnung mit Gott, das im Evangelium in der Person des betagten Simeon gezeigt wird (Lukas 2, 25 ff), und an das die Liturgie jedes Jahr zu Mariä Lichtmeß oder der *Hypapante* erinnert – dem Fest der Begegnung, wie es in der griechischen Kirche genannt wird. Dies ist das Paradox der biblischen Offenbarung: sie impliziert eine Begegnung mit dem Einen, der unnahbar ist – und das nicht nur als etwas Mögliches, sondern als eine bindende Verpflichtung; und sie stiftet einen Bund, also eine Verbindung mit ihm, der seinem Wesen gemäß allein ist. Für den menschlichen Verstand ist dies schierer Unsinn. So haben es die alten griechischen Philosophen empfunden, und so erscheint es dem Vedāntin heute.
Aus sich selbst konnte das Alte Testament das Problem nicht lösen; es konnte nur das Paradox darlegen. »Kein Mensch kann Gott sehen und am Leben bleiben«, lehrt die Thora (Exodus 33, 20). Und doch sprach Moses mit Gott, wie es auch Gideon und Samsons Vater und die Propheten taten!
Indische Seher bestätigen, daß wer die letztgültige Erfahrung gemacht hat – die Erfahrung, einfach zu sein – wirklich über sein Selbst hinausgegangen ist, daß er, was sein Selbst betrifft, tatsächlich gestorben ist. Nie wird er dieses Selbst wiederfinden, das Selbst seiner äußeren und weltlichen Identität.

Und doch versichert die Bibel, daß Moses vom Berg herabkam und daß Paulus aus dem dritten Himmel zurückkehrte!

Gott ist der Unfaßbare. Aber der Mensch ist geschaffen worden, um ihn zu erkennen. Keines Lebewesens Herz kann ruhen, bevor es Gott gefunden und getroffen hat, wie Augustinus sagt. Und ewiges Leben, wie Christus es beschreibt, heißt, den Vater und den, den er gesandt hat, zu erkennen (Johannes 17, 3). Den Propheten zufolge ist das Hauptmerkmal des messianischen Zeitalters, daß »die Erde erfüllt ist von der Erkenntnis des Herrn« (Jesaja 11, 9).

Jesus, das inkarnierte Wort, hat der Menschheit den Namen des Unerkennbaren offenbart: »Vater, ich habe deinen Namen den Menschen offenbart... Ich habe das Werk vollbracht, das du mir aufgetragen hast« (Johannes 17, 6, 4). So faßte er seinem Vater gegenüber seine Sendung zusammen, als er im Begriff war, diese Welt zu verlassen. Die Offenbarung des Unmanifestierten, dessen, der seinem Wesen nach nicht manifestiert werden kann – dies ist das zentrale Paradox des Christentums. Und doch findet der Glaube hier gleichzeitig die endgültige Lösung des Widerspruchs, der das menschliche Herz quält – daß der Mensch für Gott erschaffen worden ist und nie werden kann, was er sein soll, außer in Gott; dennoch bleibt Gott unweigerlich jenseits der Reichweite der Sinne oder des Verstandes.

Amen, Amen, ich sage dir:

Wenn jemand nicht von neuem geboren wird,

kann er das Reich Gottes nicht sehen.

Amen, Amen, ich sage dir:

Wenn jemand nicht aus Wasser und Geist geboren wird,

kann er nicht in das Reich Gottes kommen ...

(Johannes 3, 3, 5)

Um Gott zu erkennen, muß der Mensch im Reich »wiedergeboren« werden. Er muß über die Welt des Fleisches hinausgehen und Geist werden:

Was aus dem Fleisch geboren ist, das ist Fleisch;

was aber aus dem Geist geboren ist, das ist Geist.

(Johannes 3, 6)

Das Fleisch, sarx, muß abgelegt werden, und der Körper selbst muß geistig werden (1. Korinther 15, 44 ff). Dann erst wird der Mensch Gott sehen, wie er ist (1. Johannes 3, 2); dann erst wird er ihn erkennen, so wie er selbst von ihm erkannt wird (1. Korinther 13, 12) in der Herrlichkeit und der Freude seiner Sohnschaft (1. Johannes 3, 2; Römer 8, 21).

Diese Wiedergeburt und Verwandlung im Geist ist eben die *metanoia*, die völlige Umkehr, die im Neuen Testament von jedem Menschen gefordert wird, der in das Gottesreich eintreten will. Dies war die Botschaft der Predigten des Täufers, unmittelbar bevor das Reich von Jesus eingesetzt wurde; es war auch die Botschaft Christi, als er verkündete, daß das Reich Gottes gekommen sei, und Petrus seinerseits wiederholte dieselbe Botschaft, als das Reich am Pfingsttag feierlich verkündet wurde. Wandle dich, bereue, vollziehe eine völlige Umkehr in deiner Seele, ändere die Richtung, den grundlegenden Antrieb deines innersten und persönlichsten Wesens. Das Reich ist offen nur für den, der sich selbst verleugnet, der alles aufgibt, was er hat und was er ist, alle seine Besitztümer, seien sie materiell oder geistig, sogar sein eigenes Leben (Lukas 14, 26) – sein *Selbst*, wie Indien sagen würde. Nur wer es wagt, sein Leben in der Zeit zu verlieren, wird es in der Ewigkeit erhalten (Markus 8, 35). Gott kann nur dann wahrhaft erkannt und erworben werden, wenn das Selbst endgültig zurückgelassen wurde. Der einzige Weg zu dieser Preisgabe des Selbst ist der Weg der Liebe, und deshalb ist Liebe das höchste Gebot und die Zusammenfassung des ganzen Evangeliums.

In der Tradition des Vedānta ist *brahma-vidyā*, die Erkenntnis Gottes, nicht weniger teuer zu erwerben. Man muß alles hingeben, das man hat. Man muß über all das hinausschreiten, was man ist, oder vielmehr über all das, wovon man meint, daß man es sei. Sonst wird man auf immer ein *brahmavādin* bleiben, einer, der über das Brahman spricht und diskutiert, mit anderen Worten ein Theologe – wenigstens im modernen westlichen Verständnis des Wortes; man wird nie ein Kontemplativer, ein Seher, ein *brahmavid* oder Kenner des Brahman werden[10].

Wer noch ein Ich und ein Du ausspricht, die ihn von seinem Mitmenschen unterscheiden, hat bislang weder die Welt noch sich selbst aufgegeben, noch ist er zur Ebene des Wirklichen vorgedrungen. Wer noch ein Ich und ein Du ausspricht, die ihn von Gott unterscheiden, zeigt damit, daß er Gott noch nicht kennt.

Denn wer das höchste Brahman kennt,

ist wahrlich selbst zu Brahman geworden.

(Mundaka Upanishad 3, 2, 9)

Von nun an gibt es niemanden mehr, der sagen könnte »Ich weiß« oder »Ich bin Brahman geworden«;

denn der Mensch, der die Herrlichkeit kennenlernen wollte, ist selbst

in der Herrlichkeit untergegangen,

wie der in die Flamme gefallene Nachtfalter

selbst Flamme wurde und verging ...

Das ist der Preis, den man bezahlen muß, um sein wahres Ziel zu erreichen und sein wirkliches Selbst zu finden.

Die Bibel spricht von Gott als einem »verzehrenden Feuer«, und die kontemplative Tradition Indiens beschreibt das Wissen von Gott auf ähnliche Weise. Wer auch nur einen einzigen Blick darauf erhaschen konnte, mit dem ist es aus. Er kann sich nicht länger mit der Welt der Zeichen zufrieden geben; er muß sich selbst in die Flamme stürzen.

Ist es möglich, ganz buchstäblich im Einklang mit dem Evangelium zu leben? Einige wenige Menschen wie Franz von Assisi haben es wirklich völlig ernst genommen, aber im allgemeinen ließ man seine Paradoxa in Formeln und Institutionen erstarren, um so den Diktaten des »gesunden Menschenverstandes« gerecht zu werden.

In Wirklichkeit ist das Evangelium eine direkte Herausforderung jenes sogenannten gesunden Menschenverstandes. Es sagt: Allein der gegenwärtige Augenblick zählt; was morgen ist, ist Gottes Sache. Verkaufe alles, was du hast, und gib es den Armen, denen, die dir nichts dafür zurückgeben können. Speichere nichts für morgen, ebenso wie die Vögel in der Luft. Laß deine Felder, dein Weib, deine Kinder, Vater und Mutter zurück und komm mit mir; folge mir und trage das Kreuz auf der Schulter wie ein Verbrecher auf dem Weg zur Hinrichtung. Wenn jemand dich um irgendetwas bittet, gib es ihm sofort. Wenn jemand dich ins Gesicht schlagen will, biete ihm deine Wange. Setze der Gewalt nie Gewalt entgegen. Du bist wahrhaftig selig, wenn du nichts hast, wenn du traurig, hungrig und durstig bist. Du bist noch seliger, wenn man dich beleidigt, verfolgt, tötet...

Das Leben eines, der dem Evangelium buchstäblich gehorcht, ist das eines Fremden, eines heimatlosen Wanderers, eines, der von Ort zu Ort geht, ohne sich jemals irgendwo dauerhaft niederzulassen, der immer bereit ist, wieder aufzubrechen[11]. Wohin er auch geht, er tut allen Gutes, genau wie es sein Meister tat, selbst denen, die ihn verfluchen. Und allen, die bereit sind zu hören, teilt er die Botschaft von der Liebe und die Nachricht vom Reich Gottes mit. Er bittet um nichts, aber nimmt alles, auch Beleidigungen und Verletzungen, ruhig und friedlich an. Er macht sich um nichts Sorgen und hängt an nichts, aber immer und überall strahlt er die Freude und den Frieden aus, von denen seine Seele überfließt. So waren in der Tat die ständigen Weisungen, die Jesus selbst seinen Aposteln gab, als er sie voraussandte, um das Königreich zu verkünden.

Der wandernde indische Sannyāsi ähnelt tatsächlich sehr dem umherziehenden Boten des Evangeliums. Wie er ist er frei von aller Unruhe und Sorge, ohne irgendein Verhaftetsein an Dinge, Orte oder Menschen. Wohin er auch geht, er ist ein Fremder, und doch fühlt er sich überall zu Hause, denn in seiner vollkommenen Entsagung ist er unumschränkt frei. Die Almosen, die er von Haus zu Haus empfängt, genügen ihm für seine tägliche Nahrung, und ein am Wegrand aufgelesener Fetzen Stoff genügt ihm als Lendenschurz; am Mittag schützt ihn der Schatten eines Baums vor der heißen Sonne, und in der Nacht kann ihm der Dachvorsprung irgendeines Gebäudes als Obdach dienen[12].

Genau wie Franz von Assisi seine christliche Berufung ernst nahm und nicht versuchte, das Evangelium zu »interpretieren«, nimmt der indische Asket seine Berufung ernst, ein wahrhafter Kenner des Brahman, *brahmavid, ātmavid,* zu sein. Denn er weiß wohl, daß der Mensch nur dann Gott, den Unerreichbaren, erreichen kann, wenn er weit weg von allem flieht, zuallererst vor sich selbst, und alles überschreitet, vor allem seine eigenen Grenzen. Wäre es vorstellbar, daß ein »Seher« wie dieser das Evangelium ernst nähme, wenn dessen Prediger seine eigene christliche Berufung noch nicht mit ebensolchem Ernst aufgenommen hat? Nur wer im Geist wiedergeboren wurde und sich erlaubt hat, im selben Geist die äußersten Tiefen Gottes auszuloten, kann Zeuge sein für das Mysterium des Vaters und des Sohns und kann das verzehrende Feuer der Botschaft Christi weitergeben, das von Gottes Unnahbarkeit und seiner Nähe spricht.

Obwohl die Kirche in den Kontext der jüdischen Kultur und Religion hineingeboren wurde, traf sie sehr bald auf den Hellenismus und begann sogleich, ihn zu assimilieren. Die Integration des Hellenismus bereicherte die Kirche außerordentlich. Sie war ein glückliches Mittel der Vorsehung für ihr Wachstum auf die ihr angeborene Universalität hin. Die griechische Intellektualität beeinflußte jedoch die spätere Entwicklung des christlichen Denkens so tief, daß der Rationalismus manchmal dazu tendierte, den Sinn für das Mysterium auszulöschen, so wie auch der von Thora und römischem Recht stammende Legalismus allzu leicht Überhand über den Geist und seine Freiheit nehmen konnte. Im Hinblick auf eben diese Entwicklung der Kirche gewinnt ihre Begegnung mit Indien ihre ganze Tragweite. Ohne zu übertreiben können wir die kühne Feststellung treffen, daß in Indien der Geist auf die Kirche wartet, so wie er in früheren Zeiten in den hellenistischen und semitischen Welten wartete.

Wirklich ist der Geist bereit, an die Christen in und durch Indien einen Ruf zu richten. Der Ruf atmet durch Indiens heilige Schriften und steigt empor aus seinem Durst nach dem Absoluten und seiner tiefen Erfahrung der Kontemplation. Es ist ein Ruf bis in die tiefsten Winkel des menschlichen Geistes, ein Ruf, der selbst aus jener geheimen »Höhle des Herzens« kommt, in der allein der Mensch wahrhaft er selbst ist[13].

Dieser Ruf ist die machtvollste Mahnung daran, daß der Name Gottes tatsächlich »geheimnisvoll« ist, wie die Bibel sagt, daß die Vernunft allein Gott nicht begreifen kann, daß er seinem Wesen nach der Unzugängliche bleibt. Es ist ein aus der Tiefe unseres Seins quellendes Zeugnis für die Wahrheit, daß kein Begriff des Verstandes jemals adäquat ausdrücken kann, was Gott selbst ist oder auch nur, was er nach seinem gnädigen Willen dem Menschen über sich offenbart hat.

Die hinduistische Erfahrung des Saccidānanda spielt sich auf einer tieferen Ebene ab als irgendeine Einsicht der griechischen Metaphysik ab. Wenn daher der christliche Glaube dem Vedānta begegnet, ist es keine einfache Konfrontation zwischen einer Offenbarung auf der einen und einem spekulativen System auf der anderen Seite, die beide in die Zufälligkeiten von Geschichte und Denkformen verwickelt sind. Es ist im wesentlichen eine Konfrontation zwischen dem Wort Gottes, wie es durch Sprache und Denken vermittelt wird, und einer inneren Erfahrung, die jenen Ebenen des Geistes entspringt, auf denen die Begrenzungen von Worten und Begriffen, von Raum und Zeit, gänzlich transzendiert sind.

Gott tauchte sozusagen aus der göttlichen Dunkelheit auf, als er sich den Menschen offenbarte, und in derselben Offenbarung trug er sie fort, zum Beispiel Elias in dem Feuerwagen oder Moses in der Wolke, zu seinem verborgenen Wohnsitz, zu dem er seine Auserwählten beruft, sein eigenes Mysterium mit ihm zu teilen. Als Gott den Menschen schuf, wollte er gewiß nicht, daß der Mensch nur ein oberflächliches Abbild oder eine Widerspiegelung des göttlichen Wesens sei; vielmehr gab er ihm einen Anteil an seinem *persönlichen* Leben, wie das Neue Testament leidenschaftlich beteuert. Der Übergang vom Mysterium der göttlichen Unzugänglichkeit zum Mysterium der Begegnung Gottes mit den Menschen geht über unser kreatürliches Verständnis hinaus. Nur im Glauben kann die Kluft überbrückt werden. Gleicherweise kann der christliche Glaube nur in der höchsten Erfahrung des Geistes mit der Erfahrung des Vedānta zur Übereinstimmung kommen und sie gleichsam krönen.

Das biblische Symbol für Gottes Unnahbarkeit ist sein himmlischer Wohnort. Gott ist derjenige, der »hoch oben« wohnt, jenseits und über den Wolken, auf der anderen Seite des Firmaments:

Der Himmel ist der Himmel des Herrn;

aber die Erde hat er den Menschenkindern gegeben.

(Psalm 115, 16)

Christus sprach ständig vom Vater, »der im Himmel ist«, und lehrte seine Jünger, ihn so in ihren Gebeten anzurufen (Matthäus 6, 9). Bevor er die Brote vermehrte oder Lazarus von den Toten aufweckte, und ebenso als er das feierliche Gebet sprach, das sein sterbliches Leben beschloß, erinnerte sich Jesus und erhob seine Augen zum Himmel, zum Vater. Im Kontext der Upanishaden wird Gottes Unnahbarkeit dagegen nicht durch irgendeine Vorstellung des Aufstiegs in die Höhe symbolisiert, sondern durch die des immer tieferen Eintauchens ins *Innere* symbolisiert – in dem Versuch, das verborgene Mysterium in den Tiefen des Wesens zu entdecken, tiefer als der Mensch je ins Herz seines eigenen Selbst dringen kann:

> *In der Höhle (des Herzens), jenseits des Firmaments,*
>
> *jener Glanz, in den die Heiligen eintreten.*

(Kaivalya Upanishad 1, 3)

Ergänzen einander diese beiden Symbole nicht trotz ihrer Unterschiede? In zwei weit voneinander entfernten Kulturen spontan entstanden, weisen beide auf eine Erfahrung, die ihnen gemeinsam ist: daß Gott jenseits von allem ist, jenseits der natürlichen Fassungskraft des Menschen.

Wenn man in das Reich Gottes eintreten will, muß man sich selbst ganz verlieren; denn nur dann findet man sich und gewinnt das ewige Leben.

Wenn man seinen *ātman* finden und zum Selbst gelangen will, muß man über alles hinausgehen, was bekannt und was unbekannt ist, über das Werden und Nicht-Werden hinaus (*Iśā Upanishad* 10 – 14), über alle Worte, Gedanken, Unterscheidungen, Klassifikationen hinaus (*Māndūkya Upanishad* 7) ... Dann erst hat man Furcht, Alter und Tod besiegt und wird zum *ātmavid*, zum Kenner des Selbst. (*Chāndogya Upanishad* 7, 1)

Das Mysterium der Dunkelheit und des Schweigens, das Jesus uns als den Schoß des Vaters enthüllt hat – dieser höchste Himmel, den er in der Herrlichkeit seiner Himmelfahrt erreichte – ist gewiß ebendasselbe Mysterium, über das die Seher Indiens meditiert haben: Das, was im Herzen ist, kleiner als ein Reiskorn oder ...Hirsekorn, kleiner als der Kern eines Hirsekorns, ...ist doch größer als die Erde, größer als der Himmel ...

(Chāndogya Upanishad 3, 14, *2)*

Dieses Licht, das jenseits des Himmels leuchtet, über allem, über der ganzen Wirklichkeit, in den höchsten, allerhöchsten Welten – dieses ist wahrlich dasselbe Licht, das im Herzen des Menschen leuchtet. (*Chāndogya Upanishad* 3, 13, 7)

In der höchsten, goldenen Hülle

leuchtet Brahman makellos, teillos.

Sein Glanz ist das Licht aller Lichter,

das ist es, was die ātman-Wissenden erkennen!

(Mundaka Upanishad 2, 2, 9)

Jahve, der verborgene Gott, ist Israels Gott und Retter (Jesaja 45, 15). Der menschlichen Vernunft ohnehin unzugänglich, zeigt sich Jahve als noch unergründlicher, wenn er sich als der Gott Israels zu erkennen gibt, der Gott des Bundes, und ganz besonders, wenn er sich als der Erlöser in der Person Jesu Christi manifestiert – je erreichbarer er sich für die Menschen macht, desto unzugänglicher wird er, und je mehr er sich den Menschen in menschlichen Begriffen enthüllt, desto unbegreiflicher wird er. Das Mysterium seiner Unnahbarkeit, das der Westen unter dem Symbol der höheren und immer höheren Himmel betrachtete, wird in Indien weiterhin unter dem Symbol der tieferen und immer tieferen Zentren des Herzens kontempliert[14]. Es scheint, als ob Indien, vom Geist dazu bewegt, den Christen dazu einlädt, das Mysterium Gottes, des Schöpfers und Erlösers, nicht mehr außerhalb oder neben sich selbst zu suchen, sondern in den tiefsten Tiefen des eigenen Herzens.

I

Die Erfahrung des
Vedānta

»Viele Male und auf vielerlei Weise hat Gott
einst zu den Vätern gesprochen ...«

(Hebräer 1, 1)

2

Jenseits des Todes

A m Anfang war der *ātman* allein, in menschlicher Gestalt. Als er
um sich blickte, sah er nichts anderes als sich selbst. Da sprach
er: ICH BIN!
(Brihadāranyaka Upanishad 1, 4, 1)

Die Erfahrung des Vedānta wird in vielen Texten der Hindu-Tradi-
tion beschrieben, beginnend mit den Veden. Wir wollen uns jedoch
nicht in erster Linie an Texte halten, um diese Erfahrung zu finden.
»Vor allem in seinen Heiligen zeigt der Herr seine Wunder«, so wurde
in der römischen Liturgie gesungen. Und wirklich offenbart er sich
in den Heiligen am deutlichsten, zeigt er den Weg, der zu ihm führt,
am unmittelbarsten. Wir maßen uns natürlich nicht an, über die
Heiligkeit der großen Seher Indiens zu urteilen. Die ist Gott allein
bekannt. Außerdem kann nach einem alten Sprichwort nur ein Jñāni
einen Jñāni erkennen. Trotzdem sollte ein ernsthaft Suchender sich
lieber ihnen zuwenden als irgendwelchen Büchern, wenn er den Ruf
und das Wirken des Geistes aufspüren will. Manche mögen sie vielleicht lieber »Weise« als »Heilige« nennen, aber wir wollen um jeden
Preis vermeiden, die souveräne Freiheit des Geistes auf die engen
Grenzen unseres eigenen Verständnisses zu beschränken. Wir sollten
einfach Gott in tiefster Demut danken, wenn wir durch Zufall solch
einen Weisen oder Heiligen treffen, gleichgültig, zu welchem *dharma*
er äußerlich gehören mag, und sollten bereit sein, sein Zeugnis und
seine Botschaft offenen Herzens anzunehmen.

Sri Ramana Maharshi

Einer dieser Weisen hat wirklich vor nicht langer Zeit unter uns gelebt. Sein ganzes Leben verbrachte er im klaren Licht des Tages, und jeder, der es wollte, konnte ihn beobachten. Es war ein recht einfaches und bescheidenes Leben, worin schon die stärkste Garantie für seine Echtheit liegt. Viele von denen, die ihn besucht haben oder bei ihm lebten, leben noch. Nicht wenige halten ihn für die in unserer Zeit bedeutendste Verkörperung jener Erfahrung, die in Indien seit den Tagen der Rishis weitergegeben wurde; und zweifellos versichern die meisten Menschen, die ihn kennengelernt haben, daß sie in ihm das unanfechtbare Zeichen der Gegenwart Gottes erkannt und von ihm eine Inspiration erhalten haben, die ihr Leben auf immer erhellt und verwandelt hat.

Er wurde am 30. Dezember 1879 in Tiruchuzhi, einem Dorf in Tamil Nadu, nicht weit von Madurai, geboren. Er bekam den Geburtsnamen Venkatarāma, aber später in seinem Leben war er allgemein bekannt als »Bhagavān Sri Ramana Maharshi«, ein Titel und Name, den ihm zunächst sein namhafter Schüler Sri Ganapati Muni gegeben hatte. Im Alter von etwa 17 Jahren kam er nach Tiruvannāmalai, einer der berühmtesten heiligen Stätten Südindiens, wo er bis zu seinem Tod am 14. April 1950 mehr als ein halbes Jahrhundert ununterbrochen lebte.

Die Erfahrung kam »aus heiterem Himmel« über ihn, könnte man sagen, als er ein sechzehnjähriger Bursche war, nur damit beschäftigt aufzuwachsen und mit den anderen gleichaltrigen Jungen zur Schule zu gehen. Die Probleme des Vedānta oder die Auslegung der Veden bekümmerten ihn nicht im geringsten. Gewiß ging er gelegentlich mit seiner Familie in den Tempel, vielleicht auch manchmal allein auf dem Weg zur Schule, wie andere Schüler auch. Er rezitierte die üblichen Gebete und Mantras und las mit Freude und Hingabe die Biographien der Tamil-Heiligen Tirujñānasambandar, Mānikka-vāsagar und anderer. Kurz, er war ein normal frommer Heranwachsender, und es gab nichts, das auf irgendwelche mystischen Tendenzen bei ihm hingewiesen hätte. In seinem Fall ist unumstritten klar, daß all das, was geschehen sollte, nicht durch eine vorausgehende philosophische Vorbereitung oder religiöse Begeisterung erklärt werden kann. Er war ein robuster, sportlicher, in keiner Weise zu irgendetwas Absonderlichem neigender Junge.

Genau das macht seine Erfahrung so beeindruckend. Es kommt oft vor – und dies gilt für Christen wie für Hindus oder Sufis – daß auch das reinste mystische oder kontemplative Leben von zufälligen parapsychologischen Phänomenen begleitet wird. Das macht es umso schwieriger, zwischen dem direkten Wirken des Geistes und dem, was eher als Eigenheit einer besonderen Psyche gelten mag, zu unterscheiden. Aber es gab nie irgendetwas Derartiges – weder beim jugendlichen Venkatarāma, noch bei dem Seher, zu dem er wurde. Die einzige geringe Besonderheit, die man in seiner Jugend beobachtet hat, war eine recht ungewöhnlich tiefer und intensiver Schlaf. In späteren Jahren erzählte er gern, wie seine Spielkameraden sich bei ihm in der Nacht revanchierten, wenn er sie am Tag geärgert hatte. Sie konnten ihm laut ins Ohr schreien, ihn schlagen, aus dem Bett forttragen und wieder zurückbringen, ohne daß er aufwachte. Die zeigt zweifellos eine ungewöhnliche Konzentrationsfähigkeit, aber es konnte kaum als psychische Anomalie angesehen werden.

Man muß jedoch zugeben, daß sich der junge Venkatarāma nach seiner einzigartigen Erfahrung und besonders nach seiner Ankunft in Tiruvannāmalai sehr merkwürdig verhielt. Mehrere Jahre lang war er völlig unempfindlich für alles, was um ihn herum vorging. Selbst um die elementarsten Bedürfnisse des Körpers kümmerte er sich kaum und verharrte in fast völligem Schweigen. Dies dauerte gerade so lang, wie es seine geistigen Fähigkeiten erforderten, um sich auf die neue Ebene innerer Bewußtheit einzustellen, die er auf einen Schlag in einer seelischen Gipfelerfahrung erreicht hatte. Aber sobald diese Anpassungsphase vorüber war, stellte sich spontan wieder ein Gleichgewicht zwischen seinen Fähigkeiten und der Tiefe seines Wesens ein. Er wurde wieder zum einfachsten und normalsten Menschen, den man sich vorstellen konnte. Er nahm am Ashramleben teil, ohne im geringsten eine Sonderstellung zu beanspruchen. Gemeinsam mit den anderen schnitt er Gemüse und kochte Reis, ging spazieren, unterhielt sich mit den Leuten und spielte zu seinem Vergnügen mit den Kindern. Er interessierte sich für Tiere, besonders für die Kühe und Pfauen des Ashrams, wie er sich auch früher für die Affen und Eichhörnchen des Waldes interessiert hatte. Er lachte gern und brachte andere zum Lachen. Keine Ekstasen, keine Wunder! Seine Anhänger schrieben ihm natürlich viele Wunder zu – wunderbare Heilungen, Schutz vor Schlangenbissen und anderen Gefahren, gleichzeitiges Erscheinen an verschiedenen Orten, und vor allem einen geheimen mächtigen Einfluß, der sie auch auf weite Entfernung in ihrer Meditation leitete. Falls er so etwas jemals absichtlich getan hat, so hat er mit Sicherheit nie darüber gesprochen. Die ihm zugeschriebenen Wunder können meist durch den direkten Einfluß seiner starken Persönlichkeit erklärt werden, oder genauer, durch sein Leben auf einer so tiefen Bewußtseinsebene, daß er allen, die ihn brauchten, im Geist gegenwärtig zu sein schien. Oft betonte er, daß es in seinem Leben nur eine Erfahrung gegeben habe, die seines siebzehnten Lebensjahrs.

Wenn wir den Maharshi als ein besonders bemerkenswertes und zugängliches Beispiel für die spirituelle Erfahrung des Vedānta nehmen, behaupten wir nicht, daß er einzigartig oder eine besondere Ausnahme sei. Unter Christen wie unter Hindus wählt der Herr nur wenige Seelen aus, um sie in den Augen der Menschen strahlend erscheinen zu lassen. Viele der größten hält er in seinem »geheimen Garten« versteckt und erlaubt niemandem, das Geheimnis ihrer Vertrautheit mit ihm auch nur zu ahnen. Ein englischer Mönch kann »auf der Suche nach einem Yogi« durch Indien wandern, von einer Pilgerschaft zur anderen, von einem Ashram zum anderen, jedermann fragen (natürlich immer durch einen Dolmetscher), und dann nach Hause kommen und seine Enttäuschung veröffentlichen. Er hat tatsächlich nur die getroffen, deren Ruf durch Propaganda aufgebläht war, oder die sich selbst überzeugt als Erlöser der Menschheit präsentieren. Indien hat sicherlich auch andere große Seelen wie Ramana Maharshi, aber ihre Größe ist normalerweise nicht zu erahnen, besonders wenn Ausländer oder bloß Neugierige ihnen zufällig begegnen. Sehr oft fliehen diese großen Seelen in die äußere Einsamkeit der Wälder und Berge, um die innere Einsamkeit zu bewahren – falls sie es nicht vorgezogen haben, sich noch zuverlässiger inmitten der Menge zu verbergen.

Sri Ramana versteckte sich so gut er konnte, er stahl sich von Säulengang zu Säulengang im Tempel des Arunāchala, später von Höhle zu Höhle auf seinem Berg. Erst nach langer Zeit gab er nach, und danach bestand sein *tapas* – eine härtere Disziplin und Askese sogar als die seiner Einsamkeit – darin, unermüdlich der Menge zur Verfügung zu stehen, die ihm nahe sein wollte. In den letzten Monaten seines Lebens, als er krank und körperlich schwach war, beschworen ihn die ihm Nahestehenden, in dem kleinen Raum zu bleiben, den sie für seinen privaten Gebrauch gebaut hatten, nicht mehr in den gemeinsamen Speisesaal zu kommen und sich zumindest einigermaßen vor der Menge zu schützen. Er hörte aber nicht darauf und blieb dabei, daß nichts an seinem üblichen Tagesablauf geändert würde. Er wollte die Hoffnungen derer, die zum Teil von weit her gekommen waren, um ihn ein letztes Mal zu sehen, nicht enttäuschen. Zweifler mögen darin ein Zeichen unersättlichen Verlangens nach Ruhm und Verherrlichung sehen, das ihn auch an der Schwelle der Ewigkeit nicht verließ. Aber wer den Maharishi kannte, hat wohl verstanden, daß all dies nur eins bedeutete: eine tiefe Liebe zu den anderen und völlige Selbstvergessenheit.

Eine überwältigende Erfahrung

Venkatarāma stand in seinem siebzehnten Lebensjahr. Nach dem Tod seines Vaters lebte er zusammen mit seinem Bruder Nāgāsami im Haus seines Onkels in Madurai. Beide Brüder besuchten die Schule einer amerikanischen Mission. Eines Tages kam Venkatarāma plötzlich der Gedanke, er müsse nun sofort sterben. Dieser Gedanke überfiel ihn mit überwältigender Macht, und er wurde von schrecklicher Angst gepackt. Es gab aber absolut nichts in ihm oder seinen Lebensumständen, das eine solchen Gedanken oder diese Furcht gerechtfertigt hätte. Bald war das ganze Feld seines Bewußtseins von der einen Vorstellung erfüllt: Ich kann sterben, ich werde sterben – oder existentialistisch ausgedrückt: ich bin ein Dasein zum Tode.

Venkatarāmas Reaktion war jedoch nicht, den Gedanken als fehl am Platz oder absurd zurückzuweisen, wie man es von einem Jugendlichen mit gesunder Lebensfreude erwarten würde.

Stattdessen nahm er die Herausforderung mutig an und weigerte sich, von der Furcht übermannt zu werden. Er sah der Möglichkeit seines Todes ins Gesicht und beschloß, ihr ohne mit der Wimper zu zucken gegenüberzutreten. Um das Drama seines Todes noch realistischer durchzuspielen, streckte er sich auf dem Boden aus und trat in eine Art Probe seines Sterbens ein. In der Vorstellung fühlte er, wie sich Bewegung und Leben zuerst aus einem Glied zurückzogen, dann aus dem nächsten, und wie die Todesstarre seinen lebenswichtigen Organen immer näher rückte. Seh- und Hörfähigkeit und Tastsinn versagten, sein Verstand trübte sich, der Gedankenfluß kam zum Stillstand, und auch das Bewußtsein seiner selbst zerrann, wie es in dem Moment geschieht, wenn man vom Schlaf überwältigt wird.

Genau in dem Moment, als sein persönliches Bewußtsein sich auflöste, behauptete sich sein Bewußtsein, einfach zu sein mit überwältigender und befreiender Klarheit und Macht. Alles war dahingeschwunden und doch, *Ich bin!* In diesem Gewahrsein spielten weder der Körper noch das Denken noch Bewußtsein oder das Selbst im gewöhnlichen Sinn irgendeine Rolle. Da war nur diese nackte Erfahrung, offenbar aus sich selbst herausflutend, in ihrem eigenen Glanz strahlend, die keine Stütze brauchte und frei war von jeder Bindung: *Ich bin.* Es war ein reines Licht, blendend wie die Mittagssonne, das nicht erlaubte, irgendetwas von etwas anderem zu unterscheiden. Alles reflektierte seinen Glanz. Nichts war mehr zu sehen außer in seinem Strahlen; oder genauer: da war einfach nichts anderes mehr außer diesem reinen Strahlen.

Während auf diese Weise alles dahinschwand, hatte sich auch der Tod in nichts aufgelöst. Welchen Tod gab es, der jemals den berühren konnte, der einfach *ist*, der einfach weiß, daß *er ist*? Was aufgeteilt und analysiert werden kann, was sich verändert und durch eine endlose Folge von Erscheinungen gehen kann, ist notwendigerweise der Zeit und dem Tod unterworfen. Wer jenseits aller Erscheinungen *ist*, kann sich nie ändern oder vergehen. Er bleibt für immer, weil *er ist*. Wenn dem Menschen einmal die Erkenntnis des »*Ich bin*« aufgegangen ist, lebt er von da an auf einer Ebene des Bewußtseins, die keine Drohung des Erlöschens je berühren kann.

Dies war die eine entscheidende Erfahrung Sri Rāmanas, die sein ganzes weiteres Leben bestimmte. Sie wiederholte sich nie; wie hätte sich das, was außerhalb der Zeit, was seinem Wesen nach nicht-zeitlich ist, auch je wiederholen können? Sie blieb einfach als ein unauslöschliches Licht, das seinem ganzen inneren und äußeren Leben, in dem es leuchtete, zugrundelag. Bald begannen die Menschen, sich tief zu verbeugen vor ihm, dessen Gesicht von jener inneren Bewußtheit strahlte. Sie nannten ihn *Bhagavān*, den Gesegneten. Aber er blieb gleichmütig gegenüber allem und lehnte es ab, sich irgendeinen Namen zuzulegen, lebte er doch im Bewußtsein einer einzigen Gewißheit, daß *er war*[15].

Sehr bald bemerkten Venkatarāmas Freunde, daß er nicht mehr derselbe war. Er hatte allen Spaß am Spielen, Lernen und an Gesprächen verloren. So oft wie möglich ging er fort und setzte sich allein in irgendeine Ecke, endlich frei, in seine innere Stille zu tauchen, ohne Bewegung, ohne von irgendetwas Notiz zu nehmen, hingegeben an das überwältigende Licht. Die Lehrer bestraften ihn, die Kameraden hänselten ihn, sein Onkel und sein Bruder tadelten ihn streng in der Hoffnung, ihn wieder zu seinem »normalen Geisteszustand« zurückzubringen. Aber wie war das möglich? Unausweichlich mußte der Tag kommen, an dem er die Spaltung in seinem Leben nicht länger aushalten konnte. Eines morgens schrieb er, vielleicht schon zum zehnten Mal, eine Lektion der englischen Grammatik ab, die er nicht korrekt aufgesagt hatte. Unfähig, sich darauf zu konzentrieren, legte er die aufgezwungene Arbeit zur Seite und setzte sich in seine Lieblingsstellung zur Meditation. Nāgasāmi sah ihn und konnte einen zynischen Scherz nicht unterdrücken: »Spielst du immer noch den Yogi? Wozu gehst du dann zur Schule?« Diesmal traf der Scherz ins Schwarze. Er ging dem jüngeren Bruder geradewegs ins Herz. Es erschien ihm als buchstäblich wahr, einfach, selbstverständlich ...

Eine Stunde später war Venkatarāma am Bahnhof von Madurai und stieg in den Zug nach Madras. Nāgasāmi hatte seinem Bruder am selben Morgen, nachdem er ihn verspottet hatte, fünf Rupien gegeben, um eine bestimmte Prüfungsgebühr zu bezahlen. Venkatarāma nahm davon drei und ließ die anderen zwei in einer Ecke des Zimmers liegen, wo sie leicht zu sehen waren. Daneben lag eine nicht unterschriebene Notiz mit den Worten:

Auf der Suche nach meinem Vater und seinem Ruf folgend verlasse ich diesen Ort. *Jemand* geht in guter Absicht. Niemand sollte darüber verärgert sein! Niemand sollte Geld verschwenden und versuchen, ihn (wörtl. »*es*«) zu finden.

Arunāchala

Zwei Tage später, am 1. September 1896, war Venkatarāma in Tiruvannāmalai. Das magische Wort »Arunāchala«, der Sanskritname von Tiruvannāmalai[16], hatten schon seit mehreren Monaten in seinem Herzen ein Echo hervorgerufen. Im vorigen Winter hatte er in Madurai auf der Straße einen Verwandten getroffen, der gerade von einer Reise zurückkam. Als wohlerzogener Brahmanenjunge hatte er ihn gefragt, von wo er komme.

»Vom Arunāchala« antwortete der Onkel. »Arunāchala? Wo ist das?« fragte der Junge. »Was, du weißt nicht daß Arunāchala Tiruvannāmalai ist?« Dies war die erste Begegnung seines Herzens und Verstands mit dem heiligen Berg, der für ihn das innerste Mysterium seiner Seele so tief verkörpern sollte[17].

Sobald er in Tiruvannāmalai angekommen war, ging Venkatarāma zum Tempel. Er verneigte sich vor dem Eingang bis zum Boden, und ging dann geradewegs zum inneren Schrein, dem »Allerheiligsten«, wo in der Mitte des dunklen Raums mit niedriger Decke ganz allein der heilige Stein steht, das von einer Öllampe beleuchtete *linga*[18] des Shiva Arunāchala.

Als er halb benommen herauskam, ließ er sein langes schwarzes Haar abschneiden, legte sein Lendentuch ab und warf die paar Münzen, die er noch hatte, in den Badeteich des Tempels. Dann setzte er sich unter einen Baum im Tempelgelände, richtete die Augen äußerlich fest auf den Berg, der den Tempel im Westen überragt, und innerlich auf den Abgrund des Selbst ... als einer von den vielen, die im Lauf der Zeitalter in den Bann des Shiva Arunāchala geraten waren.

> *Der Berg, der beharrlich ruft,*
>
> *Komm doch, komme ein jeder,*
>
> *dessen Herz von Weisheit und Entsagung träumt!*[19]

Ein paar Monate lang lebte er in verschiedenen Höfen oder Nebengebäuden des Tempels. Soweit möglich, hielt er sich abseits von den Gläubigen, die ihm ihre Verehrung erweisen wollten, ebenso wie von den Straßenkindern, die ihn belästigten und quälten. Nur mittags verließ er zusammen mit ein paar anderen Sadhus den Tempel, um seine Portion Reis zu erbetteln, wofür er nicht einmal die übliche Schale hatte. Er wahrte Schweigen, aber nicht um ein Gelübde zu erfüllen, wie es ein *mouni* tut, sondern weil er physisch unfähig war, mit der äußeren Welt zu kommunizieren. Lange Zeit wußte niemand, wer er war und woher er gekommen war. Die Leute waren sehr überrascht, als sie zufällig bemerkten, daß er lesen und schreiben konnte.

In der Hoffnung, seine Zurückgezogenheit besser wahren zu können, suchte er später in den Höhlen am Hang des Berges Zuflucht. Aber als sich Schüler ihm anzuschließen begannen, ermutigte er sie weder, noch trieb er sie fort, so gleichmütig war er allem gegenüber geworden. Nach über zwanzig Jahren wurde schließlich eine Hütte aus Bambusstangen und Kokospalmblättern am Fuß des Berges für ihn gebaut. Bald entstanden andere Gebäude um seine Hütte herum, jedes Jahr mehr, um die Anhänger zu beherbergen, die ihn in wachsender Zahl besuchten; auf diese Weise entstand die Ansammlung von Gebäuden, die als Sri Ramana Ashramam bekannt ist.

Sri Ramana lebte inmitten von alledem wie in einem Traum, einem Traum, in dem er paradoxerweise vollkommen wach war und den er sehr ernst nahm, aber doch einem Traum...Ist nicht alles *lila*, das Spiel Gottes, nur auf der Ebene der Manifestation? Wer immer dies wahrhaftig weiß, spielt seine Rolle in der Welt mit dem selben Verantwortungsbewußtsein wie ein Schauspieler auf der Bühne. Und doch kann er ebensowenig wie der Schauspieler je seine wahre Identität vergessen, die Identität, die ihm in der Erfahrung des Selbst offenbart worden war.

Als er wieder anfing Bücher zu lesen, zuerst nur um einem anderen Sadhu zu helfen, war Ramana sehr verwundert, in der Beschreibung der vedāntischen Erfahrung, wie sie in den Handbüchern gegeben wird, die Essenz derselben Erfahrung wiederzuerkennen, die sein eigenes Leben verwandelt hatte. Ein besonders interessanter Aspekt ist in seinem Fall die für ihn selbst bis dahin unerwartete Übereinstimmung zwischen dem, was er so plötzlich und spontan erlebt hatte, und der alten spirituellen Tradition Indiens, wie sie von Jahrhundert zu Jahrhundert weitergegeben worden war. In einem Sprung und ohne es zu wissen, hatte er er jene Intuition erlang, die die eigentliche Quelle der Lehren der Rishis war und die später die ganze Entwicklung der Hindu-Philosophie beherrschte. Der intuitive Einblick jenes leichtherzigen und verspielten Jugendlichen bestätigte die Realität der Erfahrung, um die die Meister schwer gerungen hatten. Shankara hatte aus ihr eine Philosophie abgeleitet, die in ihrer Konsequenz und ihrem Scharfsinn mit den höchstentwickelten Denksystemen der

Menschheit vergleichbar ist. Gaudapada und vor ihm die unbekannten Autoren des *Yoga Vasishtha* und der *Ashtāvakra Samhitā* hatten ihre Voraussetzungen und Konsequenzen in Begriffen dargestellt, die vielleicht weniger technisch sind, aber die unerbittliche Natur dieser Erfahrung und die innere Einsamkeit in die es den Menschen wirft, der in ihr lebt, noch überwältigender zu vermitteln vermögen. Dieser Brahmanenjunge, mit blicklosen Augen nackt auf einer der Stufen des Arunāchala-Tempels oder in irgendeiner Bergspalte sitzend, gleichgültig gegen alles, einfach nach innen schauend – ist er nicht der lebende Beweis dafür, wenn ein Beweis nötig ist, daß Indiens Charisma noch wirksam ist? Wer auf den Ruf hört, muß nur ganz offen für ihn sein und sich nicht fürchten. In Wahrheit wird der Mensch in jener Tiefe des Selbst erwartet, wo er aufgerufen ist, zu *sein*.

Die Lehrmethode des Maharshi

Vor allem durch Schweigen teilte Sri Ramana seine Erfahrung und spirituelle Erkenntnis mit würdigen Schülern, wie er selbst oft betonte.

Die Kenntnis des Selbst, in den Upanishaden *brahmavidyā* oder *ātmavidyā* genannt, ist in der Tat zu tiefgründig, als daß sie mit so unzulänglichen Mitteln wie Worten und Begriffen weitergegeben werden könnte. Empfangen kann sie nur, wer innerlich auf seinen Guru eingestimmt ist und wessen Geist so frei ist, daß die Wahrheit von ihm Besitz ergreifen kann, ohne auf Widerstände zu treffen. Wenn der Guru in Schweigen verharrt, gibt es zwischen ihm und dem Schüler eine Kommunion und Kommunikation auf einer viel tieferen Ebene als der des normalen Bewußtseins. Wenn der Guru aber spricht, dann erreicht und öffnet seine Lehrrede jenseits und unterhalb der gesprochenen Worte im Schüler dieselbe Tiefe, von der sie in der Seele des Guru aufgestiegen sind. Dies ist der einzige Weg, spirituelle Wahrheit zu übermitteln.

Wenn Leute mit neugierigen Fragen kamen, oder von Stolz auf ihr vermeintliches Wissen aufgebläht, öffnete der Maharshi gewöhnlich nicht den Mund, es sei denn, um sie mit einer seiner charakteristischen witzigen Bemerkungen zum Gehen zu veranlassen[20]. Der gesellschaftliche Status eines Menschen hatte für ihn keinerlei Bedeutung. Maharanis, die von weither anreisten, um ihn zu sehen, bekamen manchmal von ihm weder ein Wort noch einen Blick, während er oft ganz einfach mit den Hirtenjungen plauderte, die er auf den Bergpfaden traf.

Wer ihm aufrichtig schien, dessen Fragen beantwortete er gern, und denen, die bei ihm lebten, teilte er sich ganz frei mit. Durch solche Gespräche war es zum Beispiel möglich, die Geschichte seiner Jugenderfahrung zu rekonstruieren. Besonders in seinen letzten Lebensjahren entstanden auf diese Weise viele Aufzeichnungen, wenn er Fragen beantwortete oder, veranlaßt durch irgendwelche Umstände oder Ereignisse im Ashramleben, spontan seine Gedanken äußerte[21].

Noch wertvoller als diese Erinnerungen sind die wenigen von Sri Ramana selbst verfaßten Gedichte. Er schrieb sie manchmal auf Bitten eines seiner Anhänger; häufiger schrieb er sie aus einer Art inneren Bedürfnisses, das ihn zwang, den Stift zur Hand zu nehmen, wie er oft lächelnd sagte. Die wichtigsten davon sind einerseits die didaktischen Gedichte, die seine Lehre darstellen, *Ulladu Nārpadu* und *Upadesha Sāram*, und andererseits seine *Hymnen an Arunāchalā*[22]. Sie sind außerordentlich konzentriert; keine wörtliche Übersetzung kann ihnen wirklich gerecht werden. In ihnen ist zunächst der charakteristische Genius der Tamilsprache zu finden, und dann – kaum hörbar für den Uneingeweihten – häufige Echos der Worte und Bilder der spirituellen Hindutradition. Schließlich und vor allem lebt in ihnen die profunde Bewußtseinstiefe der Seele, aus der sie stammen. Nur wer ihnen *innerlich* zuhört, in derselben Tiefe des Geistes, aus der sie kamen, kann ihre Wahrheit verstehen oder vielmehr wiedererkennen.

Wir müssen natürlich mit Hilfe dieser Texte und in ständigem Bezug zu ihren Inhalten versuchen, die Erfahrung des Maharshi zu verstehen. Solange wir aber Gefangene der von ihm gebrauchten Worte bleiben, bekommen wir nur zu den äußeren Höfen seiner Erfahrung Zugang. Die Worte und Denkformen, in denen auch die größten Weisen ihre Botschaft darlegen, sind alle unvermeidlich mit dem Milieu und der Kultur verbunden, in der sie leben. Wir müssen durch die Worte, durch alle Zeichen hindurchdringen. Nur tief in unseren Herzen werden wir die Wahrheit ihrer Erfahrung erkennen können. Daher die in der Hindutradition so oft betonte Notwendigkeit für den, der nach *brahmavidyā strebt*, sich zu reinigen und sich ins Innere zu vertiefen. Die Wahrheit ist in der Tiefe des Herzens verborgen. Ein wahrer Guru ist nur, wer die Aufmerksamkeit zum Herzen lenken kann; ein wahrer Schüler ist nur, wer nach innen lauscht. Dies trifft umso mehr zu, wenn Guru und Schüler nicht derselben spirituellen Tradition angehören. Solange man nicht auf das Wesentlichste zielt, wird man höchstwahrscheinlich von den Formen abgelenkt und verfehlt daher die Botschaft des Geistes. Und ganz gewiß ist jede Bemühung um Vergleich und Integration völlig wertlos, wenn sie nicht in der Höhle des Herzens vollbracht wird, dem eigentlichen Ort des Geistes.

3

Die innere Suche

Das Selbst allein, Maitreyi, soll man sehen,

hören, überdenken …

Über das Selbst allein soll man meditieren.

Wenn man es kennt, dann kennt man alles, das ist …

Aber das, wodurch alles erkannt wird,

Wer könnte den einzigen Erkennenden erkennen?…

Dieses Unvergängliche, o Gārgi,

ist der unsichtbare Seher,

der unhörbare Hörer,

der unerkennbare Erkenner …

(Brihadāranyaka Upanishad 2, 4; 3, 8)

Die ganze Entwicklung der indischen Spiritualität basiert auf der intuitiven Erkenntnis des Selbst, wie die Weisen sie seit den frühesten Tagen des spirituellen Erwachens in Indien erfahren haben. Es ist ein Ruf aus dem *Inneren,* der nur innerlich vernommen werden kann.

Um der Menschheit zu helfen, diesem Ruf zu folgen, entwickelten die Seher Indiens im Lauf der Zeit gewisse spirituelle Methoden, *sādhanā*, die dem Suchenden auf seinem inneren Aufstieg zuverlässiger als Leitschnur dienen sollten, als Riten und Lehren es können. Diese Praktiken sollten ihn vor dem Stolpern oder Irregehen schützen und ihn vor allem fest in jener absoluten Stille verankern, in der alles Denken und Begehren schweigt und ohne die es praktisch unmöglich ist, zum inneren Gewahrsein des Selbst zu kommen. Das ist es, was man im allgemeinen Yoga nennt.

Yoga

Yoga ist heute ein Modekult geworden, nicht zuletzt im Westen. Den wahren Zweck des Yoga verliert man jedoch unglücklicherweise im Prozeß seiner Popularisierung oft aus den Augen. Yoga ist zunächst eine Methode, den Geist in seine Mitte zurückzurufen und ihn dort festzuhalten. Sein Ziel besteht darin, den Übenden zu der reinen Bewußtheit zu bringen, daß er *ist*, jenseits aller äußeren Erscheinungen seiner selbst, die durch die Sinne oder das Denken wahrgenommen werden. Nur in dieser Mitte oder dem Gipfelpunkt seiner selbst gelangt der Mensch zu sich selbst und verwirklicht sich selbst in der Wahrheit seines Seins, oder genauer, in seinem Akt des Daseins. Er erreicht den Zustand der Abgeschiedenheit, des einfachen *Seins*, den die Tradition *kaivalyam* nennt. In diesem Zustand auf der Ebene reiner Bewußtheit ist er alles dessen entkleidet, was nicht dem Wesen nach und dauerhaft er selbst ist, alles dessen, was an ihm relativ und der Veränderung unterworfen ist, besonders der *vritti* oder unaufhörlichen Gedankenwirbel. Er entdeckt, daß sein Zustand nicht mehr von irgendwelchen Bindungen begrenzt wird, daß er totale Freiheit und Unabhängigkeit genießt. Von diesem Mittelpunkt seines Wesens, wo er einfach er selbst ist, ohne irgendetwas Hinzugefügtes oder Beigemischtes, kann er nicht nur alle seine geistigen Aktivitäten kontrollieren und beherrschen, sondern bis zu einem gewissen Grad auch die physiologischen Bedingungen seines Lebens. Wenn seine Denkprozesse zur Ruhe kommen, strahlt das Bewußtsein, einfach er selbst zu sein, in ungetrübtem Glanz hervor und füllt das ganze Feld seiner Wahrnehmung.

Das einzige wirksame Mittel, diesen Zustand zu erreichen, ist fortgesetzte und immer genauere Kontrolle der gedanklichen Tätigkeit. Um diese Beherrschung des Gedankenflusses zu erleichtern, wurden im Lauf der Zeit vielfältige Übungen entwickelt und dann durch lange Erfahrung erprobt. Die wichtigste dieser Übungen ist die Meditation, worunter die Sammlung des Geistes auf einen bestimmten Punkt zu verstehen ist, der entweder physisch vorhanden oder vorgestellt sein kann. Hier ist nicht von der Meditation im westlichen Sinn die Rede, in der man sich z.B. eine bestimmte Szene vorstellt und nacheinander über ihre verschiedenen Teile kontempliert oder abwechselnd über eine Idee reflektiert und ihre verschiedenen Aspekte überprüft. Yoga-Meditation zielt im Gegensatz dazu auf die Reduzierung des Bewußtseinsfeldes bis auf einen unteilbaren Punkt, auf das Erlangen ungeteilter Aufmerksamkeit, auf das Meistern oder Zur- Ruhe-Bringen des Gedankenflusses (wie wertvoll die Gedanken auch sein mögen), also darauf, den Geist zu völliger Stille zu bringen. *Asana* (feste Körperhaltung) und *prānāyāma* (kontrolliertes Atmen) haben nur eine vorbereitende Funktion und werden im Hinblick auf das geistige Stillwerden empfohlen. Ihr unmittelbares Ziel ist, den Yogi zu befähigen, seine Muskeln, besonders die am Atemvorgang beteiligten, zu kontrollieren, ihre Bewegung rhythmisch zu machen und sie schließlich weitgehend zum Stillstand zu bringen. All dem liegt das – mehr auf Erfahrung als auf Theorie beruhende – Prinzip zugrunde, daß es eine wechselseitige Beziehung zwischen dem psychischen Zustand eines Menschen und seinem physiologischen Organismus gibt, und eine noch tiefere Entsprechung zwischen seinem Atem und dem inneren *prāna* oder Lebensprinzip.

Yoga erleidet als eine Technik unausweichlich das Schicksal aller Techniken, ob physisch, psychisch, sozial oder religiös. Die Technik neigt dazu, immer mehr Aufmerksamkeit auf sich selbst zu ziehen. Die Gefahr besteht, daß das bloße Mittel auf Kosten des eigentlichen Ziels als Selbstzweck angesehen wird.

Man sollte die Gefahren das Yoga also nicht unterschätzen. Eine besonders ernste Gefahr ist, daß aus den Tiefen des Unterbewußtseins des Yogi eine Art Über-Ego an die Oberfläche kommt und schließlich so mächtig wird, daß es sein bewußtes Leben, seine geistigen Prozesse und sogar seine Muskelbewegungen kontrolliert und beherrscht. Ein solches Über-Ego ist in Wirklichkeit nur eine Übersteigerung des *ahamkāra*, eine krebsartige Wucherung des Ego, bei der ein Teil des Bewußtseins im Verhältnis zum Rest überproportionale Dimensionen angenommen hat. Dies ist die Quelle des diabolischen Stolzes nicht weniger Hathayogis. Indem sie in die eigenen Tiefen gehen, machen sie die größten Anstrengungen, vom Ich zum Selbst vorzudringen, wie sie meinen. Aber das, wohin sie streben und was sie das Selbst nennen, ist genau betrachtet nur eine Projektion ihres eigenen Denkens, ein begrifflich erfaßtes Ziel, das sie sich zu erreichen *zwingen*. Was sie erreichen, ist jedoch nicht das Aufgehen des Ich im höchsten Selbst, wie sie es sich vorstellen. Im Gegenteil, sie täuschen sich kläglich; ihre Gedankenkonzentration und ihre Willenskraft haben nur das eigene Ego mit all seinen Eigenarten und Begrenzungen monströs aufgebläht und auf die Ebene des Absoluten befördert.

Auf der Suche nach dem Selbst

Ramana Maharshis spirituelle Methode – wenn man diesen Ausdruck analog verwenden darf – besaß nichts von der Kompliziertheit des Yoga. Sie floß auf ganz natürliche Weise aus seiner Erfahrung. Er wollte nichts als anderen helfen, in sich zu entdecken, was er selbst eines Tages so schlagartig erlebt hatte.

Jedem, der ihn aufsuchte und ihn aufrichtig fragte, was er tun solle, um spirituell voranzuschreiten, empfahl Sri Ramana generell die Übung des *ko'ham*, d.h. sich innerlich zu fragen: Wer (bin) ich?[23] Das ist es, was er *ātma-vicārana* nannte, die »Forschung nach dem *ātman*«, also die Suche und das Streben nach dem innersten Selbst, jenseits aller seiner äußeren Erscheinungsformen. Sie besteht – ganz im Gegensatz zur üblichen zentrifugalen Bewegungsrichtung des Denkens – darin, die tiefsten Bewußtseinszentren zu durchstoßen und so von Gedanken zu Gedanken weiterzudringen, oder genauer von einem gegebenen Gedanken zum Bewußtsein, daß man den Gedanken gedacht hat, dann zum Bewußtsein dieses Bewußtseins und so fort. Diese Forschung oder Untersuchung sollte insbesondere auf den Gedanken des »Ich« und das Selbst-Bewußtsein gerichtet werden, die allen mentalen und seelischen Vorgängen zugrundeliegen. Das Ziel ist, genau jenen Ort in uns selbst zu erreichen, wo alle Gedanken, beginnend mit dem Ich-Gedanken, dem Gedanken des Selbst, in der tiefsten Mitte unseres Wesens entspringen. In seinem *Upadesha Sāram* nennt Sri Ramana diesen Punkt den »Ort des Entspringens«. Aber hier haben wir das Paradox, daß das aus der Quelle fließende Wasser, sobald es zum Strom wird, nicht mehr die Quelle ist...das Ziel entflieht uns also fortwährend.

Einige Leute haben seine Lehre als einen Weg fortschreitender Negation interpretiert: *Ich* bin nicht dieser Körper, diese Hand, dieser Gedanke u.s.w. Der Maharshi hat Anfänger nicht daran gehindert, in dieser Weise vorzugehen, wenn sie es hilfreich fanden, aber er warnte sie vorsorglich vor den Gefahren dieser Methode. Irgendeinem bestimmten Gedanken besondere Aufmerksamkeit zu schenken, wenn auch nur, um ihn zu negieren, sich an etwas zu erinnern, wenn auch nur um die Erinnerung zurückzuweisen, birgt die Gefahr, sie mit neuer Kraft auszustatten und sie auf diese Weise fest im Bewußtsein zu verankern, während man sich doch gerade darum bemühen sollte, sie loszuwerden.

Der Weg, den der Maharshi empfahl, ist seinem Wesen nach positiv. Er besteht darin, sich in jedem Augenblick, bei jeder Handlung, zu fragen, wer in Wahrheit es ist, der lebt, denkt und handelt und darin, bei der Tätigkeit des Sehens darauf zu achten, wer sieht, beim Hören darauf, wer hört u.s.w. Es kommt darauf an, dieses Bewußtsein des Selbst, das sich hinter den Phänomenen und Ereignissen des psychischen Lebens verbirgt, ständig und unnachgiebig zu verfolgen, es zu entdecken und in seiner ursprünglichen Reinheit festzuhalten, bevor irgendetwas anderes es überdeckt oder verfälscht. Einmal erfaßt, muß es im Mittelpunkt seines Geistes festgehalten werden, damit es nicht wieder entfliehen kann. Dies bedeutet in der Tat den Versuch, sein Selbst, seine Identität jenseits und unterhalb der Ebene der Manifestation zu erreichen. Sri Ramana war sich ganz sicher, daß diese Selbsterforschung nicht verfehlen würde, Frucht zu tragen, falls man sie unermüdlich weiterführte. Das Selbst der Erscheinungen, das Oberflächen-Ich, würden am Ende wie durch Zauberei verschwinden, wenn man sie bis zu ihrem letzten Stützpunkt verfolgte, genau wie ein auf frischer Tat ertappter Dieb um sein Leben rennt. Das wesentliche *Ich* leuchtet dann in alleinigem Glanz im still gewordenen Bewußtsein und füllt es ganz aus.

Ein Gespenst ohne Körper, das ist das Ich:

um zu existieren, borgt es einen;

darin bleibt es, ißt und wächst.

Ist der Körper vergangen, springt es in einen neuen.

Suche es; schon ist es fortgelaufen!

Tauche hinab in dich selbst,

zu dem Ort, wo das Ich entspringt,

wie der Perlentaucher,

mit geschlossenem Mund und angehaltenem Atem.

(nach Ulladu Nārpadu, 25, 28)

Wenn jemand sich jedoch berufen fühlte, komplizierteren Yogamethoden zu folgen, so stand ihm der Maharshi nicht im Wege. Er drängte seinen Standpunkt niemandem auf. Wenn jemand noch nicht dazu bereit war, warum sollte man ihn auf einen Weg drängen, den er nicht gehen konnte? Warum die rechte Stunde vorwegnehmen? Die indische Philosophie des *karma* lehrt uns, geduldig auf die Stunde zu warten und sich nicht von der Langsamkeit im persönlichen Wachstum der Menschen entmutigen zu lassen. Jeder wird schließlich zu der vom Schicksal bestimmten Zeit das Ziel erreichen. Für sich selbst ging Sri Ramana jedoch direkt auf das Wesentliche des Yoga zu, und wer sich ihm anvertraute, den lud er ein, dasselbe zu tun. Wer dagegen nur seine Zustimmung zu Entscheidungen suchte, die er bereits selbst getroffen hatte, den überließ er seinen Illusionen.

Es gab nur eine Atemübung, die er tatsächlich empfahl, aber auch das nur denjenigen, die besondere Schwierigkeiten hatten, Körper und Geist zur Ruhe zu bringen. Sie bestand darin, die Aufmerksamkeit auf den Atemvorgang zu richten und den Prozess des Ein- und Ausatmens bewußt zu verfolgen – genau wie in der wertvollen Übung des japanischen *za-zen*. Solche konzentrierte Aufmerksamkeit führt von selbst zu einem Rhythmus und verlangsamt automatisch die Atemgeschwindigkeit. Dem passt sich die Betriebsamkeit des Geistes an, sie wird ausgeglichener, verlangsamt sich ebenfalls und schafft Raum für die innere Stille.

Die wesentliche Frage

Sri Ramana praktizierte selbst nie irgendeinen Yoga oder irgendwelche besonderen spirituellen Übungen. Die verwandelnde Erfahrung traf ihn wie der Blitz. Die Menschen um ihn herum schlossen daraus, daß er in vorangegangen Leben außerordentliche Askese geübt haben müsse. Auf diese Weise müsse er so große Verdienste angesammelt haben, daß er deren Früchte beinahe sofort habe ernten können, als er in das gegenwärtige Leben eingetreten sei. Diese Frage interessierte den Maharshi aber sehr wenig. Was bedeutet, genau genommen, ein vorangegangenes Leben? Oder ein zukünftiges Leben? Gibt es in diesem Leben, das wir das gegenwärtige nennen, keine ständige Veränderung? Jede Nacht löst sich im Moment des Einschlafens das Bewußtsein, das man von sich selbst hat, auf; wenn wir aufwachen, erlangen wir das Bewußtsein wieder. Ist das nicht dasselbe, was im Tod und in der Wiedergeburt geschieht? Aufeinanderfolgende Leben sind letztlich von gleicher Art wie aufeinanderfolgende Tage und Augenblicke in dem einen sogenannten besonderen Leben. Sie alle gehören zur Ebene der flüchtigen und vergänglichen Erscheinungswelt und sind im Vergleich zum Wirklichen, zum Unveränderlichen, zum Selbst, ziemlich unwichtig und bedeutungslos.

Alles ist ganz einfach, wie Sri Ramana allen, die auf ihn hörten, immer wieder in Erinnerung rief. Es gibt nichts, wonach man streben müßte, nichts, was man noch nicht hätte und erlangen müßte. *Wer*, fragte er, strebt danach, *was* zu erlangen? Es genügt, sich bewußt zu werden, was man *ist*: alles andere kommt dann von selbst, alle Probleme des Lebens, seien sie spekulativ oder praktisch, zeigen sich dann *eo ipso* als gelöst. Der Weise leugnet diese Probleme nicht, noch weicht er ihnen durch Vergessen oder Gleichgültigkeit aus; aber sie werden immer wieder auftauchen, solange das grundlegende Problem nicht gelöst ist. Diesem grundlegenden Problem muß man sich zuwenden, denn es enthält alle anderen in sich und beherrscht das Schicksal des Menschen.

Wenn man ihn zum Beispiel fragte, wie die Todesangst, diese letzte und quälendste Sorge des menschlichen Herzens, unter Kontrolle zu bringen sei, antwortete der Maharshi einfach: »Finde zuerst heraus, *wer* den Tod fürchtet. Das in dir, was den Tod fürchtet, ist es nicht das kleine Ego, das schon jetzt in jedem vorübergehenden Moment stirbt? Finde heraus, wer du wirklich bist, und du wirst entdecken, daß dieses *Ich*, das sich fürchtet, selbst kurzlebig ist, und daß es sich auflöst, wenn du es zu greifen versuchst; man kann es nicht festhalten, denn es hat keine Substanz. Aber du selbst *bist*; jenseits allen Wechsels und Verfalls *bist* du; und in Wahrheit können weder Alter noch Tod noch Furcht dich berühren.«[24]

Sri Ramana löste alle Probleme, die ihm vorgelegt wurden, in ähnlicher Weise. Schüler und Besucher versuchten vergeblich, der Frage zu entgehen, mit der der Meister alle ihre Fragen parierte, und die wie das Schwert des Damokles ständig über ihnen hing, wie ein Schüler aus Bengalen einmal bemerkte. » *Wer* stellt die Frage? *Wer* bemüht sich um die Lösung des Problems?« Der Meister erlaubte niemandem, seine Aufmerksamkeit von der einen notwendigen Sache abschweifen zu lassen oder Zeit in Spekulationen zu vergeuden, die höchstens der Eitelkeit schmeicheln und das Gefühl der eigenen Wichtigkeit nähren. Er führte die Menschen immer wieder auf das Wesentliche zurück, zur grundlegenden Frage des menschlichen Herzens. Der Mensch möchte sie gern ignorieren, denn sie brennt in seinem Herzen wie ein verzehrendes Feuer. Aber solange er sie nicht beantwortet hat, ist alles, was er weiß, bloße Unwissenheit, und alles, was er tut, verblaßt im nächsten Augenblick.

Ist die Welt wirklich? Ist sie Illusion?

Ist sie gestalthaft? Gestaltlos? Bewußt oder unbewußt?

Ist sie Freude oder Leid?

Warum sich darum sorgen? Suche nach deinem Selbst.

Wenn du aufwachst, erwacht die Welt für dich;

wenn du schläfst, wo ist sie dann?

Ergründe zuerst, wer es ist,

durch den für dich die Welt existiert …

Wer ist der Jñani? Wer der Ajñani?

Der Wissende? Der Unwissende?

Was heißt es, das Selbst zu kennen? Es nicht zu kennen?

Wissen und Nichtwissen kennt man nur

in Bezug aufeinander.

Wessen Wissen, wessen Nichtwisen?

Das ist die wahre Frage …

Niemand ist gebunden,

außer durch die Idee des »Gebunden-« und »Ungebundenseins«.

Ergründe, wer gebunden ist;

wenn niemand gebunden ist, was ist dann Befreiung (mukti)?…

Ist Befreiung gestaltlos, oder hat sie Form?

Oder ist sie sowohl gestalthaft wie gestaltlos?

Darüber diskutieren Gelehrte.

Wenn das diskutierende Ich nicht mehr zu finden ist,

Was ist dann aus der »Befreiung« geworden?

(nach Ulladu Nārpadu, 3-4, 10, 39-40)

Einfach bewußt werden

Es ist die schlimmstmögliche Illusion, zu meinen, daß wir kämpfen müßten, um Befreiung, *mukti*, zu erlangen oder um das Selbst zu erfahren, was beides dasselbe bedeutet. Was ist diese Welt in Wahrheit? Was ist die jenseitige Welt? Was bedeutet es, Selbstverwirklichung zu erlangen oder sie nicht erlangt zu haben? Die bewußte und absichtliche Bemühung, zu dieser »Selbstverwirklichung« zu gelangen, ist paradoxerweise das größte Hindernis auf dem Weg dahin. Denn es schließt die Annahme ein, daß der natürliche Zustand des Menschen, die *sahaja sthiti*, wie der Maharshi ihn gewöhnlich nannte[25], etwas ist, das der Mensch noch nicht besitzt – als ob der Mensch *sein* könnte, ohne er selbst zu sein! Ist der Mensch wirklich weniger Mensch, wenn er in tiefem Schlaf versunken ist?

Daß *du bist*, mein Freund, weißt du sehr wohl. Deine Erfahrung erinnert dich jeden Moment daran. Finde einfach heraus, *wer* du bist, finde heraus, was in dir ist, das nicht von den wechselnden Umständen deiner körperlichen oder mentalen Existenz abhängt, jenen Kern des Bewußtseins, der letzten Endes mit keinem der äußeren Umstände identifiziert werden kann, in denen du dich befindest. Verschwende keine Zeit damit, die kurzlebigen Identitäten zu negieren, derer du jeweils momentan bewußt bist, denn das wird dich nur aufhalten und behindern. Gehe darüber hinaus. Entdecke in dir dasjenige, was frei und unabhängig ist von allem um dich her oder in dir, das sich wandelt oder vergeht. Frage dich bei jeder Handlung, bei jedem Willensakt, bei jedem Gedanken, die wesentliche Frage: *Wer* denkt, *wer* will, *wer* handelt? Wer bin *ich*, der Handelnde hinter der Handlung, der Denkende hinter dem Gedanken, der Wollende hinter dem Willensakt?[26] Immer verwirrter wird dein Verstand darauf immer weniger die Antwort wissen. Dein Denken wird hoffnungslos an die wechselhafte Welt der Phänomene gebunden sein, die Welt alles dessen, was immerfort in Erscheinung tritt und verschwindet, wenn es von Sinnen oder Verstand wahrgenommen wird. In alledem ist nirgendwo ein ruhender Punkt, an dem du dein fundamentales inneres Wissen, daß du *bist*, festmachen kannst: und doch *bist* du, ohne daß du sagen könntest, wo du bist, was du bist, wer du bist ... Die »Suche nach dem Selbst«, wie der Maharshi sie lehrte, trägt keine der oben erwähnten für den Yoga typischen Gefahren in sich, jedenfalls wenn der Schüler treu bleibt und keinen Ersatz erfindet, der nur dazu dienen soll, vielleicht unter einem anderen Etikett etwas von seinem Ego zu retten. Diese Methode läßt keinen Platz für unbewußte Übertragung oder für das Aufblasen des Ego. Sie ist durch und durch eine Methode der Entspannung, der Loslösung, des Rückzugs ins Innere und Echte. Sie erlaubt nicht, sich selbst wichtig zu nehmen. Gleichzeitig ist sie befreiend und außerordentlich fordernd. Sie ist eine radikalere Askese (Disziplin) als irgendeine andere und schließt auch die geringste willentliche Bemühung des Menschen in Richtung auf ein selbstgewähltes Ziel aus. Sie schneidet jede Selbstzufriedenheit an der Wurzel ab und führt so zur radikalsten Läuterung. Ins Herz eines jeden Gedankens schiebt sie wie ein glühend heißes Eisen das *neti-neti*[27] der Upanishaden, das »Nicht dies, nicht das«, das jede Möglichkeit, bei der Suche einzuhalten, gänzlich ausschließt. Doch dies *neti-neti* ist gewiß keine Idee, in der der Verstand wenigstens etwas Ruhe und Erleichterung suchen könnte. Im Herzen des Gedankens selbst ist *neti-neti* wesentlich Bewußtsein, tiefe Erfahrung, verborgen, und doch brennend und verzehrend ...

Der Verstand erkennt dann immer klarer seine Unfähigkeit zu sagen: »Ich bin dies oder das; ich bin diese oder jene Person.« Denn im selben Augenblick, in dem der Gedanke auftaucht, ich bin dies oder das, diese oder jene Person, ist diese Manifestation, mit der ich mich im Fluß des Bewußtseins automatisch zu identifizieren versucht habe, schon von mir geflohen – aber *ich* bestehe weiterhin. Sinnliche und psychische Erfahrung fließen in einem stetigen Strom, den nichts anhalten kann, da alles selbst Teil des kontinuierlichen Wandels ist, der die Natur des Kosmos ausmacht. Während dieser Strom unendlich weiterfließt, harre ich aus, *bin ich*, in einer beständigen Gegenwart. Alles vergeht, wandelt sich, *panta rhei*; aber was mich betrifft, ich *bin*. Was bin ich? Wer bin ich? Darauf gibt es keine Antwort als das reine, alles Denken transzendierende Bewußtsein, daß *ich bin*. »Ich bin«, und ich muß mich auch nicht darum bemühen, dies »Ich bin« zu finden. Ich bin kein sich selbst suchendes »Ich«. Darauf hat der Maharshi sehr scharfsinnig hingewiesen, als einige Schüler mit Hilfe logischen Denkens herauszufinden versuchten, »wer sie seien« und sich auf diese Weise auf eine endlose mentale Verfolgungsjagd dieses flüchtigen Selbst begaben[28]. Die Suche ist endlos, weil das *gedachte* Selbst die Frage nach dem *denkenden* Selbst aufwirft, und so weiter, *ad infinitum*. Der Mensch hat nichts anderes zu tun, als sich selbst einfach von diesem Licht ergreifen zu lassen, das aus dem Inneren entspringt, das aber selbst nicht ergriffen werden kann. Wer kann je den Geschmack absolut reinen Wassers kosten? So auch mit reiner Luft, wer sieht oder riecht sie je?

Wach auf, o Mensch, und erkenne einfach, daß du *bist*. Du bist weder der Schmetterling, der träumt, er sei der König, noch der König, der träumt, er sei der Schmetterling, wie im chinesischen Sprichwort. *Du bist du selbst*. In der indischen Volksüberlieferung gibt es die geschichte von dem Löwenjungen, dessen Eltern von Jägern getötet worden waren, und das zusammen mit einer Schafherde aufwuchs. Es lernte zu blöken und Gras zu fressen, und es wuchs auf, ohne je zu denken, daß es selbst kein Lamm sei. Eines Tages fiel ein Löwe über die Herde her. Als er das Löwenjunge sah, fragte er es, was es hier unter den Schafen tue, und wieso es sich nicht schäme, zu blöken und Gras zu fressen. »Aber bin ich denn kein Lamm?« antwortete das überraschte Löwenjunge. Da nahm es der Löwe zu einem Wassertümpel mit, und befahl ihm, die Spiegelbilder ihrer beiden Köpfe anzuschauen und zu vergleichen. »Bist du nicht genau wie ich? Ist es nicht deine Natur, Blut zu trinken und zu brüllen? Komm, brülle wie ich… « Der junge Löwe brüllte, und im Brüllen erkannte er sich selbst …
So ist es auch mit der Seele, die zum Selbst erwacht.

4

Das Dilemma des Advaita

Der Weise liest die heiligen Schriften

und meditiert fortwährend über sie;

doch sobald er Brahman entdeckt hat,

legt er sie beiseite,

wie man es mit dem Docht tut,

sobald die Lampe entzündet ist.

Amritanāda Upanishad

Wie fest ein Christ auch in seinem Glauben gegründet sein mag, er kann dem Problem nicht ausweichen, das von der Tatsache des Pluralismus der Religionen unter den Menschen aufgeworfen wird. Religiöse Erfahrung, und selbst die höchste mystische Erfahrung, existiert unzweifelhaft auch außerhalb des Christentums. Der Christ ist es sich schuldig, diese Tatsache anzuerkennen und sie im Licht seines Glaubens zu interpretieren, indem er versucht, sie in sein theologisches Bild von der Welt und von Gottes Plan für die Menschheit zu integrieren. Aber es wäre eine unangemessene, im Grunde eines wahrhaft Gläubigen unwürdige Reaktion, sich mit einem bloß intellektuellen Erfassen dieser Tatsache zu begnügen oder sich an der Entdeckung eines erregenden neuen *theologoumenon* zu erfreuen. Alles Wissen, dessen der Mensch fähig ist, muß sicherlich zu dem zurückführen, von dem alles Wissen ausgeht, und daher muß es eine Auswirkung auf das spirituelle Leben des Menschen haben, der das Wissen besitzt. Das göttliche Leben endet nicht mit dem Hervorgang des Wortes oder mit dem Wissen, das der Vater von sich selbst in seinem Sohn hat. Der Hervorgang des Wortes trägt auch den des Geistes mit sich. Die Trinität ist erst vollständig in der Wiederkehr des Sohnes zum Vater durch den Akt der Liebe, in dem die göttliche Einheit besiegelt wird. Gleicherweise muß auch beim Menschen alles Wissen in Liebe seine Erfüllung finden und im Lobpreis enden, wie die Theologie in der Doxologie endet – einer Verherrlichung Gottes, die den ganzen Menschen umarmt und ihn zu einem tieferen Verständnis des göttlichen Mysteriums führt.

Advaita und die Religionen

Christen in Indien sind mit einer spirituellen und religiösen Erfahrung konfrontiert, die – nicht weniger als ihre eigene – letzte Gültigkeit beansprucht. Im Namen dieser Erfahrung wetteifern Hindu-Heilige und Mystiker miteinander, auf den seinem Wesen nach relativen Charakter alles dessen hinzuweisen, was den Sinnen oder dem Verstand des Menschen zugänglich ist. In dieses Urteil schließen sie nicht nur ausnahmslos alle Wahrheiten ein, die der Mensch durch den Intellekt entdecken kann, sondern auch jene, die er direkt von Gott durch göttliche Offenbarung erhalten zu haben behauptet. Glaubenslehren, Riten und religiöse Institutionen jeder Art fallen unter diese allgemeine Relativierung.

Der Hindu-Jñāni streitet dem christlichen Glauben und christlichen Institutionen natürlich nicht jeden Wert ab. Er betrachtet sie als nützlich und wirklich hilfreich für Menschen mit einem bestimmten kulturellen Hintergrund, solange ihre spirituelle Erfahrung noch auf die Sphäre von Zeit und Vielfalt begrenzt ist. Dies trifft in der Tat nicht nur für das Christentum zu, sondern für alle Religionen, nicht zuletzt für den Hinduismus selbst. Solange der Mensch zwischen dem *Ich*, der Welt und Gott unterscheidet, sind für ihn Riten und Dogmen nicht nur legitim, sondern notwendig. Niemand hat das Recht, sich den Verpflichtungen seines eigenen *dharma* zu entziehen, solange er nicht zur letzten Erfahrung vorgedrungen ist. Es genügt nicht, in den Schriften gelesen oder vom Guru gehört zu haben, daß die letztgültige Erfahrung Advaita oder Nicht-Dualität ist. Die mit dem Zustand der Erlösung oder *moksha* gegebene Freiheit wird nur durch Erfahrung gewonnen. Durch rein intellektuelle Überzeugung kann man sie nicht erlangen, denn jeder Akt des Intellekts bleibt unvermeidlich auf der dualistischen Ebene gewöhnlicher Erfahrung.

Vom vedāntischen Standpunkt haben weder die heiligen Schriften und Kulte des Hinduismus noch christliche Dogmen und Sakramente einen endgültigen Wert. Sie alle sind wie das Floß, von dem Buddha oft sprach. Man benutzt es, um einen Fluß zu überqueren, und im Notfall, wenn kein Floß vorhanden ist, baut man vielleicht selbst eins; aber niemand dächte im Traum daran, es mitzunehmen, wenn er das andere Ufer erreicht hat. Sie werden auch mit dem Docht verglichen, von dem die Upanishaden sprechen: Man benutzt ihn, um eine Lampe anzuzünden, aber legt ihn ohne weiteren Gedanken beiseite, sobald die Lampe entzündet ist. Der Mensch ist wahrer Bewußtheit seines Selbst fähig. Er ist nicht dazu gemacht, für immer auf der rudimentären Bewußtseinsebene zu bleiben, auf die ihn die notwendig nach außen gerichtete Sinneswahrnehmung zieht und auf der sie ihn festzuhalten sucht[29]. Der Säugling braucht natürlich zunächst Milch, aber Milch wird nicht immer seine Nahrung sein. Er braucht zunächst die Mutterbrust, aber ein Leben an der Brust der Mutter ist nicht die endgültige Situation des Menschen. Ebensowenig kann der Schmetterling auf immer im Stadium der Puppe bleiben. Das Gleiche gilt für die aufeinanderfolgenden Stadien, die der Mensch in seiner geistigen und spirituellen Entwicklung durchläuft, vom praktischen Denken des Primitiven bis zum reflektierenden Denken des Philosophen und schließlich zur ungetrübten Selbst-Bewußtheit des Sehers. Die vorbereitenden Stufen sind keine bloße Illusion, wie es manchmal allzu vereinfacht dargestellt wird. Die Wahrheit, die sie enthalten, hat einen Wert, der aber auf ihre Erfahrungsebene begrenzt ist. Diese Wahrheit, soweit sie reicht, geht nicht verloren, wenn der Geist von der höchsten Erfahrung ergriffen wird. Euklids Theorie blieb auf ihrer eigenen Ebene weiterhin richtig, auch als moderne Mathematiker entdeckten, daß sie nur einen besonderen Fall innerhalb der Geometrie beschreibt. Die Welt ist, wie schon gesagt, für den Jñāni ebenso real wie für den Ajñāni. Nur hat der Jñāni Zugang zu einer höheren Ebene der Realität, von der der Ajñāni nichts ahnt[30]. Von dieser transzendenten Ebene aus kann er alles beurteilen und den Wahrheitsgrad in allem, das sich als wahr ausgibt, erkennen. Ähnlich spricht Paulus über den spirituellen Menschen (1. Korinther 2, 15). Wer die Sphäre der Selbst-Bewußtheit erreicht hat, wird gewiß nicht unterstellen, daß die gewöhnliche Wahrnehmung im strengen Wortsinn unreal sei. Er *weiß* zu gut, als daß er sich erlauben würde, kategorische Urteile über die Wirklichkeit der Welt oder seine eigene besondere Existenz oder die Vielfalt der Dinge abzugeben. Er wird z.B. nicht sagen, das Ich, die Welt und Gott seien einfach eins, noch wird er das Sein auf eine philosophische Monade reduzieren, wofür man ihn oft fälschlicherweise lobt oder tadelt. Dies würde die Grenzen seiner Einsicht überschreiten, und es wäre außerdem eine begriffliche – also dualistische – Interpretation dessen, was alle Begrifflichkeit transzendiert. Alles, was er sich erlauben kann zu flüstern, ist: »Es gibt nicht zwei,« *a-dvaita,* denn das Sein ist unteilbar ...

Seine Ablehnung begrifflicher Definitionen und sein ständiger Verweis auf eine transzendente Erfahrung machen den Vedāntin so kompromißlos in seinem Widerstand gegen jeden Versuch, irgendeinen

Begriff oder irgendeine Erfahrung des Bewußtseins auf der Erscheinungsebene als absolut zu setzen. Genau wie es beim christlichen Glauben der Fall ist, ereignet sich die advaitische Erfahrung auf einer Ebene, mit der kein Vergleich zulässig ist. Beide gehen in genau dieselbe Richtung. Ohne den Wert der menschlichen Vernunft auf ihrer eigenen Ebene zu bestreiten, weisen sie deren Urteil zurück, soweit sie selbst betroffen sind. Hier gibt es auch keine zwei Offenbarungen, deren Inhalt man phänomenologisch vergleichen könnte, wie im Falle des Christentums und des Islam. Die Erfahrung des Vedānta, kann wie die des Buddhismus und des ursprünglichen Tao nur in ihren eigenen Begriffen verstanden werden. Die östliche spirituelle Erfahrung fordert das Christentum, wie auch jede andere Religion und Philosophie grundlegend heraus. Sie werden bis zu ihrer letzten Verteidigungslinie verfolgt und müssen sich dann einem fundamentalen Dilemma stellen — entweder für immer auf der Ebene der Vielfalt und des Relativen zu bleiben, oder anzunehmen, daß ihre Identität sich in der überwältigenden Erfahrung des Absoluten auflöst.

Es gibt in der Tat keine Logik, die die Grundposition des Vedānta erschüttern könnte. Man kann über die philosophischen Systeme diskutieren, die sich auf der Basis der advaitischen Erfahrung entwickelt haben. Man kann versuchen zu zeigen, daß der Advaita keine Antwort auf die Probleme der Welt oder der Ethik hat. Aber all das verfehlt den eigentlichen Punkt. Diese Kritik gleitet über die diamantharte Oberfläche des Advaita, ohne den geringsten Eindruck zu hinterlassen. Auf jedes Problem, dem der Jñāni gegenübersteht, auf jede Metaphysik, mit der er konfrontiert wird, antwortet er mit der schlichten Frage: »Stimmst du zu, daß es ein Sein gibt, oder nicht? Wenn es ein Sein gibt, wer könnte es dann beschreiben und mit welchen Eigenschaften?« Dies war schon vor langer Zeit Thema des berühmten Gedichts des Parmenides in der Morgendämmerung der griechischen Philosophie, kurz nachdem die Rishis an den Ufern des Ganges und des Indus ebenfalls in den Tiefen ihres Geistes die *Upanishad* des Seins und des Brahman vernommen hatten[31]. Die Vernunft kann diskutieren, aber die Erfahrung *weiß*.

Der bloße Monotheismus, wie er Abraham offenbart wurde, hat auf die Herausforderung des Vedānta keine einfache Antwort parat. Dies gilt selbstverständlich ebenso für den Monotheismus des Koran und ähnlich auch für seine mosaische Form. In den Augen des Vedāntin ist die Verkündigung der Transzendenz Gottes durch Juden und Moslems bereits dadurch entwertet, daß sie es wagen, diese Transzendenz zu formulieren. Sich vor Gott zu Boden zu werfen ist ohne Zweifel nobel, aber behauptet der Gläubige im Akt der Unterwerfung nicht sich selbst gegen Gott? Mißt er Gott nicht, wenn er ihn als jenseits aller Maßstäbe proklamiert, im selben Moment mit seinem eigenen menschlichen Maßstab? Entweder ist all dies nur eine Ausdrucksweise ohne weiteren Wert; in diesem Fall gibt es nichts weiter darüber zu sagen: Advaita bleibt dann die einzige definitive Wahrheit. Oder es gibt eine wirkliche Hingabe, und diese Hingabe hebt selbst den Anspruch auf Transzendenz auf, denn sie setzt wenigstens ein gewisses gemeinsames Maß zwischen dem Anbetenden und dem Angebeteten voraus.

Die Religion des Alten Testaments beruht ganz und gar auf dem Gedanken eines Bundes zwischen Gott und den Menschen. Dies ist unbestreitbar eine der großartigsten Ausdrucksformen der Beziehung zwischen Mensch und Gott. Aber wie kommst *du* als Mensch dazu, dich als Partner Gottes hinzustellen, von ihm Rechenschaft zu fordern wie Hiob, oder sogar selbst von ihm wegen deiner Sünden zur Verantwortung gezogen zu werden? Wer *bist* du denn, dir so etwas anzumaßen? Wer ist es, der sich so aufspielt? Wenn der Mensch einmal dem Absoluten begegnet ist, gibt es keinen festen Boden mehr, auf dem er versuchen könnte, das Gleichgewicht zu halten. Sobald man mit dem Sein in Berührung gekommen ist, zerfällt alles, was behauptet, einen Anteil am Sein zu haben, in nichts, oder vielmehr geht es im Sein selbst auf. Wenn das Selbst aus sich heraus leuchtet, kann das Ich, das sich heranwagte, sich selbst nicht länger erkennen; es kann seine eigene Identität inmitten dieses blendenden Lichts nicht aufrechterhalten. Es ist sozusagen aus seinem eigenen Blickfeld verschwunden. Wer kann noch *sein*, in der Gegenwart des Seins selbst? Der Anspruch des Seins ist absolut. In allem, was der Mensch über

Gott zu sagen und zu denken versucht, kann es nie mehr als einen relativen Wert geben. Auf alle späteren Entwicklungen der Religion des Bundes – Lehren, Gesetze, Gottesdienst – entgegnet der Advaitin einfach das Wort, das ursprünglich Moses am Berg Horeb offenbart wurde: ICH BIN, DER ICH BIN.

Die jüdische Religion wird zweifellos fortbestehen, ebenso der Islam. Gewiß würde niemand im Traum den wohltätigen Einfluß leugnen, den diese monotheistischen Glaubensrichtungen auf das religiöse Erwachen der Menschheit ausgeübt haben. Wir mögen glauben oder nicht glauben, daß die mosaische Religion direkt von Gott geoffenbart worden ist – das Echo, das sie in den Herzen weiser Männer hervorgerufen hat, als sie über den Bund meditierten, das von ihr in den Herzen der Propheten entzündete Feuer, der Mut und die Treue, zu der sie Gläubige auch in den widrigsten Umständen inspirierte, sie alle beweisen ihren Wert für den menschlichen Geist. Ganz ohne Zweifel stimmt die Religion des Bundes mit tief in der menschlichen Psyche liegenden Intuitionen und Einsichten überein und gibt ihnen wertvolle Ausdrucksmöglichkeiten. Die religiöse Haltung der Juden fordert den menschlichen Geist mit dem Problem der persönlichen Existenz des Menschen und entsprechend mit der Persönlichkeit Gottes schonungslos heraus. Sie wirft auch das Problem des tiefverborgenen menschlichen Bedürfnisses auf, mit Gott in Verbindung zu treten und wenigstens irgendeine Art gegenseitiger Beziehung zu ihm herzustellen. (In analoger Weise konfrontiert die *Angst* vor dem »Dasein- zum-Tode«, die in der zeitgenössischen Philosophie eine so bedeutende Rolle spielt, den Menschen nicht weniger unerbittlich mit der Frage der Autonomie seines Gewissens im Zusammenhang seiner Kontingenz.) Gerechterweise muß man zugeben, daß der Vedāntin ebensowenig das Recht hat, solchen Problemen auszuweichen, wenn er seine Erfahrung des Selbst in philosophische Begriffe fassen soll, wie der Christ der Herausforderung des Advaita nicht ausweichen darf, wenn er versucht, die Erfahrung der Apostel vom Mysterium Christi oder gar die Erfahrung Jesu selbst in einer »Theo-logie« auszudrükken.

Der Advaitin wird dem nun wiederum entgegenhalten, daß alle diese Probleme, wie alle Probleme überhaupt, allein ins Reich des Verstandes, der »Wissenschaft« fallen. Es ist das Individuum, das sie stellt und über sie nachdenkt. Und dies ist so, weil es sich selbst noch nicht in seiner letzten Wahrheit erkannt hat. Wer bleibt noch, Probleme aufzuwerfen, am Tag, da er sich endlich selbst jenseits der Grenzen seiner phänomenalen Existenz erkannt hat, jenseits der Abfolge vergehender Augenblicke und jenseits seiner scheinbaren Verbindung mit der ebenso vergänglichen Welt, die er wahrnimmt? Probleme, denen man im Traum begegnet ist, verfliegen, sobald man aufwacht. Philosophien und Theologien haben keinen anderen Zweck als den Menschen zu dem Wissen hinzuführen, das ihn befreien wird. Sie können in die innerste Kammer der »inneren Burg« nie eintreten. Wie Moses ist ihnen verboten, das gelobte Land zu betreten. Sie können es nur staunend anschauen und von einem fernen Berg Nebo aus bewundern, vom Aussichtspunkt ihres diskursiven Wissens oder auch der Worte, in die Gott seine Botschaft verschlossen hat – sie alle brauchen noch die Erhellung im Geist. Ihre einzige Funktion besteht darin, den Menschen aufzuwecken, ihn zur Erkenntnis seines wahren Wesens zu führen und ihn Schritt für Schritt von seinem Traum-Selbst zu befreien, das seine eigene Traumwelt projiziert. Unglücklicherweise klammert sich der Mensch allzu oft an seiner Traumwelt fest und erwartet von ihr sogar eine Traum- Erlösung! Doktrinen, Gesetze und Rituale haben nur einen Wert als Richtungsschilder, die den Weg zu dem weisen, was jenseits von ihnen liegt. Eines Tages wird der Mensch unvermeidlich in der Tiefe seines Geistes den Laut des *Ich bin* von Dem-der-ist vernehmen. Er wird das strahlende Licht sehen, dessen einzige Quelle das Selbst ist, er selbst, das einzige Selbst … Welchen Platz gibt es dann noch für Ideen, Verpflichtungen, Akte der Verehrung welcher Art auch immer? Was ist dann aus dem Philosophen und dem Theologen geworden, so fragt der Vedāntin, was aus dem Gelehrten und dem Priester, dem Propheten und dem Kenner der Gesetze?

Advaita und Christentum

Nur das Christentum – allerdings das Christentum in seiner höchsten Erfahrung des Geistes – kann das Dilemma lösen, mit dem der Advaita alle Religionen und Philosophien der Welt konfrontiert. Oder vielmehr, es wird das Wesentliche der advaitischen Erfahrung annehmen und bis in deren Herz eindringen; und doch wird es sich selbst treu bleiben, oder sich sogar von neuem in jenen äußersten Tiefen des Geistes finden, in die der Advaita es zurückruft.

Dies ist natürlich eine Glaubenssache, und auf den folgenden Seiten wird nicht versucht, den Beweis dafür zu führen; aber vielleicht können diese Ausführungen dem Christen, dessen Ohren nach innen geöffnet sind, helfen, den aus dem Vedānta kommenden subtilen Hinweisen des Geistes Beachtung zu schenken. Zunächst wird der Hindu über dies Unternehmen lächeln, das in seinen Augen unweigerlich zum Scheitern verurteilt ist. Ebenso wird mancher Christ lächeln, der nichts von dem im Hohenlied Salomos (2,4) erwähnten inneren »Weinkeller« weiß und mit einer wohlkonstruierten begrifflichen Theologie und einer unkomplizierten Frömmigkeit ganz zufrieden ist. Und doch ist es gewiß die Pflicht des Christen, einen Versuch zum Verständnis zu machen. Ob es ihr gefällt oder nicht, die Kirche steht jetzt dem Faktum der religiösen und spirituellen Erfahrung Indiens gegenüber. Theologen müssen mit ihr rechnen und ihre Position in Bezug auf sie definieren, und zwar zum Nutzen der Gläubigen, die manchmal über diese Erfahrung die Nase rümpfen, wie auch für diejenigen, die die Kirche von außerhalb beobachten.

Außerdem ist die Integration der Erfahrung des Advaita in den eigenen Glauben eine notwendige Aufgabe für den Christen. Das Christentum präsentiert sich der Welt als die höchste Botschaft Gottes an die Menschheit, im Besitz des endgültigen Wortes, in dem Gott alles offenbart hat, was über das göttliche Leben und die göttliche Liebe gesagt werden kann. Wenn diese Behauptung der Kirche zutrifft, dann folgt daraus, daß alles, was die Menschen für wahr, schön und gut befunden haben, in die christliche Erfahrung integriert werden kann und soll. Im Menschen und im Kosmos gibt es in der Tat nichts, was die Bewegung bzw. der »Atem« des Geistes nicht erreichen könnte. In allem, was dazu beitrug, die Erfüllung der Zeit anzubahnen, war die Gnade des Geistes bereits in Vorbereitung auf den Augenblick seiner vollständigen Ausgießung am Werk. Die christliche Erfahrung ist zweifellos einzigartig; und doch ist sie, wie die Gnade selbst, die sich ja in ihr nur manifestiert, auf die menschliche Erfahrung aufgepfropft. Indem sie ihr hilft, sich in ihrer eigenen Richtung zu entwickeln, stellt sie sie zugleich vor ungeahnte Möglichkeiten. »Kein Auge hat gesehen und kein Ohr hat gehört und in keines Menschen Herz ist eingedrungen, was Gott denen bereitet hat, die ihn lieben.« (1. Korinther 2, 9)

Sollte das Christentum sich als unfähig erweisen, die spirituelle Erfahrung des Hinduismus von innen her zu assimilieren, würden die Christen damit sogleich das Recht verlieren, ihre Religion zum universalen Erlösungsweg zu erklären. Das Christentum könnte kein »weiterer« Gipfel spiritueller Erfahrung neben dem des Vedānta sein, noch könnte sein Erlösungsweg ein »weiterer« paralleler Weg sein. In ihrem Universalitätsanspruch schließen Christentum und Vedānta einander gegenseitig aus. Die Wahrheit des Advaita ist jedoch in ihrer eigenen Sphäre unangreifbar. Wenn das Christentum sie nicht im Licht einer höheren Wahrheit zu integrieren vermag, folgt daraus logisch, daß der Advaita die Wahrheit des Christentums einschließt und überragt und daß er auf einer höheren Ebene als der des Christentums wirksam ist. Aus diesem Dilemma gibt es keinen Ausweg.

Dies soll natürlich nicht heißen, daß die Philosophie des Vedānta nicht neu formuliert werden müßte, wenn sie die christliche Erfahrung ausdrücken sollte. Der christliche Weg ist seinem innersten Wesen nach ein Durchgang durch Tod und Auferstehung. Dies gilt ebenso für seine eigene Entwicklung wie für das, was er von außen aufnimmt. Nichts, was mit der Inkarnation in Berührung kommt, kann diesem Gesetz entgehen. Das Christentum ergreift das Natürliche, befreit es von allem, was an ihm relativ und dem Verfall unterworfen ist und hebt es auf eine höhere Ebene, die der Gnade. Auf dieser Ebene findet die Natur sich selbst, ganz von innen erneuert und anscheinend im innersten Wesen verwandelt, wieder; aber sie ist nicht in etwas anderes verwandelt worden, sondern sozusagen in eine noch tiefere Wirklichkeit und Wahrheit ihres eigenen Seins (vgl. 1. Korinther 15, 35 ff). So war es mit der Menschennatur, die der Herr angenommen hat. So ist es auch mit der menschlichen Persönlichkeit eines jeden, der sich vom Geist ansprechen läßt und den Status der Gottessohnschaft erreicht. Und so ist es auch mit der menschlichen Gesellschaft und Kultur, wenn sie in die Kirche oder das Pleroma Christi eintritt.

Die Gnade berührt den Menschen zunächst nicht in den äußeren Aspekten seiner Natur oder Persönlichkeit; vielmehr wird der Mensch an genau dem Punkt erneuert, an dem er erschaffen wurde. Er muß »wiedergeboren werden«, wie Christus es Nikodemus erklärte (Johannes 3, 3). An jenem Punkt, wo das Sein aus dem Nichtsein hervorgeht – oder viel genauer, aus der unendlichen Liebe Gottes heraus – trifft die Gnade einen Menschen und macht aus ihm einen Sohn Gottes. Die Tatsache, daß die Natur von der Sünde auf Irrwege geführt worden ist, macht den Prozeß im wesentlichen zu einem des Todes und der Wiederauferstehung, weil alles, was aufgrund der Sünde sterblich geworden ist, zuerst durch den Tod zerstört werden muß. Nichtsdestoweniger wird in der Auferstehung alles wieder aufgenommen, was seit dem Anfang mit Gottes Siegel gezeichnet worden ist.

Der menschliche Körper verliert nichts Wesentliches, wenn er von seinem irdischen Zustand der Sterblichkeit in der Auferstehung in seinen endgültigen Zustand der Herrlichkeit übergeht. Christus mußte nicht für immer in seinem sterblichen Körper bleiben. Vor allem wäre das physisch unmöglich gewesen; und außerdem hatte Gott es anders bestimmt und von den Propheten voraussagen lassen. Um in seine Herrlichkeit einzutreten, mußte Jesus durch Tod und Auferstehung gehen, um der Erstgeborene von den Toten zu werden (Kolosser 1, 18). Wie er seinen Jüngern am Vorabend seiner Passion in Erinnerung rief, war es für ihn notwendig, fortzugehen und für die Menschen unsichtbar zu werden. Nur so konnte die Arbeit des Vaters vollendet werden und der Geist von einer erneuerten Welt Besitz ergreifen. Was mit dem menschlichen Körper geschah, den der Herr von Maria angenommen und mit Materie aus dem Boden von Palästina genährt hatte, als er in Herrlichkeit verklärt wurde, ist ein genaues Zeichen für das, was auf jeder Stufe des Wachstums seines mystischen Körpers auf seine endgültige Fülle hin geschieht.

Der Übergang vom Alten zum Neuen Testament war auch ein »Passah«, ein »Übergang« (Exodus 12, 11), ein Prozess des Sterbens und Wiederauferstehens. Dennoch hatte sich Gott im Gesetz des Moses und in den Worten der Propheten Israels wirklich offenbart. Und in der Tat waren die jüdischen Zeitgenossen Jesu in keiner Weise bereit, die Umgestaltung der mosaischen Religion von innen her zu akzeptieren, die Jesus ihnen verkündigte. Es schien ihnen, als würde eine solche Umgestaltung die Religion ihrer höchsten Wahrheit berauben. Aber nur in dieser Weise konnte das Gesetz erfüllt werden. Dasselbe wird zwangsläufig mit allen Zivilisationen, Kulturen und Religionen geschehen, die im Lauf der Zeitalter Christus begegnen. Die Christen dürfen kühn behaupten, daß die Begegnung zwischen christlichem Glauben und der Erfahrung des Advaita einerseits ein schmerzlicher Prozeß wechselseitiger Integration sein wird, in dem jede Seite sich die Wahrheit der anderen aneignet – die »dunkle Nacht« der mystischen Tradition – aber daß sie andererseits schließlich zur herrlichsten Auferstehung beider in den innersten Tiefen des Geistes führen wird.

5

Der Kosmische Bund und die Inkarnation

Nach Abrahams Rückkehr von der Niederlage in Kedor-Lao-mer...brachte Melchisedek, der König von Salem, Brot und Wein; er war ein Priester des Höchsten Gottes. Und er segnete ihn und sprach: »Gesegnet sei Abraham vom Höchsten Gott, dem Schöpfer des Himmels und der Erde!«... und Abraham gab ihm den Zehnten von allem.
(Genesis 14, 17-20)

Jener aber, der seinen Stammbaum nicht von ihnen herleitet, hat von Abraham den Zehnten genommen
und den Träger der Verheißungen gesegnet.
(Hebräer 7, 6)

Der Herr hat geschworen ... »Du bist Priester auf
ewig nach der Ordnung des Melchisedek.«
(Psalm 110,4)

Der Hinduismus gehört zum »kosmischen Bund«. Diese Bezeichnung wird jetzt allgemein von Christen für alle religiösen Erfahrungen der Menschheit außerhalb der biblischen Offenbarung verwendet.

Kosmische Religionen bestehen im wesentlichen in der Verehrung Gottes, wie er sich in der Natur offenbart, und sie erreichen ihre höchste Höhe in der Betrachtung Gottes im tiefsten Zentrum des Herzens. Seit der Morgendämmerung der Geschichte haben sie einen heiligen Ort der Begegnung für den Menschen und seinen Schöpfer geschaffen, und auch die später dazugekommenen besonderen Offenbarungen mußten auf der Basis jener kosmischen Begegnung aufbauen. Der kosmische Bund entsteht nicht nur auf einer bestimmten Stufe menschlicher Zivilisation oder kultureller Entwicklung. Vielmehr ist er in der Natur der Dinge selbst eingeschrieben und im Bewußtsein der Menschheit eingebettet. Jeder Mensch entdeckt etwas davon, wenn auch verworren, in dem Moment, da er zu sich erwacht und seiner selbst, der Welt und Gottes gewahr wird. Manche Menschen, die mit einer größeren Gabe für Spirituelles ausgestattet sind, und denen die göttliche Gnade besonders hilft, dringen tiefer in das Mysterium ein und enthüllen ihren Brüdern dessen Geheimnis. Dies sind die Propheten und Seher, die überall dort in Erscheinung treten, wo die Sehnsucht nach Gott rückhaltlos und rein ist. Aber kein Prophet oder Seher des kosmischen Bundes hat je irgendetwas wesentlich Neues empfangen oder gelehrt. Alles war von Anfang an gegeben; seine Aufgabe liegt nur darin, zu erkennen was ist und immer mehr von dessen Geheimnis zu entziffern.

Der kosmische Bund ist das dem Menschen durch den Schöpfungsakt selbst ins Herz geschriebene Gesetz, auf das sich Paulus mit tiefem Respekt in seinem Brief an die Römer (2, 15) bezieht. Er breitet sich über das ganze Universum aus und ist die Grundlage, auf der Gott die besonderen Bünde festlegte, die er in den Personen z.B. Noahs und Abrahams mit der Menschheit schloß. Sein archetypischer Priester ist Melchisedek, der den »Freund Gottes« (Jesaja 41, 8) segnete und von ihm den Zehnten erhielt. Er gehört auch zum Orden jener Priester-Könige, in dem Christus auf ewig Priester und König ist. Seine typischen Heiligen sind Hiob und Daniel, deren Lobpreis im Alten Testament gesungen wird (Hiob 1, 8; 42, 7; Ezechiel 14, 14). Schließlich ist es die Gottesverehrung dieses Bundes, die Maleachi dem leblosen Ritualismus der Priester des Tempels in Jerusalem gegenüberstellt: »Groß ist mein Name unter den Völkern, sagt der Herr: Vom Aufgang der Sonne bis zu ihrem Untergang wird mein Ruhm bei ihnen vernommen, Opfer werden vollzogen und reine Gaben zu meiner Ehre dargebracht« (1, 11).

Sanātana Dharma

Sanātana dharma, das ewige Gesetz, die Religion, die keinen Anfang hat, ist der traditionelle Name für das, was gewöhnlich Hinduismus genannt wird. Es ist mit Sicherheit eine der erhabensten Ausdrucksformen des kosmischen Bundes. Die Erfahrung des Advaita, das Herz des Hinduismus, ist unbestreitbar der höchste für den Menschen erreichbare Gipfel in der Kontemplation des Mysteriums von Mensch und Natur. Es ist ihm außerordentlich gut gelungen, die Mythen, die das natürliche Umfeld der Religionen bilden, sowohl zu integrieren als auch zu transzendieren. Die kosmischen Religionen haben ihren Ursprung in Mythen, entwickeln sich in ihnen und werden in ihnen und durch sie weitergegeben; und doch muß der Mythos, der sie trägt, ständig erneuert und transzendiert werden, wenn er nicht zu Erstarrung und Stagnation führen soll. Der Vedānta verleugnet den Mythos nicht, aber indem er ihn bis zu seinem tiefsten Grund auslotet, hält er ihn unter Kontrolle und benutzt ihn, um den Menschen zu seinem eigenen letzten Geheimnis zu führen. Die meisten Anhänger der kosmischen Religionen begnügen sich mit den Manifestationen des Göttlichen oder des Heiligen in den Formen und Kräften der Natur. Aber Indien – wenigstens was seine Seher betrifft – ruht nicht, bevor ihr letztes Geheimnis entschlüsselt ist, das Mysterium des Brahman, wie es genannt wird. Indien geht diesem Mysterium bis in die tiefste Ebene menschlichen Bewußtseins nach. Dort findet es die Quelle und zugleich den Höhepunkt alles Seienden und erlangt die vollständige Erfüllung aller Wünsche, vollkommenen

Frieden und letzte Glückseligkeit – das Ziel seines Herzens. Im Augenblick dieser Entdeckung verschwinden jedoch alle Formen, die Verehrung Gottes verstummt im Schweigen, alles Lob und alles Bitten werden scheinbar transzendiert, alle *bhakti* und alles *karma* scheinen zu einem Ende zu kommen.

Als die Griechen sich ihrerseits über die Stufe primitiver Mythologie erhoben, glaubten sie, das Mysterium des *Jenseits* auf der Ebene des Intellekts erkennen und begreifen zu können. Dies war in der Tat die gottgegebene Berufung des Hellenismus als Beitrag zur Evolution des menschlichen Geistes und als Vorbereitung auf das Christusereignis, sowie auf die darauffolgende Entwicklung des christlichen Glaubens. Der indische Rishi hatte den *ātman*, der auch Brahman ist, verborgen in den Tiefen der Natur und im Zentrum seines eigenen Seins erkannt. Der griechische Weise entdeckte nun immanent in der Natur wie in seinem Intellekt (*nous*) den *logos*, die Vernunft, die alles durchdringt, und *ananke*, die Notwendigkeit, die der Abdruck der unveränderlichen Ideen auf die Materie ist, und die dem Menschen erlaubt, die Naturgesetze zu formulieren. Aber die Entdeckung von *logos* und *ananke* ließ keinen Raum mehr für den Mythos oder die alte Religion. Seelen, deren religiöse Bedürfnisse nicht durch bloße Vernunft oder die platonischen Ideen befriedigt werden konnten, hatten keine andere Wahl, als sich den esoterischen Kulten anzuschließen, die zu der Zeit überall in die hellenistische Welt einströmten.

Ein dritter Weg, den Mythos und mit ihm zusammen alle Religion zu transzendieren, wird gegenwärtig in der modernen Welt ausgearbeitet. In den Augen der modernen Humanisten müssen das Geheimnis des Seins und die letztgültige Wahrheit weder jenseits der Begriffe in einer vorgeblichen Tiefenerfahrung gesucht werden, noch jenseits der Materie in einer »spirituellen« oder geistigen Welt. Nichts existiert außer der auf unsere Sinne einwirkenden Materie. Nur die Gesetze, die der Mensch in der Materie entdeckt, konstituieren tatsächlich das Sein. Sie postulieren also weder einen Demiurgen noch eine Welt der Ideen, die beide nur Erfindungen des Verstandes sind, um seine Unwissenheit zu kompensieren. Noch weniger Platz gibt es für eine Erfahrung jenseits der Begriffe. Sie wird prinzipiell bestritten oder zumindest auf ein mehr oder weniger pathologisches Nebenprodukt des Unterbewußten reduziert. In der marxistischen Weltsicht ist jeder Ausdruck des Religiösen Zeichen einer grundlegenden Entfremdung. Religion hemmt den Fortschritt des Menschen und hindert ihn daran, sein Schicksal mit der vollen Freiheit, die sein Geburtsrecht ist, in die Hand zu nehmen. Die Griechen zogen diesen Schluß nicht, und in jenen Tagen war es gefährlich, öffentlich den Mythen die Anerkennung zu verweigern, über die man in der Gesellschaft aufgeklärter Freunde lächeln mochte. Sokrates bezahlte den Entschluß, sich selbst gegenüber immer aufrichtig zu sein, mit seinem Leben.

Dank des transzendenten Charakters seiner religiösen Erfahrung entkommt Indien der verheerenden marxistischen Logik und braucht nicht in den desillusionierten Skeptizismus der griechisch-römischen Welt zurückzufallen. Indien hat nichts mit einem Denkansatz zu tun, der die Welt der Ideen der materiellen Welt gegenüberstellt, mit *nous* und *psyché* auf der einen und *hylé* auf der anderen Seite[32]. Der *ātman*, wie er in Indien verstanden wird, hat überhaupt kein »Gegenteil«; er transzendiert alles, in der mentalen ebenso wie in der materiellen Welt, und ist zugleich in allem gegenwärtig. Daher kann der hohe Wert der indischen *bhakti* bestätigt werden, denn im Licht des Advaita wird sie schließlich zu *abheda bhakti* – Liebe ohne Unterscheidung – in der der Verehrende und der Verehrte ohne jedes Gefühl der Anderheit das Spiel, die *lilā* ihrer Gegenwart füreinander spielen. Der *bhakta* ist weder ein entfremdeter Mensch noch ein bloßer Konformist, der ohne persönliche Überzeugung ein Rolle spielt. Seine Hingabe ist echt, so wie auch die Erscheinungswelt auf ihrer eigenen Ebene real ist. Religiöse Handlungen sind authentische Zeichen, die es dem Gläubigen ermöglichen, mit seinem Körper und Geist und innerhalb des Zeitablaufs in seinen eigenen Tiefen auf der Ebene des *ātman* an der nicht-zeitlichen Erfahrung des Selbst teilzuhaben. Dies ist genau die Richtung, die Sri Aurobindo in seiner Interpretation der vedischen Hymnen eingeschlagen hat, während westliche Gelehrte sie in der Regel nur als rein naturreligiöse Mythen ansehen.

Für Aurobindo stehen die in den Veden aufgezeichneten Mythen und Riten über allen Symbolen (im Sinne C.G. Jungs). Seiner Meinung nach wurden sie von den Rishis verwendet, um ihre persönliche Erfahrung der höchsten Wirklichkeit allen zugänglich zu machen und so ihren weniger erleuchteten Brüdern und Schwestern wenigstens die Möglichkeit zu eröffnen, das Mysterium ihres Seins zu leben, und schließlich in kleinen Schritten in die Fülle der einzigartigen Erfahrung geführt zu werden.

Gott in der Geschichte

Vom Standpunkt der kosmischen Religionen aus gibt es kaum Platz für ein wirkliches Eingreifen Gottes in der Geschichte. Besonders im Hinduismus gelten Zeit und historische Ereignisse als recht unwichtig. Shivas »Spiel«, seine *lilā*, oder Vishnus *avatāras* (»Inkarnationen«) – sie alle sind nur auf der Ebene der Erscheinung real. Ihr einziger Zweck ist, dem Gläubigen zu helfen, tiefer ins Mysterium einzudringen. Selbst die Herabkunft des Herrn zu seinem eigenen Volk verbleibt auf der Ebene des Zeichens[33].

Das Gegenteil ist im Christentum der Fall. Hier, ebenso wie im Alten Bund, der ihm den Weg bereitete, werden Zeit, Geschichte und genau beschriebene Theophanien völlig ernst genommen. Die biblische Religion ist eine historischen Religion. Die Offenbarungen Gottes an Abraham, Moses und an die Propheten haben in der Tat den späteren Lauf der menschlichen Geschichte beeinflußt. Es ist wahrhaft symbolisch, daß das gegenwärtige Weltzeitalter von der Inkarnation Jesu im Schoß der Maria an gerechnet wird.

Nach christlichem Glauben hat Gott sich frei entschieden, in die menschliche Geschichte und die menschliche Zeit einzutreten. Gott ist nicht nur der Schöpfer, der Erhalter und der, zu dem schließlich alles zurückkehren muß, wie es der Hindu auch glaubt. Für den

Christen ist Gott auch derjenige, der gemäß seinen eigenen absolut
freien und unvorhersehbaren Entschlüssen in die Evolution des Kosmos und das Schauspiel der menschlichen Geschichte eingreift. Solche göttlichen Initiativen stehen weder im Gegensatz zur Vernunft
noch zu den Naturgesetzen, denn alles, was in der Welt geschieht,
ist Ausdruck seiner unendlichen Weisheit. Aber sie zu verstehen geht
über die Fassungskraft des Menschen hinaus; er muß zugeben, daß
Gott in sich selbst wie in seinen Werken wahrhaft unverständlich ist.
Die Geschichte der Menschheit ist mehr als eine Verlängerung der
kosmischen Evolution bis an ihr Ende, mehr als ein Resultat der
Interaktion sozialer Gruppen oder des Willens von Individuen; sie
deutet auch auf das geheimnisvolle Eingreifen Gottes in unbe-
schränkter Freiheit.
Der Glaube an Gottes Vorsehung ist sicherlich ein Kennzeichen jeder
Religion. Von Anfang an hat der Mensch die Hand Gottes im Na-
turgeschehen erkannt. Es scheint ihm natürlich, daß Gott frei in sein
eignes Werk eingreift und seine Freiheit durch natürliche Ereignisse
ausdrückt. Als die Menschen jedoch die Gesetze der natürlichen Welt
immer präziser zu formulieren und wie die griechischen Philosophen
zu erkennen lernten, daß es eine allem zugrundeliegende Vernunft
(*logos*) gibt, wurden sie immer weniger geneigt zuzugeben, daß Gott
sich ohne ersichtlichen Grund in den Weltlauf einmischen würde.
Die Naturgesetze sind schließlich Ausdruck der höchsten Vernunft;
und diese höchste Vernunft kann niemand als Gott selbst sein. In-
dessen hat Indien seinerseits weiten Spielraum für Wunder und göttliche Interventionen gelassen. Aber getreu seiner überwältigenden
Erfahrung des Absoluten, hat es sie eindeutig in den Bereich der *lila*
oder des »Spiels« verwiesen, des täuschenden »Glanzes« der Erscheinungswelt.
Das Christentum als Erfüllung des Alten Bundes hat endlich die
Fesseln der griechischen *ananke* gesprengt, des Gesetzes der Notwendigkeit, das die Welt und sogar ihren Schöpfer zu beherrschen schien.
Es hat den Menschen gelehrt, daß *Sein* ein noch größeres Mysterium
ist als die Notwendigkeit, und daß Gott alles übersteigt, was menschlicher Verstand von ihm erkennen und erfassen kann. Der Mensch

kann ihn nie auf die Wahrheiten beschränken, die er über ihn ausspricht, nicht einmal auf der Basis des Verständnisses seiner eigenen inneren Erfahrung. Gott ist seinem Wesen nach Liebe – so hat es Jesus offenbart, und er ist die höchste Verkörperung dieser Liebe – und Liebe ist durch kein Gesetz gebunden. Der allem zugrundeliegende Logos ist nichts anderes als das Wort voller Gnade und Wahrheit, das vom Vater ausgeht und alle, die es hören, aufruft, an seiner Herrlichkeit teilzuhaben – »der Herrlichkeit des einzigen Sohnes vom Vater« (Johannes 1, 14).

Die endgültige Verschmelzung

Das neue Gesetz der Liebe, wie es historisch in Jesus offenbart wurde, hat jedoch das kosmische Gesetz der Notwendigkeit, das auf seiner eigenen Ebene für immer gültig bleibt, nicht außer Kraft gesetzt. Genausowenig hat das Evangelium das Mosaische Gesetz aufgehoben, von dem Jesus erklärte, daß kein Jota von ihm vergehen werde, bis alles erfüllt sei (Matthäus 5,18). Das Gesetz und die Propheten, beide gewannen durch das Evangelium eine unvorhergesehene und auch unvorhersehbare Bedeutung – ihre »vollere Bedeutung« (*sensus plenior*), wie die Exegeten sagen. Nun leuchtete endlich der Geist durch den Buchstaben, und die ursprüngliche Absicht des Geistes, der die Schriften inspirierte, wurde kristallklar. Gleichzeitig erhielt die ursprüngliche Offenbarung der Liebe ihre endgültige Bestätigung. Das zentrale Gebot des Gesetzes der Gnade ist in der Tat neu; und doch hatte es bereits im alttestamentarischen Gesetz und bei den Propheten seinen Schatten vorausgeworfen (Johannes 13, 34; Matthäus 22, 40). Das Gleiche gilt für den kosmischen Bund, wenn er der endgültigen Offenbarung unendlicher Liebe begegnet – jener Liebe, die immerwährend im Herzen Gottes selbst entspringt und als ganz und gar freies Geschenk durch die Menschenwelt fließt.

Der kosmische Bund und die Offenbarung Christi stehen nicht im Gegensatz zueinander, vielmehr bereitet dieser den Boden für jene. Die Offenbarung Christi ist die Enthüllung dessen, was bis dahin meist durch Symbole und Parabeln ausgedrückt worden war.

Die Stufen der kosmischen wie der biologischen Evolution folgen endlos aufeinander. Neue Arten treten auf, entwickeln sich und verschwinden wieder; ebenso ist es mit den Individuen. Niemand kann voraussagen, was der nächste Tag bringen wird oder welche Arten den Platz der bestehenden einnehmen werden, wie man auch nicht voraussehen kann, was aus dem Kind eines bekannten Paares werden wird. Dennoch, was sein wird, steht in der Konstitution der Dinge selbst eingeschrieben, und im Rückblick wird alles klar. Vielleicht stellt der Übergang vom Tier zum Menschen, vom Lebewesen zum Lebewesen mit Bewußtsein, einen »Sprung« dar, der das übersteigt, was die Evolution alleine hätte erreichen können; aber durch die uranfängliche Bestimmung der Vorsehung hatte die Evolution sich schon in diese Richtung bewegt. An diesem Punkt wartete Gott sozusagen auf sie, um ihr zu helfen, die neue und höhere Stufe im Aufstieg des Kosmos zu seinem vorbestimmten Ziel zu erklimmen.

Die nächste Stufe war die der Inkarnation. Die ganze Entwicklung des Kosmos und aller Lebewesen wies auf sie hin; sie war auch das von Gott gesetzte Ziel, auf das hin die Menschheit ununterbrochen fortschritt, selbst wenn sie nichts davon wußte. Gleicherweise warf die Inkarnation Christi in jenen kühnen Bemühungen ihre Schatten voraus, in denen der Mensch sich zu seinem Schöpfer aufzuschwingen versuchte, und in seinen Rückschlägen, wenn er auf sich selbst zurückgeworfen wurde. Sie war durch seine Sünden wie durch seine Tugenden vorbereitet worden, wenn er sich von Gott fernhielt, und wenn er sich ihm ergab. Und doch war die Inkarnation ein völlig freies Geschenk Gottes an die Menschheit. Gott wurde Mensch zu dem Zeitpunkt und in der Art, die er selbst bestimmte, in keiner Weise bedingt durch irgendeine innere oder äußere Notwendigkeit. Das Paradoxon der christlichen Offenbarung ist, daß die Liebe an eben dem Punkt in Erscheinung tritt, wo sich kosmisches Gesetz und göttliche Freiheit treffen. Indem die Inkarnation dem Menschen die unglaubliche Liebe offenbarte, mit der Gott ihn liebt, enthüllte sie ihm in ebendemselben Moment die geheimnisvolle Tiefe seines eigenen Herzens.

Die Evolution des Kosmos erreichte ihren Höhepunkt in der einzigartigen Manifestation des Wortes Gottes, des ewigen Sohnes des allmächtigen Vaters in menschlicher Natur, in Fleisch und Geist. Durch sie wurde selbst die materielle Schöpfung erneuert, sogar »befreit«. Schon ganz von Anfang an war die Evolution von der Bewegung des Geistes begleitet, die auf die Inkarnation und die Ganzheit des Leibes Christi wies. Wie Paulus sagt, stöhnt sie in ihrem Verlangen nach der Offenbarung der herrlichen Freiheit der Kinder Gottes (Römer 8, 19 ff). Ebenso muß der physische Körper der Gläubigen mit der Herrlichkeit der Seele verbunden werden und spirituell, *pneumatikon* (1. Korinther 15, 44), wieder aufsteigen. Und ebenso muß die Erde zusammen mit den sie umgebenden Himmeln eneuert werden (Offenbarung 21, 1). Schon deshalb lebt der Christ in einer erlösten Welt; das Zeichen dafür ist die Eucharistie, die nun zu fast jedem Augenblick des Tages und in jedem Teil der Welt gefeiert wird. Die Eucharistie ist das Zeichen dafür, daß schon erfüllt ist, was die Propheten über das messianische Zeitalter und was Christus über seine Wiederkunft voraussagte. Der Geist ist gegeben worden und hat sich über die ganze Erde ausgegossen. Die letzte Stunde ist gekommen (1. Johannes 2, 18). Obwohl die raum-zeitliche Welt unaufhörlich auf die Vollendung des Pleroma und die Erfüllung des Mysteriums Gottes zuschreitet (Offenbarung 10, 7), hat mitten in ihr die letzte Stunde geschlagen, und im Glauben der Kirche ist die endgültige Auferstehung bereits eine Realität.

Die Grundlage der Eucharistie und ebenso des gesamten sakramentalen Charakters der Kirche ist im Aufstieg des ganzen Kosmos – Geist und Materie – zu seinem Herrn zu finden. Die Eucharistie ist die *anamnesis*, eine Erinnerung an alles, was war und alles, was sein wird. Sie ist eine Vergegenwärtigung der Passion und der Menschwerdung Christi, eine Erinnerung an die Schöpfung; denn die traditionellen *anaphorae* (eucharistische Gebete) beginnen immer mit dem Lobpreis Gottes des Schöpfers. Die Eucharistie ist sowohl Versprechen als auch Vorgeschmack im Hier und Jetzt auf den jüngsten Tag, die Rückkehr im Geiste zum Vater alles Erschaffenen, die Vollendung des Liebeskreises. Sie ist das Zeichen dafür, daß jeder Augenblick im Universum und jedes menschliche Streben auf jenes Opfer am Ende der Zeit gerichtet ist, in dem Christus alle Dinge dem Vater darbringen wird (1. Korinther 15, 24). Und schließlich ist sie das Zeichen dafür, daß selbst die Elemente der Materie unterwegs sind zum Leib Christi und der Heiligen, die seine Fülle sind, und darin soll die Materie ihre eigene eschatologische Erfüllung finden.

Der alle Dinge erfüllende Geist benutzt auch alle Dinge, um sich selbst zu offenbaren. Aus diesem Grund können materielle Gegenstände in den Sakramenten der Kirche Mittel der Gnade werden, und das Wort eines Priesters kann segnen und weihen. Aus diesem Grund ist auch die Autorität in der Kirche nicht einfach eine juristische Institution, sondern hat die Kraft, die Menschen am geheimen Ort ihres Gewissens zu binden und zu lösen. Der Geist zeigt seine Gegenwart im Wasser, das sich selbst ergießt und reinigende Kraft hat, im Feuer, das Licht gibt und zerstört, im Wind, der stürmisch weht, aber auch erfrischt. Alles wird aufgenommen in die Liturgie des Lammes – oder, wie Indien ihn nennen könnte, des heiligen und unsterblichen *purusha* – jener Liturgie, die er im Himmel einführte, bevor die Welt begann[34], die er ein für allemal inmitten der Zeit am Kreuz feierte, und die sich nun, auf den ganzen Himmel und die ganze Erde ausgeweitet, im Geheimnis der Kommunion der Heiligen für immer fortsetzt.

Vom Standpunkt des christlichen Glaubens aus laufen alle spirituellen Wege der Menschheit in Christus zusammen und finden in ihm, der der Weg ist, ihre Erfüllung. In der Erfahrung Christi sind alle spirituellen Erfahrungen aufgehoben und verklärt; und im christlichen Gottesdienst finden alle Formen kosmischer Gottesverehrung ihre Erfüllung. Viele ihrer Ausdrucksformen werden auch wirklich beibehalten und gewinnen zugleich eine tiefere und vollere Bedeutung. Insbesondere bestätigt das christliche Opfer alles Reine und Echte, das in früheren Opferhandlungen ausgedrückt war. Diese geheimnisvolle Kontinuität zwischen kosmischer Religion und christlichem Gottesdienst zeigt sich uns im römischen Kanon, wenn er nicht nur an das Opfer des Patriarchen Abraham erinnert, sondern auch an das Abels, des rechtschaffenen Mannes, und an das des Melchisedek, des Priesters von El'Eljon. Melchisedek ist zweifellos der Vorläufer jener Priester, die Gott bis heute in den Tempeln und heiligen Stätten Indiens ihre täglichen Opfergaben von Reis, Blumen, Licht und Weihrauch darbringen.

Es wurde uns berichtet, daß Christus seinen eigenen Leuten nach seiner Auferstehung in ganz gewöhnlicher und normaler Gestalt, der eines Gärtners, eines Wanderers, eines Vorbeigehenden erschien; in der Kirche, insbesondere im Sakrament der Eucharistie, tritt er noch gründlicher getarnt in Erscheinung. Christus offenbart sich ausschließlich dem Glauben – und der Christ muß natürlich im Glauben leben. Ferner ruft die Kirche in der Person der Gläubigen in Erinnerung, was sie vor langer Zeit durch die Augen der auserwählten Jünger auf dem Gipfel des Berges Tabor sah. Unter der gröbsten und gewöhnlichsten Hülle kann sie den Glanz der Herrlichkeit erkennen, die darin in Hoffnung verborgen liegt – der Herrlichkeit, die von Anbeginn bei Gott war, und in die er als Folge seiner Auferstehung die Welt gekleidet hat. In der demütigsten religiösen Handlung des Menschen erkennt sie die Anziehungskraft des Geistes, die ihn heimlich inspiriert und – in welcher Verkleidung auch immer – zur Fülle des allumfassenden Opfers des Herrn ruft. Ihre Augen sind wahrhaftig die Augen der gesegneten Jungfrau, die auf ewig das Gesicht ihres Herrn und Sohnes in der Seligkeit des Himmels anschaut und darin in Herrlichkeit verklärt den ganzen Kosmos und die ganze Menschheit erblickt[35].

6

Die Erfahrung des Vedānta

und der christliche Glaube

Dein Ort im Herzen ist das ganze Herz,

Denn Deinen Platz rührt nichts Geschaffenes an…

Ich sah meinen Herrn mit des Herzens Auge

Und sagte: »Wer bist Du?« Er sagte: »Du«.

Das Wo hat für Dich nicht Wo noch Stelle,

Im Hinblick auf Dich trifft das Wo nicht zu.

Die Vorstellung hat von Dir keine Bilder,

So daß sie erkennete: wo bist Du?

Du bist es, der alles Wo umfasset

Bis hin zum Nicht-Wo – doch wer bist Du? …

Gibt es ein Ich und ein Du?

Das wären bereits zwei Götter!

Es gibt nur ein Selbst, Deines, auf ewig

Im Herzen meiner Nichtigkeit.

Wo außerhalb meiner ist denn Dein Sein,

Daß ich Dich schauen möge, wie Du bist?

Ah! Schon löst mein Sein sich auf in Deinem Licht,

Es hat nicht länger irgendeinen Platz.

Wo also finde ich Dein Angesicht,

Du meiner Sehnsucht zweifaches Ziel?

In meinem Herzen vorgestellt –

Oder vorgestellt in meinem Auge?…

Al-Hallāj, Muqatta'āt *35, 10, 55*

(Übers. von Annemarie Schimmel)

Der unmittelbarste Gegensatz zwischen christlichem Glauben und Advaita ergibt sich zweifellos aus der Weigerung einer verinnerlichten kosmischen Religion, zuzugestehen, daß irgendeine Form historischer Religion als solche absolut wahr sein oder letztgültige Aussagen über Gott machen könnte. Aber es gibt etwas viel Fundamentaleres in der Herausforderung, die sie füreinander darstellen. Für beide Seiten ist es, als würde jede mit einem scharfen Pfeil genau ins Herz der jeweils anderen zielen.

Die verschlingende Gegenwart

Das Christentum ist, wie die Religion des Abraham und des Moses im Alten Testament, aber mit einem viel höheren Grad von Innerlichkeit[36], in seim Wesen das Mysterium einer Begegnung »von Angesicht zu Angesicht« zwischen Mensch und Gott. Im Advaita gibt es dagegen keinerlei Raum für eine wirkliche Begegnung »von Angesicht zu Angesicht«, oder für irgendeinen echten Dialog.

Vom Beginn der Genesis an und in der ganzen Bibel wird durchgehend der Mensch gezeigt, wie er in der Gegenwart Gottes steht und wirklich in ein Gespräch mit ihm eintritt. Zuerst ist es Adam, dann Noah, dann Abraham, Moses, die Propheten.. Dann führt Jesus seinerseits den Dialog, der im Garten Eden begann, mit Gott und den Menschen fort. Er dankt Gott, dem Vater und wendet sich im Gebet an ihn. Er lehrt auch seine Jünger, für sich selbst »Unser Vater« zu sagen, und ermutigt sie, ihn in jeder Not anzurufen. Die Erfahrung des Christentums beruht auf einer wechselseitigen Gegenwart, deren göttlich bestimmter Ort die Kirche oder die Gemeinschaft der Christen ist. Die Kirche hat sozusagen ihren Ursprung in dieser Gegenwart, und verwirklicht sie wiederum in ihren Mitgliedern durch die Sakramente. Der Dialog zwischen Gott und Mensch findet seinen feierlichen Ausdruck in der Liturgie. Ihre Riten, Hymnen und Gebete werden von Generation zu Generation weitergegeben als Echo des geheimen Austauschs, der durch die Jahrhunderte in den Herzen der Heiligen stattgefunden hat, und noch in unseren Tagen dienen sie dazu, die persönliche Antwort der Verehrer Gottes auf den Ruf Gottes in ihren Herzen auszudrücken. Als Gott den Kindern Israels am Berg Sinai erschien, fürchteten sie sich, ihn von Angesicht zu Angesicht zu sehen, und danach sprach er nur noch indirekt durch seine prophetischen Mittelsmänner zu ihnen. Aber in Jesus trat Gott noch einmal in ein direktes Gespräch mit der Menschheit, und zwar buchstäblich von Angesicht zu Angesicht[37]: in der Begegnung zuerst zwischen dem Menschen und seinem menschgewordenen Erlöser, und dann zwischen dem Menschen und dem Vater selbst – Begegnungen, die ihm durch die Gnade des Geistes und die Barmherzigkeit Gottes ermöglicht wurden.

In den Augen des Jñāni kann all dies nur von symbolischem Wert sein. Für den Menschen, der eine direkte Erfahrung des Wirklichen besitzt, bleibt nichts als das bloße ungeteilte Licht des Seins selbst. Eines Tages fragte jemand Sri Ramana Maharshi, warum Christus seine Jünger gelehrt habe, Gott Vater zu nennen. Er antwortete, »Warum sollte man nicht Gott einen Namen geben, solange man Gott als »einen anderen« ansieht?« Wenn der Mensch einmal die Wahrheit erkannt hat, welcher Platz bleibt dann noch für irgendetwas wie ein *Ich* oder ein *Du* oder ein *Er?* Wer ist da noch, der auch nur flüstern könnte: »O mein Gott, Du allein bist, ich bin nichts!«? Im blendenden Licht dieser Erfahrung ist kein Platz für irgendeine Differenzierung denkbar; da ist nichts als *a-dvaita*, »Nicht-zwei«.

Der Christ weiß zweifellos auch, daß Gott in ihm ist und daß er nicht nur zu ihm kommt (Johannes 14, 23; Offenbarung 3, 20).Er weiß, daß der Mittelpunkt seiner Seele selbst Gottes Wohnsitz ist[38]. Ebenso weiß er, daß Gott in allen Dingen ist; und um Gott zu begegnen, versucht er, tief in sich und in alle Dinge hineinzutauchen, um sein eigenes und ihr letztes Geheimnis zu ergründen. Je mehr er dies tut, desto mehr entdeckt er die Wahrheit von Gottes immer leuchtenderer, immer elementarerer Gegenwart. Er sucht dann in den Tiefen seines Herzens nach einem Platz, an dem er sozusagen innehalten und diese Gegenwart betrachten kann, das innere Heiligtum, wo seine eigene unvermittelbare Individualität aus dem Sein selbst entspringt und in die Existenz eintritt. Er sucht nach jener inneren Quelle, aus der sein Leben und seine persönliche Existenz hervorströmen, um sich auf der äußeren Ebene des Körpers und des Intellekts zu manifestieren. Er sucht jenen feinen Punkt seines Bewußtseins, die »Seelenspitze«, an dem er wahrhaftiger als irgendwo sonst in der Gegenwart Gottes sein kann, von Angesicht zu Angesicht mit dem Vater, wo er ein *Ich* sein kann, das *Du* zu seinem Gott sagt. Selbst wenn er in der Umarmung Gottes, die der Geist in ihm erfleht (Hoheslied 1, 2), verzehrt werden muß, will er sich selbst zumindest in dem

Augenblick wahrnehmen, da er sich in dieses Feuer wirft, und er möchte zu Gott sagen können: »Ich gebe Dir mich selbst.«

Aber wenn er versucht, in den hintersten Winkeln seines Selbst einen festen Halt zu finden, stellt er fest, daß Gott schon da ist! Vergebens bemüht er sich, wieder Boden unter den Füßen zu gewinnen, um sich in sich selbst zurückzuziehen und wenigstens etwas von seiner Existenz als separate Persönlichkeit retten zu können. Wie Moses und Elias will er sich in irgendeiner Felsspalte verbergen, wo er sich der Betrachtung Gottes hingeben kann. Aber auch die entlegensten und unzugänglichsten »Höhlen« seines Herzens erweisen sich als bereits belegt, und die Dunkelheit, in der er gehofft hatte, seine persönliche Existenz vor der Auslöschung im Sein zu retten, strahlt bereits in der Herrlichkeit Gottes[39]. Er kämpft noch immer verzweifelt darum, ein *Ich*, ein *Du* auszusprechen; aber jetzt ist kein Laut mehr zu hören, und *woher* könnte er auch kommen? Und selbst wenn dieses *Ich* irgendwie ausgesprochen werden sollte, würde es sofort in dem einen ICH BIN versinken, das die Ewigkeit erfüllt . .dem Donner vom Sinai, der Unermeßlichkeit des Wassers, von der die Psalmen sprechen[40]. Wie ein schiffbrüchiger Seemann in der wütenden See von Welle zu Welle geworfen um sein Leben kämpft, versucht er vergebens, gegen den Strom zu schwimmen, der stärker ist und ihn davonschwemmt. Es ist aus mit ihm; bald wird es kein *Ich* mehr geben, das sich irgendwelcher Erfahrungen bewußt wäre, noch weniger der Tatsache, daß jede Erfahrungsmöglichkeit jetzt beendet ist. Niemand bleibt, der sagen könnte »Ich habe die Ebene des Absoluten erreicht« – oder gar: »Ich bin hinübergelangt und habe mich selbst verloren«. Nichts ist geblieben als reines, ungemischtes Bewußtsein: Dieses (*tat*) …ist das (*sat*) …*OM* - »*OM tat sat*«, wie die Gita sagt (17, 23). Denn der Mensch kann nicht Gott sehen und leben (Deuteronomium 5, 26).

Dies bedeutet natürlich eine Reise ins Unbekannte für jeden, der sich mit ganzem Herzen auf diese Pilgerschaft zur Quelle des Seins[41] begibt, die *antar-yātrā* der indischen Tradition, deren Symbol die mühsamen Wallfahrten zu den Quellen des Ganges im Himalaya sind. Wie Christus selbst lehrte, kann das Reich Gottes nur betreten, wer bereit ist, alles aufs Spiel zu setzen, sein Selbst (*anima, psyché*, Lukas 9, 24) eingeschlossen. Ohne vollständige Entsagung, Selbst-Entblößung, ohne sich selbst zu verlieren, ist es nicht möglich, Jesus auf seiner »Rückkehr« zum Vater zu folgen, zur Quelle und zum Ursprung allen Seins.

Die von Ramana Maharshi empfohlene »Selbsterforschung« läuft in ihrer Weise auf das Gleiche hinaus wie der Ruf zum Tode, der durch das ganze Evangelium hallt, und dem zu folgen paradoxerweise das Mittel ist, den Tod zu überwinden, indem man durch ihn geht. Sie erinnert auch sehr an das *todo-nada* des Johannes vom Kreuz[42]. Es ist gut möglich, daß die Paradoxa des Vedānta den Christen zu einem besseren Verständnis des absoluten Anspruchs, den seine Taufe in den Tod Christi mit sich bringt, und der immer größeren Forderungen des in ihm wohnenden Geistes verhelfen werden.

Das *Ich*, das von der christlichen Askese zunächst angegriffen wird, ist die oberflächliche Ebene der menschlichen Persönlichkeit, die ihre Erfüllung normalerweise im Streben nach Erfolg oder in der Befriedigung der Sinne sucht. Eine etwas verfeinerte Askese schließt die Ebene des Denkens ein, auf der diejenigen, die ihr Verlangen nach äußeren Dingen aufgegeben haben, Befriedigung suchen, indem sie sich auf subtilere und wahrscheinlich viel gefährlichere Weise selbst bestätigen. Im Vergleich mit dem Ziel der vedāntischen Askese erscheint all dies immer noch als sehr äußerlich. Ein solcher Verzicht kann kaum als wahres Selbst-Opfer bezeichnet werden; es gibt in ihm kein Zeichen für den Holocaust, in dem vom Opfer nichts bleibt als Asche. Das Ziel der vedāntischen Askese ist etwas viel Tieferes; es ist nichts Geringeres als das eigentliche *Ich*, das an seinem Ursprungsort selbst und im Moment seines Erwachens, noch bevor es begonnen hat sich auszudrücken, in Frage gestellt wird. Im Westen meinen nicht wenige Theologen, solch ein Anspruch sei für einen durchschnittlichen Christen übertrieben; aber in Indien wird ein *sādhana*, der nicht wenigstens in letzter Konsequenz auf dieses Ziel gerichtet ist, seines Namens nicht für würdig befunden. Vedāntische Askese will den Menschen auf radikalste Weise, die mit keinem Bild oder Begriff angemessen zu beschreiben ist, seines Egos oder seines kleinen

Selbst entkleiden. Paradoxerweise könnte man vielleicht sagen, daß sie versucht, die Seele in jenes Nichts zu stürzen, aus der die Schöpfung selbst hervorgegangen ist. Sie sucht unverwandt, die Nichtigkeit allen erschaffenen Seins zu erfahren. Wie der Herr zu Katharina von Siena sagte, »ist die Kreatur *nicht*«; nur Gott *ist*, und es gibt niemanden außer ihm, vor ihm oder nach ihm, der von ihm sagen könnte, »Er ist« oder »Er allein ist«. Es gibt kein Hintertürchen, durch das der Verstand entkommen könnte. Und der Mensch kann nur am selben Ort neu erschaffen werden, an dem er erschaffen wurde. Sein Tod in der Taufe stürzt ihn in dasselbe Nichts, aus dem er erschaffen wurde, um ihn daraus wieder emporzuheben. Die Taufe schließt notwendig die Erfahrung des Todes und des Nichts ein. Zu einem geringeren Preis kann man nicht Christ sein.

Man kann die advaitische Erfahrung nicht bestreiten, und es wäre auch nichts gewonnen, wollte man ihre Bedeutung zu schmälern versuchen. Ihr beständiger Einfluß auf den menschlichen Geist ist durch das ganze Spektrum der indischen Tradition zu erkennen, beginnend mit den Grundtexten der Veden und fortgesetzt im Zeugnis der Weisen bis in unsere Tage. Natürlich haben nur Wenige diese Erfahrung in ihrer ganzen Weite gemacht – und das ist in der Tat der Hauptgrund dafür, daß Indien an eine Folge irdischer Existenzen glaubt; denn der Mensch ist für diese Erfahrung erschaffen worden, und nur durch sie kann er Erfüllung finden. Aber es gibt viele, die tief in sich den Ruf zu dieser Erfahrung vernommen haben, und unter ihnen nicht wenige, deren Leben im Geist schon in seinem aufgehenden Licht erstrahlt. Die Rishis und Jñānis des Hinduismus haben sich oft sehr direkt ausgedrückt, und Menschen aus dem Westen sind oft durch ihre Ausdrucksweise vor den Kopf gestoßen, die ihnen, wenn nicht Gott, so doch die persönliche Natur Gottes, wie sie sie verstehen, zu leugnen scheint. Aber sie sollten erkennen, daß ihre eigenen Begriffe aufgrund des Dualismus, der darin allzuoft vorausgesetzt ist, und der im Widerspruch zur Absolutheit Gottes steht, für den Hindu keine geringere Verlegenheit auslösen. Es trifft jedoch nicht zu, daß die advaitische Erfahrung dem Christen völlig fremd sein muß. Seine eigene christliche Erfahrung sollte ihn sicherlich darauf vorbereitet haben, besonders, wenn er die Bibel und die großen Mystiker der Kirche[43] sorgfältig studiert hat und wenn er offen ist für den Geist, der die Geheimnisse der Menschen[44] und die Geheimnisse Gottes kennt (1. Korinther 2, 10). Der kontemplative Christ, der z.B. mit den Upanishaden in Berührung kommt, wird sich zweifellos mit ihrer allgemeinen Ausrichtung und ihren grundlegenden Lehren vertraut fühlen, auch wird er, wenn er den Weisen beim Erzählen ihrer Erfahrungen zuhört, gewiß etwas in ihnen wiedererkennen, das er in seinen eigenen Tiefen gewußt hat. Was die Rishis und Jñānis von ihm fordern, scheint aus der Tiefe seines eigenen christlichen Herzens aufzutauchen ...

Das Schmerzlichste an dieser Erfahrung liegt für den Christen darin, daß er nicht nur in seinem tiefsten Wesen seiner selbst entblößt wird, sondern daß ihm förmlich alles entrissen wird. Wenn es nur darum ginge, sich dem Herrn zu opfern, so würde er dies im Glauben an das Evangelium willig und freudig tun. Aber diese radikale Reinigung scheint ihn zugleich des Herrn selbst, *seines* Herrn[45] zu berauben, und mit ihm der Formen, in denen er sich offenbart hat, und sogar der Worte, die er zum Menschen gesprochen hat. Außerdem scheint sie ihn von der Kirche und den Sakramenten, die ihn an Christus binden, fortzureißen. Sogar der Name »Vater«, den er, vom Geist geleitet, so glühend ausgesprochen hatte, kommt nun nicht mehr über seine Lippen. Alle seine frommen Gesten, alle seine Gedanken und Gefühle, selbst die edelsten und reinsten, erscheinen wertlos; aus seinem Inneren heraus verbietet ihm das Absolute, sich noch mit irgendeinem Zeichen zufriedenzugeben. Tief innerlich ist es ihm nicht mehr möglich, irgendetwas zu sagen oder zu verstehen, außer dem einen und ewigen *Aham*, ICH BIN, das vollkommen allein tief im Selbst erklingt.

Im Mittelpunkt der Herzenshöhle

ist nur Brahman,

allein, ohne ein Zweites,

nur das Ich, das es ausspricht,

das Selbst, das es ist,

im wolkenlosen Glanz seine Herrlichkeit!

(nach der Sri Ramana Gita)

Ein Aufruf an die Kirche

Wer die von der vedantischen Tradition bezeugte Tiefenerfahrung *a priori* verächtlich zurückweist, zeigt damit nur die Armseligkeit seines Geistes und den Mangel an Tiefgang in seiner eigenen spirituellen Erfahrung. Er ähnelt der Landratte, die erklärt, der Ozean sei nur ein Märchen. Außerdem nützt es nichts, einfach pauschal zu behaupten, diese Erfahrung stimme nicht mit dem Evangelium überein. Die advaitische Erfahrung ist der Höhepunkt spiritueller Erfahrung des Menschen in den kosmischen Religionen. Wenn das Christentum es ablehnen sollte, diese Erfahrung zu integrieren, dann käme das, wie wir schon sagten, einer Hinnahme der Behauptung gleich, der christliche Glaube gehöre nicht der transzendentalen Ordnung an. Es wäre das Eingeständnis, daß er nur einer bestimmten Stufe in der Entwicklung des menschlichen Bewußtseins entspräche, und daß sein spiritueller Wert daher auf eine bestimmte historische Periode und einen bestimmten Kulturkreis begrenzt sei.

Das menschliche Bewußtsein, oder genauer: die bewußte Selbst-Wahrnehmung des Menschen, hat sich ständig weiterentwickelt. Wir können sogar sagen, daß der ganze kosmische Evolutionsprozeß darauf gerichtet ist, diese Selbst-Bewußtheit von allem, was bloß akzidentell ist, zu reinigen. Hundertausende von Jahren war der menschliche Geist gefangen in den praktischen Notwendigkeiten seines Überlebenskampfs in der Welt des Urwalds, zu der er gehörte. Die Jungsteinzeit war gekennzeichnet durch das Auftreten von Techniken, die den Menschen in die Lage versetzten, die Welt zu beherrschen; daraus entstanden die Landwirtschaft, die Domestikation von Tieren, Werkzeuge, das Leben in immer gründlicher durchorganisierten Gesellschaftsformen und schließlich die ersten Anfänge der Kunst, der menschlichen »Arbeit aus Liebe« *par excellence*. Zuletzt kam die Ära des reflektierenden Denkens: Der Mensch wurde sich seines Bewußtseins bewußt, bemerkte, daß er dachte, und reflektierte über sein Denken. Beinahe gleichzeitig wurde das Zeitalter der Philosophie in den drei großen Gebieten der frühen Zivilisation geboren, dem östlichen Mittelmeerraum, dem südwestlichen Vorland des Himalaya und den pazifischen Küstenstreifen Chinas. Sie alle bereiteten nach christlichem Glauben endgültig der Inkarnation Christi den Boden. Die Philosophie gab Wissenschaft und Technologie einen neuen Aufschwung, und in unserer Zeit sind wir Zeugen des immer schnelleren und triumphierenderen Vormarschs der Menschheit auf die Herrschaft über die kosmischen Kräfte, die es möglich machen werden, sich mit einem Minimum an Anstrengung alles zu verschaffen, was für die physische Existenz und das Überleben der Art nötig ist.

Im Lauf dieser Entwicklung ist in der westlichen Welt kein genialerer Denker in Erscheinung getreten als Plato; aber die wunderbare Begabung zum Denken, die vor gut zweitausend Jahren das besondere Privileg Platos und ein paar weiterer hervorragender Geister war, hat sich inzwischen in der Menschheit immer weiter verbreitet. Da der Mensch der Sorgen um seine unmittelbaren Bedürfnisse immer mehr enthoben ist, kann er mit größerer Freiheit auf einer tieferen Ebene des Seins und der Bewußtheit leben. Letzten Endes ist der Mensch nicht nur dazu gemacht, ein Leben in kleinbürgerlicher Zufriedenheit zu genießen – schließlich wurde er als Ebenbild Gottes erschaffen. Ebensowenig kann er es, so verführerisch das auch im Moment erscheinen könnte, zu seinem letzten Ziel machen, sein Leben einem fieberhaften Streben nach wissenschaftlichen Entdeckungen zu widmen, der Erfindung neuer, einander im infernalischen Rhythmus der Maschinen ablösender Techniken, mit dem einzigen Zweck, weitere Maschinen zu produzieren. Und es genügt ihm auch nicht, sich der gelassenen und ungestörten Betrachtung der Ideen hinzugeben, von denen Plato, fasziniert von der damals ganz neuen Entdeckung der Welt der Universalien, träumte.

Der Mensch ist auf einer tieferen Ebene als der seines Philosophierens wahrhaft *er selbst*. Er wird diese Ebene seines Seins, auf der er denkt und auf der er durch die Vermittlung seines Körpers in Kontakt zu seinen Mitmenschen und zur Welt tritt, niemals verabscheuen. Er wird auch niemals das Interesse an dieser Ebene seiner selbst verlieren, durch die er am gewaltigen Prozeß der kosmischen, biologischen und menschlichen Evolution teilhat, die sich von der Entstehung des allerersten Atoms bis zur endgültigen Übergabe aller Dinge in die Hände des Vaters erstreckt. Aber all dies lebt er aus dem inneren Heiligtum heraus, wo er in der Reinheit und Transparenz seines Seins-Bewußtseins verharrt. Er lebt aus seinem eigentlichen Wesenszentrum, aus jener Quelle, in der er als Ebenbild Gottes ins Sein kommt. Die menschliche Evolution schreitet im Individuum wie in der Gesellschaft von der Peripherie zum Zentrum fort. Sie beginnt mit den groben und oberflächlichen Ebenen des Seins, in denen das menschliche Leben aus Notwendigkeit so lange stehengeblieben ist – und in der leider viel zu viele noch jetzt auf ihre eigene Gefahr hin stehenbleiben wollen – und erreicht schließlich den Punkt, an dem sich dem Ich das Selbst offenbart.

Ebenso wie Platos fundamentales Verständnis des menschlichen Wissens werden die intuitiven Erkenntnisse der Rishis aus vedischen Zeiten auf dem Gebiet menschlicher Selbst-Bewußtheit bestimmt nie überholt sein. Sie können aber im Lauf der Zeit besser formuliert werden, wie auch die Formulierungen der griechischen Denker verbessert wurden, und auch ihre Erfahrung kann immer mehr zum Allgemeingut werden. Wie der Mensch, wenn seine materiellen Bedürfnisse einmal befriedigt sind, sich von seiner Abhängigkeit von Techniken freimachen kann, so können wir zumindest hoffen, daß es ihm auch gelingen wird, seinen Geist vom Durst nach Spekulation und endlosem Theoretisieren zu befreien. Er wird erkennen, daß auch das hochfliegendste Denken zwangsläufig immer zur Ebene der Zeichen gehört, und daß es daher aus seinem eigenen Wesen heraus danach verlangt, in der direkten Schau des Wirklichen transzendiert zu werden. Zweifellos wird die menschliche Vernunft ihre Würde und ihre unersetzliche Stellung im Prozeß des Wissenserwerbs und der Entscheidungsfindung behalten. Im alles durchdringenden Strahlen der Selbstverwirklichung wird sie sogar noch herrlicher sein und ihr Wirken noch fruchtbarer werden. Aber der Geist des Menschen wird seine eigentliche Heimstätte immer mehr im innersten Kern des Selbst finden. Immer mehr Menschen werden in ihren eigenen Tiefen und in den Tiefen aller Dinge ihr eigenes wahres Zentrum und das des Universums entdecken – das wahre Geheimnis Gottes. Eine Ära fortschreitender Verfeinerung der Selbst-Bewußtheit wird bereits jetzt im Herzen der Menschheit geboren, wie es vorher schon einmal mit der wissenschaftlichen Erkenntnis geschehen ist. Die Zeit wird kommen, in der die Menschen entdecken, was das einzig letztlich befriedigende Ziel der Sehnsucht ist: zum Selbst im innersten Herzen, an der Quelle ihres Seins, zu erwachen. In ihren Einsiedeleien am Ganges oder im Himalaya waren die großen Seher Indiens schon vor langer Zeit Vorboten dieser Ära, zu Beginn des Jahrtausends, das der Inkarnation des Einen vorausging, der ewig aus der Selbst-Bewußtheit des Vaters geboren wird, und der in Wahrheit selbst diese Selbst-Bewußtheit ist.

Die Herausforderung des Christentums durch den Advaita ist die Herausforderung des Menschen selbst, so wie er zu sein bestimmt ist, wenn er jene hohe Bewußtseinsstufe erreicht, zu der er berufen ist, und zu der seine eigene Natur ihn hindrängt. Und doch ist es weniger eine Herausforderung als ein Aufruf. Denn die wichtigsten

Phasen der Weltgeschichte sind gekennzeichnet von den aufeinanderfolgenden Schritten im Fortschritt des Menschen zu seinem Selbst. Unaufhörlich schreitet er auf sich zu und gelangt zu sich, und doch verlangt er immer danach, sich noch vollständiger, noch tiefer zu finden. Es ist die Aufforderung zu einer totalen Befreiung des Selbst- Bewußtseins, so wie es das Ziel der psychischen Entwicklung des Einzelnen wie auch der kulturellen und religiösen Evolution der menschlichen Gesellschaften ist. Unaufhörlich und mit Schmerzen wie eine Frau in den Geburtswehen (um den Vergleich des Paulus aus dem Römerbrief 8, 22 zu benutzen) schreit diese werdende Menschheit zu Christus und zur Kirche, in der Christus lebt, daß die Inkarnation ihre Selbst-Bewußtheit, die zugleich ihre Quelle und Erfüllung ist, dem Herzen der menschlichen Natur aufprägen möge. Im Prinzip ist dies natürlich ein für allemal in der Vereinigung von Gott und Mensch in der Person Christi geschehen, und deren Realisierung wird im Glauben und den Sakramenten der Kirche vorweggenommen. Aber der Geist und die Gnade Gottes können nie ruhen, bis dieser Glaube zur Erfahrung der Weisheit aufblüht und bis das Sakrament in der Seele des Gläubigen jene spirituelle Fülle zum Vorschein bringt, deren Zeichen und Instrument das Sakrament ist. Das pleroma Christi wird weder im individuellen Gläubigen noch in der ganzen Kirche die Fülle sein können, die es sein soll, solange jene Erfahrung nicht vom Christentum integriert worden ist[46].

Die Hoffnung, daß der christliche Glaube, wenn das Christentum endlich beginnen wird, den Menschen zu seinem inneren Erwachen zu führen, eine machtvolle Wirkung auf die Welt ausüben und in seiner ganzen Herrlichkeit leuchten wird, steht mit der Vernunft im Einklang. Es ist wahrhaftig ein Stein des Anstoßes, daß der Sauerteig des Evangeliums die Masse der Menschheit nur so langsam durchsetzt hat. Das Gesetz der Liebe ist zweitausend Jahre lang gepredigt worden, und doch wird die Welt, auch die christliche Welt, weiterhin von Bruderzwisten gepeinigt, deren völlige Unvereinbarkeit mit dem Evangelium nur von einer kleinen Minderheit der Gläubigen empfunden wird. Vor zweitausend Jahren hat Christus seine Jünger gelehrt, daß nur eines von ihnen erwartet wird, nämlich seinem Beispiel im Dienst an anderen zu folgen. Und doch ist die menschliche Gesellschaft, die christliche eingeschlossen, noch immer auf Selbstsucht gegründet, auf Profitgier, auf Macht und Ausbeutung der Schwachen. Sein ganzes Leben lang kämpfte Paulus darum, die Kirche aus dem jüdischen Gesetzesdenken zu befreien, das den Geist hinderte, im Leben der Christen Frucht zu tragen; aber es dauerte nicht lange, bis der alte Geist des Judentums seinen Einfluß wieder geltend machte. Das Ergebnis war, daß die Kirche sehr ähnlich wie andere menschliche Institutionen in Erscheinung tritt, während das Christentum immer mehr an andere konkurrierende Religionen in der Welt erinnert und sein ursprüngliches Wissen um das Mysterium nur allzuoft verlorengegangen ist, wie im Zweiten Vatikanischen Konzil mutig zugegeben wurde.

Auch hat es der Kirche nie an Heiligen gefehlt. Ihre edelsten Söhne und Töchter haben Feuereifer und glühende Nächstenliebe an den Tag gelegt. Warum hat sich dann der Geist des Evangeliums so langsam verbreitet? Zweifellos liegt ein maßgeblicher Grund in der oberflächlichen Ebene der Selbst-Bewußtheit, auf der die meisten Christen leben und mit der sie bedauerlicherweise so oft völlig zufrieden zu sein scheinen. Sie sind mit einem Ritualismus und Legalismus im jüdischen Stil ganz zufrieden, mit einem von den Griechen stammenden Rationalismus und einer vom alten Rom inspirierten rechtlichen Verfassung. Sie können es nicht zulassen, innerlich von der verzehrenden Gegenwart Gottes ergriffen zu werden oder durch die Erfahrung zu gehen, die sie völlig transformieren und schließlich in ihnen jene *metanoia* oder totale Verwandlung hervorrufen würde, die ihr Glaube seinem Wesen nach voraussetzt[47].

Die Zeit muß kommen, wenn der Christ, anstatt einfach mit dem langsamen Fortschreiten der Menschheit zur Selbstverwirklichung Schritt zu halten, der sanften Aufforderung des Geistes folgen wird, die ihm die alten Weisen des Ostens übermittelt haben. Dann wird er dem Geist erlauben, ihn mit sich in den Abgrund des Selbst fortzutragen. Dann kann Gott in jenen Tiefen seines Wesens an ihm arbeiten, von denen aus er wirklich geführt wird, anstatt nur auf der Ebene der Sinne und jener anderen Fähigkeiten, die der Mensch immer allzu widerwillig in seinem Handeln anwendet. Kontemplation wird dann von neuem eine Vorrangstellung in der Kirche einnehmen, nicht nur in den religiösen Orden und bei jenen, die sich einem Leben der Weltentsagung gewidmet haben, sondern im Herzen eines jeden, der Fortschritt auf den Wegen des Geistes sucht. Die Früchte, die die Kirche in den Herzen der Kontemplativen erntet, wird allen ihren Angehörigen zugänglich sein. Langsam aber sicher wird sich ihre Erfahrung der Tiefen Gottes und des Selbst Licht und Bereicherung bringend in ihrem Umkreis verbreiten. Die menschliche Gesellschaft wird unweigerlich transformiert und zuletzt, erweckt von christlichen Sehern, die jenes essentielle Feuer in ihren Herzen haben, im vollen Sinn des Evangeliums christlich werden. Die so tief ersehnte Einheit der Christen bleibt unerreichbar, solange der Mensch darauf beharrt, nur auf der Ebene des Intellekts an ihr zu arbeiten. Sie wird dann von selbst zustandekommen, wenn die Christen in sich jenen Ort erreicht haben, wo sie in derselben Einheit, die Gott in seinem eigenen Selbst hat (Johannes 17, 21 ff), eins mit Gott und mit ihren Brüdern sind.

Nichts Geringeres als diese wunderbare Vorausschau der Bestimmung der Kirche ist in der Feststellung enthalten, daß der Advaita und mit ihm der *sanātana dharma*, dem der Christ begegnet, wenn er mit einem spirituellen Hindu in Berührung kommt, transzendenten Wert besitzen.

II
Saccidānanda

»…der Abglanz seiner Herrlichkeit
und das Abbild seines Wesens«

(Hebräer 1,3)

7

Das Wirken des Jnāni

Abermals will Ich Allerhöchstes künden
von allem Wissen höchstes Wissen,
durch das alle Heiligen, sobald sie es erkannt,
höchste Vollendung fanden…
Das Geheimste … dies königliche Wissen,
dies königliche Geheimnis ist äußerst läuternd…
Opfer, Gaben, Tapas dürfen nicht aufgegeben werden,
solche Werke sollte man wahrlich tun;
jedoch auch diese Werke sollte man vollbringen,
indem man alle Bindung und alle Früchte aufgibt.
Dies ist Meine entschiedene
und höchste Meinung, Arjuna!

Bhagavad Gita 14,1; 9, 1-2; 18, 5-6
(Übers. von Hertha Martens)

Die wesenhafte Leere

Wenn der Mensch ernsthaft über Gott nachdenkt und danach strebt, ihn zu erfassen, zu ermessen und sich ihn gedanklich zu vergegenwärtigen, wird seine Intelligenz bald vor Rätsel gestellt, und das logische Denken läßt ihn im Stich. Es kommt der Zeitpunkt, an dem das Denken selbst sich in jenem überwältigenden Leuchten verliert. Dann ist es, als versuche der Verstand, aus der unerträglichen Gegenwart Gottes zu entfliehen. Er jagt verzweifelt außerhalb Gottes nach sich selbst und sucht in welcher Form auch immer zu überleben – etwa wie die Taube, die Noah von der Arche ausfliegen ließ und die wenigstens einen Zweig zum Ausruhen suchte (1. Mose 8, 9). Aber alles ist vergebens. »Die Natur ist dann so sehr aller Form entblößt, daß sie ins Nichts sinkt und verloren ist; alles, was bleibt, ist ein einfaches IST, und dieses IST ist der EINE.« (Meister Eckhart, *Traktat* 11) Der Mensch hat fürchterliche Angst davor, sich selbst als »einfach *seiend*« zu erkennen. Das erschreckt ihn mehr als irgendetwas sonst. Er glaubt, nicht überleben zu können, wenn Gott ihn aufruft, sich selbst im bloßen Akt des Seins zu entdecken und zu betrachten, und deshalb schaudert er davor zurück. Die Absolutheit des Seins (*kaivalyam*) ist ebenso erschreckend für ihn wie das Nichtsein, weil sie ebenso sicher alles zerstört, was er sein möchte, oder vielmehr, was er zu sein fühlen möchte. Der Mensch möchte sich lieber daran erfreuen, etwas zu sein, ganz gleich was, und er zieht es vor, in seinen Träumen zu leben, in dem illusorischen Bild, das er von sich selbst, von der Welt und von Gott konstruiert hat. Wenn er aber aufrichtig ist, wird er seines Widerstandes gegen Gott und seiner Weigerung, sich selbst aufzugeben, bald müde. Gott ist stärker als er, und wenn die Zeit dafür reif ist, läßt er dies deutlich werden. Und wenn Gott einen Menschen schließlich in seine eigenen Tiefen zieht, dann kann dieser nur noch verzweifelt aufschreien. Alles wird ihm weggerissen, im Himmel wie auf der Erde, ob es zur äußeren oder zur inneren Welt gehört. Er verliert jedes Bild der Wirklichkeit aus dem Auge, das er sich für sich selbst konstruiert hatte und in dem er sich hatte häuslich einrichten wollen – als ob man hoffen könnte, sich irgendwo in der Welt des *Werdens* niederzulassen, die zwar das Sein offenbart, aber nicht die Macht hat, es zu erfassen; oder als ob die Gestalt dieser Welt nicht in jedem Augenblick verginge (1. Korinther 7, 31). Es gibt nichts, das er festhalten, nichts, an das er sich klammern könnte. Im Gegenteil, alles entgleitet ihm – sein Körper, sein Denken, sogar das Bewußtsein seiner selbst und seiner eigenen Persönlichkeit. Der Zug nach innen und die Aufforderung, einfach zu *sein*, erscheinen ihm, als würde er von einer Leere verschluckt. Auch in Indien bekamen es viele, die diesen Ruf vernahmen, vor der Erfahrung der äußersten Tiefe mit der Angst zu tun; sie kämpften darum, irgendeinen Platz zu finden, an dem sie sich hätten niederlassen können, ganz gleich, wie unbequem oder illusorisch er auch wäre, und dort in der Schwebe zwischen der Welt der Wirklichkeit, des Seins, und der Welt der *māyā* oder des Werdens zu hängen.

Dieses Erschrecken in der Gegenwart des Absoluten, diese panische Angst, durch die Berührung Gottes vernichtet zu werden, treibt den Menschen (wie auch die Engel) letztlich in die Revolte. In einer äußersten Anstrengung, sich selbst zu retten, sagt er: »Ich will nicht unterworfen sein« (Jeremia 2, 20); »Ich will…meinen Thron über die Sterne Gottes erhöhen… Ich will… gleich sein dem Allerhöchsten« (Jesaja 14, 13 f). »Ich will mein Sein selbst bestimmen.« – ein fruchtloser Gedanke, über den der Herr spöttisch lacht (Psalm 2, 4). Denn es gibt in Wahrheit keine Alternative zum Sein, nichts besteht außerhalb von Gottes Willen und seinem Mysterium. Wer sich fürchtet zu *sein*, wer Angst hat zu sein, was Gott will, daß er sei, kann nur in den Zustand der Bedeutungslosigkeit fallen.

Aber es gibt Gott sei Dank Menschen, die dem göttlichen Ruf folgen und die bereit sind, auf den Berg Sinai zu steigen und sich von der »Wolke« umhüllen zu lassen. Sie folgen der Führung des Geistes ohne zu zweifeln und fragen sich nicht einmal selbst, wohin er sie führen mag. Solche Menschen finden mit Sicherheit in sich die Erfahrung, zu der sie auf diese Weise gebracht werden: einen Frieden und eine

Gelassenheit, auch eine Freiheit, die allen unbekannt bleibt, die nie die Luft dieser Höhen geatmet haben.

Dort ist der Mensch allen Begehrens entblößt, denn es gibt nichts, was ihm fehlt, oder was er braucht. Indem er nichts besitzt, besitzt er alles. Indem er damit zufrieden ist, nichts zu sein, nichts zu haben, nichts zu wollen, hat er alles im Überfluß. Dies ist ein Lieblingsthema der Upanishaden, z. B. *Brihadāranyaka Upanishad* 4, 3, 21:

Das ist seine Wesensform,

jenseits des Begehrens,

nicht wissend,

was außen und was innen ist,

in der Umarmung des Selbst.

Seine Wünsche sind erfüllt,

sein einziger Wunsch ist das Selbst,

er ist wunschlos ... [48]

Das wesentliche »Ich bin«, das der Jñāni in dem Abgrund spricht, aus dem sein Sein entspringt, hat ihn von aller Furcht und Sorge, von jedem Wunsch und Bedürfnis befreit. In diesem Frieden und dieser Fülle, in die er in seiner eigenen innersten Mitte eingetreten ist, kann er nicht länger irgendetwas wollen, weder für sich selbst noch für irgendeinen anderen. Nicht einmal der Wunsch nach einem separaten Überleben kann ihn noch berühren.

Für einen Griechen war die Auferstehung im Körper natürlich eine sinnlose Vorstellung, und der ganze Areopag lächelte überheblich, als Paulus ihm von seiner Hoffnung predigte. Für einen Juden war ein Überleben des Menschen ohne Fleisch und Knochen undenkbar; aber die Griechen hatten intuitiv erkannt, daß das Lebensprinzip des Menschen transzendent und immateriell ist, und sie identifizierten es mit der denkenden Seele. Das Denken kann ebensowenig sterben wie der Denkende; als ein solcher *ist* er einfach, unabhängig von allen irdischen materiellen Umständen. Das Fleisch ist keineswegs eine Hilfe, sondern ein Hindernis. Wenn die Seele erst einmal aus den Banden des Fleisches befreit ist, kann sie die Ideen frei und in ihrer ganzen Großartigkeit betrachten, wie es die Götter tun. Der Körper ist nur eine kurzlebige Ansammlung von Molekülen, die aus der Umgebung stammen und ständig an sie zurückgegeben werden, ein flüchtiger Augenblick, eine ihrem Wesen nach vergängliche Gestalt, die die Materie in Raum und Zeit angenommen hat. Wer von der griechischen Kultur geprägt wurde, brauchte einen sehr starken Glauben, um nicht nur die Möglichkeit, sondern die wirkliche Notwendigkeit einer körperlichen Auferstehung als Bestandteil der Fülle des Lebens in der Herrlichkeit anzuerkennen.

Für den indischen Jñāni ist die denkende Seele ebensosehr »Eitelkeit« und *māyā*, wie es der von den Juden so hochgeschätzte materielle Körper aus Fleisch für die Griechen war. Dem Jñāni erscheint das gesamte Denken des Menschen nicht weniger äußerlich als seine körperliche Wahrnehmung, sobald er sich in seiner Tiefe in reiner Selbst-Bewußtheit gefunden hat. Selbst die kühnsten Abstraktionen des Verstandes sind immer durch die äußere Welt bedingt, und wie diese unterliegen sie ständiger Veränderung und fortwährendem Vergehen. Alles, was die Individuen voneinander unterscheidet und ihnen ermöglicht, sich selbst als solche zu erkennen, beruht wesentlich auf dem Eindruck der äußeren Welt auf ihr Bewußtsein. Aber der Weise hat entdeckt, daß er der einzigartige *ātman* ist, jenseits aller Form und Gestalt und ohne jede Eigenschaft; er weiß, daß er das Leben selbst ist, das Sein selbst, zeitlos, ewig, unveränderlich. Er ist nicht mehr fähig, ein Bedürfnis zu empfinden, daß auch nur sein denkender Verstand überleben oder daß ihm ein neues Leben geschenkt werden möge, denn dieses ist zwangsläufig unbeständig und letztlich illusorisch. Für den Griechen war der Körper (*soma*) nur ein Gefängnis, ein Grab (*sema*); in gleicher Weise erscheint der unbegrenzte Fortbestand der Individualität, die den Menschen durch eine endlose Folge von Wiedergeburten führt, dem erleuchteten Hindu oder Buddhisten als unerträglich. Es ist immer dasselbe, auch wenn solch eine

Wiedergeburt sich als glücklich erweist oder sogar in den Himmel Indras führt[49]. Erlösung, *moksha*, bedeutet Befreiung von der Gebundenheit, von allem, was das innere Selbst des Menschen an die Bedingungen von Zeit und Individualität (*nāma-rūpa*) fesselt.

Zu nichts Geringerem als diesem führen die Erfahrung des Selbst und die Erkenntnis des Mysteriums des Seins. Es ist Fülle und Leere zugleich, das vedāntische *pūrnam* (oder *bhūman*) und das buddhistische *shūnya*[50]. Dies ist die »wesenhafte Leere«, von der die rheinischen Mystiker so oft sprechen[51]. Es ist die völlige Abwesenheit von Wünschen, etwas wie die Leere, in der ihrer Definition nach kein Wunsch zu sein, oder so oder anders zu sein, je entstehen kann. Genauer gesagt, es ist das Fehlen von Wünschen, welches das *Sein* selbst kennzeichnet, denn in seiner Fülle bedarf es keiner wie auch immer gearteten Ergänzung[52].

Welchen Beitrag wird der Jñāni zur Fortentwicklung des Universums auf das *eschaton* und den Zusammenschluß aller Dinge in Christus[53] leisten? Wird er einfach alles gelassen beobachten und sich selbst in keiner Weise einmischen – entsprechend dem alten indischen Bild vom Lotosblatt, das vom Wasser bedeckt aber nie benetzt werden kann? Wird er seinem Körper und Geist gestatten, sich einfach vom Strom der Ereignisse mittragen zu lassen, zufrieden damit, gleichmütig gegen alles sein inneres Leben zu leben, und wohl wissend, daß nichts Vergängliches irgendeinen Wert hat? Ein solches Bild erinnert an die buddhistischen Mönche, aus deren sanftem, fast unmerklichem Lächeln ihr fernes Mitgefühl und ihre äußerste Indifferenz gegenüber allem spricht, das außerhalb des Kreises ihres Rückzugs ins Innere liegt.

Akosmismus

Der Jñāni müßte seiner Definition nach ein akosmischer[54] Mensch sein. Das klassische Beispiel dafür ist in Indien der wandernde Mönch oder Einsiedler, der eines schönen Tages seine Familie und sein Heim verläßt, und von dem man nie wieder etwas hört. Er hat sich unwiderruflich der höchsten Gegenwart geweiht und ist in ihr für immer verloren. Solche Menschen tauchen in Wäldern und Bergen unter, manchmal verstecken sie sich hinter Wällen aus Schnee, die ihre Mitmenschen auf Distanz halten; oder manchmal verlieren sie sich noch wirksamer durch ständige Bewegung, ziehen von Dorf zu Dorf, verweilen gerade nur lange genug, um eine Handvoll Reis zu bekommen, und machen sich nicht die geringsten Sorgen um sich selbst, um andere oder um die Welt.

Auf den ersten Blick scheint es, als müsse eine Spiritualität, die auf eine innere Gegenwart und die innere Berufung konzentriert ist, auch eine Spiritualität der Weltentsagung sein. Auch wenn sie einen christlichen Ausdruck fände, schiene sie nur für Mönche geeignet. Sie erscheint irrelevant für alle, deren Berufung es ist, als Laien oder Kleriker aktiv in der Welt zu arbeiten. In jedem Fall muß das Einsiedlerleben immer eine Ausnahme unter den Menschen bleiben. Die große Mehrheit der Menschen ist berufen, in der Welt zu arbeiten, zu ihrer Entwicklung beizutragen, sich Tag für Tag darum zu bemühen, daß sie materiell und spirituell ein wenig bewohnbarer wird. Ihre Aufgabe ist nicht nur, sich in der Tiefe ihres Herzens auf das kommende Reich Gottes vorzubereiten, sondern auch, und zwar in erster Linie, die irdische Stadt aufzubauen. Es ist sehr schön und gut, über das *eschaton* zu sprechen, aber während wir darauf warten, müssen wir ganz prosaisch in dieser gegenwärtigen Welt weiterleben. Auch dürfen wir die Millionen von Menschen nicht vergessen, deren Los es ist, noch immer unter dem materiellen Existenzminimum zu leben, und die ebenso an spirituellem Ausgehungertsein leiden. Wenn die wenigen Auserwählten, denen spirituelle Erkenntnis gegeben worden ist, sich in die Wüste zurückziehen, wer bleibt dann noch, um der Menschheit das Wort zu verkünden, oder das Werk der Propheten zu tun?

Der »engagierte« Christ, um den heutigen Jargon zu verwenden, beschuldigt den Hinduismus und andere vom Hinduismus inspirierte Formen der Spiritualität, sich nicht um die Welt zu kümmern. Dieselbe Anklage ist jedoch in jüngster Zeit auch gegen das Christentum erhoben worden. Es ist aber einerlei, ob das Reich als eine innere Realität oder als etwas in der Zukunft Verborgenes betrachtet wird; in beiden Fällen führt dieser Glaube zu Entfremdung. Solange die Gedanken, Hoffnungen und Wünsche eines Menschen auf irgendeine Art *jenseitiger* Welt gerichtet sind, wird sein Herz nie in den unmittelbaren Aufgaben dieser Welt sein. Der Christ ist gewiß in der Lage, auf derartige Kritik zu antworten; und doch kann man in der Bibel und der christlichen Tradition viele Texte und Beispiele finden, die auf den ersten Blick die säkularistischen Beschuldigungen zu bestätigen scheinen. Es genügt, aus der Bergpredigt zu zitieren: »Seht euch die Vögel des Himmels an: sie säen nicht, sie ernten nicht und sammeln keine Vorräte in Scheunen ... › Was sollen wir essen? Was sollen wir trinken? Womit sollen wir uns kleiden?‹ Nach dem allen trachten die Heiden ... Der morgige Tag wird für sich selbst sorgen!« (Matthäus 6, 26; 31, 34) Die ersten Christen in Jerusalem nahmen diese Lehre wörtlich – wir wissen, mit welchem Ergebnis; und ein paar Jahre später mußte Paulus streng mit den neuen Christen in Thessalonich sprechen, um sie davor zu bewahren, in denselben Irrtum zu verfallen. Selbst in unseren Tagen, in denen die Christen oft fieberhaft damit beschäftigt sind, die irdische Stadt aufzubauen, kann man halb zynisch unterstellen, daß das Endergebnis ihrer ganzen Arbeit nur großartige Ruinen sein werden – »unvermeidliche Ruinen, aber Schutt, der als Fundament für den endgültigen Aufbau«[55] der Stadt Gottes dienen wird.

Berufungen

Zunächst müssen wir anerkennen, daß Berufungen viele verschiedenen Formen annehmen können. Wieder begegnen wir dem Mysterium der Koinonia. Jedes erschaffene Wesen ist ein Spiegelbild Gottes; aber jeder Mensch spiegelt das göttliche Sein auf seine eigene Art, gemäß seiner eigenen Veranlagung und seiner eigenen persönlichen Berufung im Geist. Daher sind die Berufungen ebenso unterschiedlich wie die Veranlagungen. Sehr allgemein ausgedrückt können wir sagen, daß bestimmte Veranlagungen einen Menschen zu einem abgeschiedenen Leben prädisponieren, und andere zu einem Leben in der Welt. Unter den großen Beispielen für eine Berufung ragen die Weisen und Propheten besonders heraus. Die ersteren beruft der Geist nach innen und führt sie dazu, »zu sinnen über dem Gesetz des Herrn Tag und Nacht«, wie es die inspirierten Schriftgelehrten Israels und die ersten Einsiedler auf dem Berg Karmel taten[56]. Die anderen beruft er, herauszugehen und ihren Mitmenschen das Wort Gottes zu verkündigen.

Die Kirche hatte immer und hat noch heute – nicht weniger als Indien – ihre Einsiedler und Anachoreten. Die Mönche der östlichen Kirche in ihren Wüsten standen ihren Brüdern im Himalaya oder an den Ufern des Ganges im Ausmaß ihrer Weltentsagung um nichts nach. Es ist keine Frage, daß die Kirche ebenso wie die Welt solche Menschen braucht. Sie werden gebraucht, um alle Menschen daran zu erinnern, daß Gott der Absolute ist, der Erste und Einzige, daß er in sich selbst *ist*, unabhängig von und jenseits jeder Offenbarung seiner selbst in der erschaffenen Welt, und daß Gott nicht nur um der Herrlichkeit willen, die er für die Menschheit bereitet hat, sondern um seiner selbst willen gesucht werden muß. Besonders die Kirche ist auf sie angewiesen, um dem Pragmatismus entgegenzuwirken, der den Christen fortwährend unter der freundlichen Maske pastoralen oder missionarischen Eifers betört. Einigen Menschen ist es ein Bedürfnis, die Worte Christi ganz wörtlich nehmen, mit denen er den

Menschen auffordert, Armut zu üben, sich nicht um die Zukunft zu sorgen und allen Dingen gegenüber gleichmütig zu bleiben, außer dem einen Wesentlichen. Es liegt im Wesen der Menschheit, daß das ganze Spektrum der Möglichkeiten des Evangeliums nur verwirklicht werden kann, wenn die Einzelnen mit ihren verschiedenen Gaben und Berufungen einander ergänzen.

Die Welt braucht Menschen, die einerseits Gottes unwandelbares Sein bezeugen und andererseits sein Tun. Außer denen, die schweigend auf seine Transzendenz deuten, sind andere nötig, die seine Immanenz bestätigen und sich mit ihrer ganzen Energie der Verwirklichung des göttlichen Plans für die Entwicklung des Universums und das Wachstum des mystischen Körpers des Herrn widmen. Gott wollte nicht, daß sein Zweck in der Welt auf einen Schlag erfüllt würde. Er beschloß, daß seine Geschöpfe, und besonders der Mensch, an seinem Werk mitarbeiten sollten, und dementsprechend setzt er sekundäre Ursachen dafür ein, die Welt zu ihrer Erfüllung zu bringen. Auf der menschlichen Ebene drückt sich diese Zusammenarbeit in intelligenter Freiheit aus. Damit ist gemeint, daß der Mensch aufgerufen ist, seine Intelligenz zu nutzen, um die geeignetsten Wege zur Verbesserung der menschlichen Lebensbedingungen zu finden. In Gottes Werk der Schöpfung und Lenkung der Welt ist der Mensch sein verantwortlicher und intelligenter Partner. Wenn er sich weigert, seine Rolle in der Welt zu spielen, dann verweigert er sich zugleich Gott. Dies alles mit seiner Geburt als menschliches Wesen und mit der Tatsache, daß die Koinonia ein wesentliches Merkmal aller menschlichen und christlichen Existenz ist, vorgegeben.

Nicht jeder ist jedoch dazu aufgefordert, in derselben Weise mit Gott zusammenzuarbeiten. Der eine ist Beamter, der andere Bauer; einer ist Arzt, ein anderer Händler. Wichtig ist, daß jeder von ihnen in der ihm von Gott übertragenen Aufgabe zum Wohl der Allgemeinheit arbeiten sollte. Egoismus findet sich nicht nur bei jenen, deren Faulheit oder Feigheit sie dazu bringt, sich in die Wüste zurückzuziehen; er findet sich ebenso bei denen, die beschlossen haben in der Welt zu bleiben, aber sie ausschließlich zu ihrem eigenen Nutzen auszubeuten. Die Berufung eines jeden als Mensch oder als Christ ist eine

Berufung zum Dienst, zur *diakonia*[57]. Jeder ist gefordert, seinen Mitmenschen zu dienen. Wenn der Karthäusermönch sich in seine Zelle zurückzieht, oder der Anachoret in seine Höhle, tut er dies im Namen seiner Mitmenschen. Wenn er es ablehnt, beim Bau der irdischen Stadt mitzuarbeiten, oder sich darum zu kümmern, was in der Welt vorgeht, dann entsagt er in ihrem Namen und zu ihrem Wohl. Die meisten Menschen sind zu achtlos oder – berechtigterweise – zu sehr mit äußerlichen Angelegenheiten beschäftigt, als daß sie die Zeit und die nötige geistige Freiheit aufbringen könnten, ihre Gedanken innerlich zu sammeln und bewußt in »der Höhle des Herzens« zu verweilen. Der Eremit ist daher in ihrem Namen berufen, für sie in jener Tiefe zu verweilen, die allen gehört. Er könnte mit Recht sagen: »In ihnen bin auch ich beteiligt am Bau der Stadt; während auch sie in mir schweigend die Gegenwart Gottes beobachten.«

Jede ehrliche Arbeit ist eine Form von Dienst, *diakonia*. Was ein Mensch auch besitzt, was er sein mag, er ist nie mehr als ein Agent mit dem Auftrag, unter der Leitung des Geistes im Namen Gottes und seiner Mitmenschen eine Rolle im göttlichen Weltplan zu spielen. Ein echter Jñāni ist jemand, der für den Geist ganz zur Verfügung steht und für seine Inspiration ganz offen ist. Wer es ablehnt, seinen Anteil an der Arbeit der Welt mit der Entschuldigung zu übernehmen, daß er Frieden und Ruhe für seine Meditation sicherstellen müsse, hat noch nicht angefangen, die Bedeutung von Jñāna zu verstehen. Er zeigt damit nur, daß er innerlich noch nicht zum Mysterium des Selbst und des Seins erwacht ist. Für den wahren Jñāni existieren Unterschiede im Sinne von *dvandva* oder »Gegensatzpaaren« nicht mehr. Überall begegnet er dem Mysterium Gottes, dem Mysterium des Selbst und des Seins, dem Atman-Brahman. Dieses schließt jede Möglichkeit eines Unterschieds aus, weil es in allen Dingen mit sich selbst identisch ist. Es stimmt, daß der Anfänger zuerst darin unterrichtet wird, seinen Geist innerlich zu konzentrieren; aber das ist nur der erste notwendige Schritt, um ihn von seiner natürlichen Hinneigung zur äußeren Welt und deren Inhalten zu befreien. Die Erfahrung des Selbst, des Atman, kann nicht erlangt werden, bevor man erkennt, daß das Selbst alle Dinge erfüllt und überall dasselbe ist; dann aber sieht man die Unterschiede des Innen und Außen, der inneren und der äußeren Welt, der Einsamkeit und Gesellschaft, des Schweigens und des Gesprächs, als das, was sie wirklich sind: bloße *dvandva*, Verstandeskonzepte, von denen man sich befreien muß, um sich selbst zu finden und wirklich frei zu sein.

In der indischen Tradition hat man das sehr klar verstanden. Es ist bezeichnend, daß es in den frühesten Upanishaden oft Könige sind, die die wichtigsten Lehren über das Selbst brahmanischen Gurus und deren Schülern übermitteln. Einer Tradition, die es zuläßt, daß Priester und Gurus von Königen belehrt werden, kann man kaum vorwerfen, sie unterschätze den Wert des Lebens in der Welt.

Sri Ramana Maharshi hat niemanden je dazu überredet, der Welt zu entsagen und sich in die Einsamkeit oder in einen Ashram zurückzuziehen. Seiner Ansicht nach sollte jeder, der eine solche Berufung empfand, frei sein ihr nachzukommen, aber er beharrte darauf, daß dies nichts mit Vervollkommnung oder mit der normalen Entwicklung des spirituellen Lebens zu tun habe. Er empfahl den Menschen nicht einmal, regelmäßig zu meditieren. Er riet seinen Schülern einfach, die »Suche nach dem Selbst« zu praktizieren, während sie ihren täglichen Aufgaben, auch den banalsten, nachgingen. Zugleich wachte er sehr aufmerksam darüber, daß in seinem Ashram alles in der bestmöglichen Weise verrichtet werden sollte.

Der traditionelle Verhaltenskodex Indiens verlangt vom Hindu, zuerst seine Pflichten als »Haushälter« zu erfüllen, indem er Kinder zeugt und aufzieht und indem er eine seiner gesellschaftlichen Stellung angemessene Rolle im kulturellen und sozialen Leben spielt. Erst wenn er dies erfüllt hat, soll er sich in die Einsamkeit zurückziehen und seine weltlichen Verpflichtungen aufgeben. Ein Brahmane soll nach altem Brauch sein Heim und seine Arbeit nicht verlassen, bevor sein ältester Sohn seinen Platz bei der Erfüllung seiner häuslichen, rituellen und sozialen Pflichten einnehmen kann. Nur in Ausnahmefällen, wenn der Ruf unwiderstehlich ist, erlauben die heiligen Schriften einem jungen Hindu, *sannyasa* zu nehmen, ohne vorher geheiratet zu haben.

Mitten in der Welt

Wenn der Jñāni in der Welt leben muß, wird seine praktische Tätigkeit daher nicht weniger intelligent oder kraftvoll sein, als die seiner Mitmenschen. Was er auch tut, er wird es mit Fleiß und ganzer Aufmerksamkeit ausführen. Seine Arbeit in der erschaffenen Welt wird so engagiert und gleichzeitig so frei sein wie das Wirken Gottes. Er wird sich ganz seiner Arbeit hingeben und doch zugleich von seinem Tun ganz frei und unabhängig bleiben.

Gott, der Absolute, manifestiert sich in allem; daher sollte alles mit der Vollkommenheit getan werden, die Gottes Arbeit verdient. Wenn z.B. eine Nonne bei der Ausübung ihrer normalen häuslichen Pflichten nicht dieselbe Vollkommenheit anstrebt wie beim Singen des Stundengebetes, dann ist sie eindeutig noch ein Opfer der Illusion des *dvandva* – d.h. sie hat praktisch entschieden, daß Gott in ihrem Leben zu gewissen Zeiten und bei gewissen Beschäftigungen mehr gegenwärtig ist als bei anderen. Aber Gott ist natürlich immer und in allen Umständen ein und derselbe, nur er selbst; er kann nicht hier mehr sein und dort weniger. Das sind nichts als Phantasiegespinste, von denen man durch die Erfahrung des Selbst und des Seins endgültig befreit wird. Die in der Schule oder Krankenpflege tätige Schwester, die sehnsüchtig auf das Läuten der Glocke wartet, damit sie wieder »bei Gott« in der Kapelle sein kann, hat ihre Berufung noch nicht verstanden. Gott ist in den Kindern, die sie unterrichten, oder in den Kranken, um die sie sich kümmern muß, vollkommen gegenwärtig. Jesus hat das so unmißverständlich gelehrt wie nur möglich. Weit davon entfernt, die Arbeit zu behindern, wie es manchmal behauptet wird, ist das Gefühl für die Allgegenwart Gottes – die Essenz der indischen Spiritualität – in Wahrheit der bestmögliche Ansporn für gutes Arbeiten. Für den Jñāni gibt es keine Arbeit, die nicht heilig wäre, nicht in Gott getan werden könnte[58]. Er kennt keine Unterscheidung zwischen »Heiligem« und »Profanem« mehr; für ihn ist alles heilig und gehört in das Reich des Geistes. Daher braucht er auch nicht zwischen »Natürlichem« und »Übernatürlichem« zu unterscheiden. Alles ist durch Christi Menschwerdung geheiligt und in die Sphäre des Göttlichen erhoben worden. Alles, auch Sünde und Tod, ist durch sein Erlösungswerk am Kreuz verwandelt worden; alles ist durch seine Auferstehung neu gemacht worden, wie wenig dies auch dem physischen Auge oder dem nicht vom Glauben erhellten Verstand einleuchten mag. Weil er dies ganz wörtlich glaubt, ist der christliche Jñāni in der Lage, die göttliche Wahrheit und die Realität des Seins in dem zu erkennen, was dem Anschein nach nur leblose Materie oder lüchtiges Ereignis ist.

Andererseits bleibt der Jñāni trotz aller Hingabe an seine Tätigkeit, und trotz seines Bemühens, alle Arbeit in perfekter Weise auszuführen, vollkommen losgelöst und frei. Denn Gott, der Absolute, ist freilich in allen Dingen gegenwärtig; aber unter allen Dingen, in denen er sich offenbart, *ist* keines Gott, ist keines absolut, hat keines letzten Wert in seiner eigenen besonderen Gestalt.

Diese tiefe Überzeugung beruht auf Glauben und innerer Erfahrung; sie wird den Jñāni aber gewiß nicht davon abhalten, die Arbeit aufzunehmen, die seine Lebenssituation vor ihn stellt, welche Arbeit das auch sei, oder sich wo immer möglich in technischen, sozialen, politischen oder religiösen Aktivitäten zu engagieren. Noch weniger wird es den christlichen Mystiker davon abhalten, der Kirche zu dienen, und dadurch unmittelbar zur Vorbereitung auf das Kommen des Reiches beizutragen. Natürlich kann das Absolute niemals innerhalb der Zeit erfahren werden, und in der Tat fließt die Zeit selbst fortwährend weiter, bis sie im *eschaton* erfüllt ist; aber dennoch muß das Absolute sich in vergehenden Momenten und vergänglichen Ereignissen »inkarnieren«. Wie die Gita feststellt (3, 5), ist es dem Menschen unmöglich, auch nur für einen Augenblick untätig zu sein; in jedem Fall ist aktive Arbeit absolut notwendig, wenn ein Mensch sich selbst und die von ihm Abhängigen mit dem täglichen Brot versorgen muß, ganz zu schweigen von den Bedürfnissen seines Nächsten.

Der Jñāni wird daher nach bestem Können alles ausführen, was im Anblick Gottes und im Licht seines Gewissens zu tun notwendig oder wert erscheint. Alles andere überläßt er mit einem friedlichen Gemüt Gott. Man kann nicht annehmen, daß die oben zitierten Worte aus der Bergpredigt vom Menschen verlangen, er solle kein Haus bauen und nicht die Erde kultivieren. Seit der Mensch im Garten Eden zu sich selbst erwacht ist, hat die göttliche Weisung ihn gezwungen, seine Nahrung aus der Erde zu gewinnen und Kinder zu zeugen – und Jesus hat nachdrücklich festgestellt, daß er nicht gekommen sei, um das Gesetz aufzuheben, sondern um es zu erfüllen. Der Kernpunkt seiner Lehre war, daß der Mensch alles im Glauben und in völliger Unterwerfung unter den himmlischen Vater tun solle, ohne Furcht um das Morgen. Wenn die Bedürfnisse eines Menschen seine Fähigkeit übersteigen, sie aus eigener Kraft zu erfüllen, wird Gott ihm zu Hilfe kommen und in der einen oder anderen Weise bereitstellen, was ihm fehlt. Dies haben die christlichen Heiligen oft erfahren, und wo immer es in der Welt Glauben an Gott gibt, stößt man auf ähnliche Beispiele. Gott läßt jene, die ganz auf ihn vertrauen, nie im Stich. Aber die Vorbedingung für ein – wenn nötig wunderbares – Eingreifen Gottes ist, daß der Mensch zuerst seinerseits alles getan haben muß, was in seiner Macht steht. Außerdem muß das, worum er bittet, wirklich in Einklang mit dem göttlichen Plan stehen. Aber vor allem muß der Bittende sein Vertrauen auf Gott allein gesetzt haben; wie Bischof Huyghe so treffend sagt, beginnt Hoffnung (*espérance*) an dem Punkt, wo alle menschliche Erwartung (*espoir*) zuschanden wurde[59].

Zweifellos sind die Ansichten des Jñāni darüber, was der Mensch wirklich braucht, sehr verschieden von denen eines Technokraten. Der Letztere sieht alle neuen Möglichkeiten, die sich dank der Wissenschaft vor der Menschheit auftun, und er wird nicht ruhen, bis er jedes denkbare Versorgungsgut verfügbar und jede Wunschbefriedigung möglich gemacht hat. An diesem Punkt muß der Jñāni und überhaupt jeder, der in einem Geist des Glaubens lebt, der Ansicht entschieden widersprechen, alles was den Menschen reizt, sei seiner auch unbedingt wert. Die Werte des Intellekts oder des Herzens sind z.B. unvergleichlich wichtiger als irgendeine rein physische Befriedigung. Damit soll nicht bestritten werden, daß ein Minimalstandard materieller Versorgung eine notwendige Bedingung für den spirituellen Fortschritt einzelner Menschen ebenso wie ganzer Gesellschaften ist. Geistige Werte müssen letztlich über die von Körper und Verstand Vorrang gewinnen. Diese müssen den ersteren immer dienen, weil sie sonst den göttlichen Plan durchkreuzen und damit die gesunde Entwicklung der Welt und der Menschheit gefährden. Die wesentliche Funktion des Jñāni in der Gesellschaft besteht darin, dies besonders zu betonen und die Menschen fortwährend daran zu erinnern. So wie er sich ständig der Gegenwart des Absoluten bewußt ist, wenn seine Berufung ihn in die Wüste zieht, so erinnert er die Menschen, wenn er mitten in ihrer Gesellschaft lebt, andauernd an »das eine Notwendige«, das das Evangelium betont, und an den Vorrang geistiger Werte.

Als wahrer Jñāni sagte Mahatma Gandhi oft, daß er nicht an den materiellen Einrichtungen interessiert sei, die der Westen in sein Land gebracht habe, und daß er sie ohne das geringste Bedauern verschwinden sehen würde. Man mag sich natürlich fragen, ob eine solche Haltung realistisch ist, denn Indien kann schließlich nicht hoffen, seinen Abermillionen von Menschen ohne die Hilfe moderner Technologie auch nur das Lebensnotwendigste zur Verfügung zu stellen. Aber wenn man unnötige oder verfrühte Bedürfnisse im Gemüt der Menschen weckt, so fügt man ihnen ernsten Schaden zu. Ein gewisses Minimum an materiellen Gütern ist natürlich für das Wohlergehen und die geistige wie spirituelle Weiterentwicklung des Menschen notwendig, aber sie beruhen nicht im geringsten auf den komplizierten Erzeugnissen moderner Wissenschaft. Der Jñāni wird daher gebraucht, um seine Mitmenschen daran zu erinnen, daß sie bei der technologischen Entwicklung eine richtige Wertordnung beachten müssen. Ebenso unnachgiebig wird er gegen den Egoismus der Reichen protestieren, gleich, ob sie Einzelpersonen oder Nationen sind. Er kann nie befürworten, daß jemand sich nur für die Vermehrung seiner eigenen Besitztümer einsetzt, solange seinen weniger privilegierten Brüdern fehlt, was er schon genießt.

In allem, was er tut, hört der Jñāni das *neti-neti* der Upanishaden und Jesu Worte über das einzig Notwendige und darüber, das Reich Gottes und seine Gerechtigkeit vor allem anderen zu ersehen. Seine Sorge um den Bau der irdischen Stadt, die vergehen muß, ist immer bedingt von seiner Erwartung der ewigen Stadt. Sein Interesse an äußeren Dingen wird ihn nie davon ablenken, nach innen auf das eine und einzige Selbst zu schauen.

Wie letztlich die Beziehung zwischen der irdischen Stadt und dem sein wird, was an ihre Stelle zu treten bestimmt ist, ist eine berechtigte Frage. Wird sie in bloße Ruinen zerfallen, auf denen etwas völlig Neues errichtet werden wird? Wird sie in Herrlichkeit verwandelt werden? Wir wissen es nicht, aber es scheint, als käme es zu einem Wechsel der Ebene, einem radikalen Bruch, vergleichbar dem Sprung von der physischen Ebene zu der des Verstandes und Bewußtseins, oder vom rein begrifflichen Wissen zum spirituellen Bewußtsein und der Erfahrung des Selbst. Shankara versichert in seinem Kommentar der *Brahmasutras* (1, 1) ganz nachdrücklich, daß keine verdienstvolle Arbeit, kein noch so intensives Studium oder Nachdenken zur Erfahrung des Selbst führen kann, die allein Erlösung bringt. Ebenso lehrt der christliche Glaube, daß die letzte Gnade der Beständigkeit, die den Zustand eines Menschen in der Ewigkeit festlegt, ein völlig freies Geschenk ist.

Dies bedeutet keineswegs, daß man seine Hände falten und nichts tun sollte, solange man auf Erden ist. Die Lehre des Evangeliums weist dies energisch zurück, zum Beispiel in dem oft zitierten Gleichnis vom Jüngsten Gericht oder im Gleichnis vom Diener, der sein Talent in der Erde vergrub. Die Gita ist genauso deutlich: der Mensch kann nicht existieren, ohne tätig zu sein; dies ist das Gesetz seines Seins. Nicht das Tätigsein steht im Gegensatz zur Erlösung, sondern der Egoismus und die persönlichen Motive (das Verhaftetsein), mit denen die Arbeit ausgeführt wird. Arbeit sollte deshalb einfach getan werden, um Gott zu gefallen und seinem Willen zu gehorchen, ohne irgendeinen persönlichen Lohn direkt in dieser Welt oder weit entfernt in einer anderen zu suchen. Obwohl diese Lehre der Gita in ganz anderen Begriffen vorgetragen wird als denen des Evangeliums, ist sie letzten Endes nicht so weit entfernt von dem Prinzip, daß man alles aus Liebe zu Gott und den Mitmenschen tun solle.

So erlaubt der Jñāni, daß der Geist ihn innerlich dazu führt, in die Welt der menschlichen Tätigkeit einzutreten. Er zieht sich nicht zurück, noch verweigert er die Zusammenarbeit, sondern läßt sich voll in Gottes »Spiel« (*lilā*) ein. Er sorgt sich nicht um das Morgen; das wird seinen Lauf nehmen, wie Gott es will. »Beim Bau der irdischen Stadt arbeitet er mit heroischem Einsatz und bis an die Grenze seiner Leistungsfähigkeit. Seine Sorge darum ist genauso echt wie die der Menschen, die nicht an eine göttliche Erneuerung der Welt glauben; und doch ist er zugleich überzeugt, daß es nicht die zweidimensionalen Pläne des Menschen oder seine vergänglichen Konstruktionen sind, die am Ende zählen.«[60] Seine Arbeit in der erschaffenen Welt ist ganz eins mit dem, was der Geist tut, weil auch das Vergängliche in Gottes Augen einen ewigen Wert hat.

Um der Liebe willen

Arbeit, die im Geiste getan wird, wird aus Liebe getan. Letztlich arbeitet der Jñāni um seiner Mitmenschen willen an deren Seite an der Verbesserung der Lebensbedingungen in der Welt. Es wird oft gesagt, wahre Nächstenliebe sei nicht ganz mit den Prinzipien des Vedānta vereinbar. Man muß zugeben, daß Nächstenliebe als solche in den heiligen Schriften der Hindus kaum jemals direkt empfohlen wird, und daß man vergeblich nach etwas Ähnlichem wie dem »Neuen Gebot« des Evangeliums suchen würde. Auch das buddhistische Mitgefühl ist nicht dasselbe wie die christliche tätige Nächstenliebe. Aber die bewundernswerten Beispiele aufopferungsvollen Dienstes, denen man im modernen Indien oft begegnet, können nicht einfach als indirekte Ergebnisse der Predigt des Evangeliums gewertet werden. Unbestritten hat das Evangelium als kraftvolle Mahnung gewirkt, als Katalysator oder wie ein lebensspendender Regenschauer auf die Erde. Aber es ist nicht in ein Vakuum gekommen, und der Regen ist auf Boden gefallen, der schon fruchtbar war. Hingebungsvoller Dienst an der Menschheit war in der Hindu-Traditition keineswegs vergessen worden.

Es ist kaum nötig, auf die vielen erstaunlichen Geschichten zu verweisen, die man in alten Quellen finden kann. Die Upanishaden selbst enthalten Prinzipien, die der Haltung des Dienens zugrundeliegen. Wer z.B. alles im Selbst (Atman) und das Selbst in allem sieht, schreckt nach der Isā Upanishad vor nichts zurück und läuft vor nichts fort. Es ist ihm unmöglich, die »Manifestation« des Atman, des einzigartigen Selbst in seinem Körper und Geist, höher zu bewerten als die Manifestation desselben einzigartigen Selbst im Körper und Geist irgendeines anderen. Im Licht des Selbst kann er sich nicht als getrennt von anderen erfahren, oder sich auch nur so vorstellen. Sein Bewußtsein von sich selbst als einem besonderen denkenden und wahrnehmenden Einzelwesen ist vollkommen durchdrungen vom Bewußtsein des Selbst als etwas Ungetrenntem und Unbedingtem. Wenn er jemanden liebt, ist es in Wirklichkeit das Selbst allein, das er liebt – zweifellos sein Selbst, aber unendlich viel mehr als sich selbst[61]. Überhaupt nichts in der Schöpfung steht außerhalb seiner Liebe, denn die jedem Menschen angeborene Selbstliebe ist für ihn Liebe zum Selbst geworden, Liebe zu allen im einzigartigen Selbst. Dies ist eine absolut reine Liebe, in die keine Spur von Egoismus eindringen kann. Sie ist zugegebenermaßen nicht identisch mit dem Prinzip des Evangeliums, den Nächsten wie sich selbst zu lieben, da alles Gefühl der Anderheit transzendiert wurde; aber kommt es nicht auf dasselbe hinaus? Der Christ sollte sich erinnern, daß der Gegenstand seiner Liebe in jedem Menschen, den er liebt, niemand anders als Christus selbst ist. Und zudem ist es Christus allein, der in ihm liebt, wenn er liebt. Wahre Liebe ist das Mysterium des Geistes selbst, der im Herzen Gottes und in den Herzen der Menschen ein und derselbe ist[62].

Der wahre Jñāni ist dann ein hervorragender Liebender, und alle, die solch einem Jñāni begegnet sind, werden das bestätigen. Gleich, mit welcher Philosophie er seine Lebenseinstellung formuliert, die Taten des Jñāni, der Ausdruck seiner Augen, seine Rücksicht auf jeden Einzelnen, alles spricht beredt von der Liebe, die sein Herz erfüllt. Er ist vollkommen durchlässig für den Geist; nichts in ihm behindert die Bewegung des Geistes; aus seinem Herzen fließt der Geist zu jedem Herzen. Ebenso wie der Geist selbst ist der Jñāni nichts als Liebe. Er ist allen Menschen alles. Für sich selbst verlangt und erwartet er nichts, denn alles was zu ihm kommt, geht durch ihn zu Gott in ihm.

8

Das Bild Gottes

Die Himmel waren nicht nach dem Bild Gottes geschaffen, noch
die Sonne, noch die Sterne. Du allein bist ein Ebenbild des
Seins, das über allem Denken ist, du bist der unzerstörbaren Schönheit ähnlich und ein Spiegelbild des wahren Lichts. Wenn du in das
Licht schaust, wirst du in dasselbe verwandelt, denn seine Helligkeit
leuchtet in dir, sie spiegelt sich in deiner Reinheit ...Wer das Auge
seiner Seele gereinigt hat, gewahrt in seiner eigenen Schönheit das
Abbbild der göttlichen Natur ...Er verdient, gesegnet genannt zu
werden, denn wenn er seine eigene Schönheit anblickt, sieht er in ihr
das Urbild selbst...
Indem wir unseren Geist durch die Lehre von den Tugenden gründlich reinigen, poliert Gott den Stein und gibt ihm eine glänzende
Oberfläche, das heißt, er formt das Bild der Tugend selbst, nämlich
das Bild Christi, in dessen Bild wir erschaffen wurden und zu dem
wir wieder werden müssen.
Gregor von Nyssa

Der Mensch ist nach dem Bilde Gottes erschaffen. Das ist eine der
grundlegenden Lehren der Bibel aus dem ersten Kapitel der Genesis.
Obwohl sie in erster Linie eine Botschaft über den Menschen selbst
vermittelt und ihn auf seine herausragende Stellung in der Schöpfung
aufmerksam machen soll, lehrt sie ihn auch etwas über Gott. Wenn
der Mensch wirklich nach dem Bilde Gottes erschaffen ist, dann wird
ihn die Erkenntnis seiner selbst, wie er wirklich ist, in die Lage ver-

setzen, wenigstens etwas vom Mysterium dessen zu entdecken, dessen Ebenbild er ist. Die Schönheit seines Leibes und der Adel seines Geistes sind letztlich nichts als ein Abbild der unerschaffenen Schönheit und des unerschaffenen Lichts. Seine Fähigkeiten, seine Organe, selbst die Gestalt seines Körpers – sie alle sind auf gewisse Weise eine Ikone des Schöpfers; und deshalb ist der Mensch wohlberaten, sich selbst anzuschauen und dann in der Stille des Gebets das göttliche Bild in sich selbst zu betrachten und zu bewundern. Aber so wertvoll solch eine Meditation auch ist, der Mensch ist weit wahrhafter berufen, in die tiefsten Winkel seiner Seele einzudringen und dort das Bild seines Gottes zu finden; denn dort in seinen Tiefen wird er zugleich sein eigenes Geheimnis und das seines Schöpfers und Vaters erkennen.

Das Thema des Bildes war eine große Inspiration für die frühen Kirchenväter. Besonders Gregor von Nyssa hielt es für ein wirksames Mittel zur Verchristlichung der Intuitionen Plotins. Auch heute ist die Theologie der Ostkirche sich dessen noch sehr bewußt und gewinnt daraus große Erleuchtung.

Auch außerhalb der biblischen Offenbarung hatte der Mensch bereits durch Vernunft und spirituelle Intuition einen Blick auf diese Wahrheit geworfen. Philosophen in Griechenland wie in Indien machten Gebrauch von ihr. Aber die menschliche Intelligenz konnte das Mysterium des Bildes nicht wirklich verstehen und assimilieren, solange der Geist es dem Menschen nicht direkt offenbart hatte. In Indien war das Bild nichts als eine flüchtige Spiegelung des Göttlichen ohne wirkliche Beständigkeit, wie ein Lichtstrahl, der dazu bestimmt ist, zuletzt wieder in der Quelle absorbiert zu werden, aus der er kam. In Griechenland war es eine Idee, *eidos*, die nur der Welt der Begriffe angehörte. Außerdem mißbrauchte der Mensch das ihm gegebene Wissen und machte sich, wie Paulus sagte, zu oft seine eigenen Vorstellungen von Gott aus Ideen, die sein Verstand geboren, und aus Idolen, die seine Händen geformt hatten. Ihm fehlten der gesunde Menschenverstand und die Demut, schweigend vor dem Mysterium zu stehen, sich dem Geist zu öffnen und einfach dem Abbild der göttlichen Herrlichkeit zu dienen, die ihm in seinem Herzen, seinem

Verstand, seinem Körper und sogar in Naturgegenständen und Naturkräften gegenwärtig war. Außerdem konnte in diesen partiellen Reflexen, die der Mensch im Spiegel der Schöpfung wahrnahm, keine endgültige Wahrheit liegen. So großartig sie auf den ersten Blick zu sein schienen, so schnell liefen sie Gefahr, zu irreführenden Symbolen zu werden, die ihn absolut nicht zur Wirklichkeit selbst führen konnten. Welcher wirkliche Sinn konnte darin liegen, vom »Bild« des Einen zu sprechen, der seinem Wesen nach über aller Gestalt ist? Und wenn man Gottes wahre Natur nicht falsch darstellen will, dann kann nur Gott selbst Gottes »Bild« sein. Wenn man irgendetwas anderes als Bild Gottes nimmt, wird dessen wahre Natur verdunkelt und geht verloren – und das ist Götzendienst in grober oder subtiler Form. Wenn der Mensch dagegen Gott tatsächlich in der Mitte seines eigenen Wesens und in der Mitte aller Wesen entdeckt, dann ist ganz von selbst kein Bild mehr da, es löst sich einfach auf. Denn weder im *Menschen* selbst, noch sonst irgendwo gibt es einen Ort, an dem er seine eigene Individualität oder die Wirklichkeit der Schöpfung bewahren könnte, wenn er sie einmal im Licht der göttlichen Herrlichkeit erblickt hat.

Das ewige Bild

Die Worte der Genesis und die Intuitionen der Weisen konnten vom Menschen erst voll verstanden werden, als der Geist ihnen den Zugang zu dem Geheimnis gewährte, daß das wahre Bild Gottes nur im Herzen Gottes selbst zu finden ist. Nur das göttliche konsubstantielle Wort, das vom Vater in der Einheit von Majestät und Heiligkeit ausgeht, spiegelt die Herrlichkeit Gottes wider und trägt das Siegel seines Wesens (Hebräer 1, 3).
 In diesem ewigen Bild und als Bild dieses Bildes wurde der Mensch erschaffen. Dies versteht nur richtig, wer vom Geist das Geheimnis

erfahren hat, daß er »von Gott geboren« ist (Johannes 1, 13 u.a.). Der Mensch befindet sich als Ebenbild des Göttlichen nicht in irgendeiner unvorstellbaren Weise außerhalb Gottes. Seine Existenz entspringt aus dem Herzen des Mysteriums der Dreifaltigkeit selbst. Im ewigen Wort ist er ein wahres Wort Gottes. Im ewigen Bild ist er ein echtes Ebenbild Gottes. In Gottes heiligem Sohn ist er selbst heilig. In Gottes Herrlichkeit ist er verherrlicht – ein lebendes Preislied für Gott, eine wahre *Doxo-Logie*[53]. In der Gegenwart des Vaters und des Sohnes füreinander ist er sich selbst der Gegenwart des Vaters in sich bewußt.

Augustinus bemühte seinen ganzen gewaltigen Intellekt in dem Versuch, in den höheren Fähigkeiten des Menschen eine Ähnlichkeit und Analogie zu der dreifachen Beziehung zu entdecken, aus der die Trinität besteht, und damit bereitete er den späteren subtilen Spekulationen der Scholastik den Weg, auf denen die lateinische Theologie noch heute beruht. Und doch scheint es dem ganzen Unternehmen an einer gewissen Kühnheit zu mangeln. Es bewegt sich mehr oder weniger in den Grenzen der alttestamentarischen Vorstellung von Gott als einem fernen Gott, dessen Bild, auch wenn es im Menschen selbst liegt, nicht anders als in einem Spiegel betrachtet werden darf, der in Bezug auf die in ihm gespiegelte Wirklichkeit irgendwie »äußerlich« ist. Sein Standpunkt scheint das bedeutsame Geheimnis, das Jesus seinen Jüngern enthüllte, nicht ganz einbezogen zu haben. Wenn ich das Ebenbild Gottes bin, so bin ich das nicht nur, weil ich in mir gewisse Analogien zu den göttlichen Prozessionen finden kann, sondern in erster Linie, weil der Sohn sich in mir offenbart und in mir lebt, denn die göttliche Zeugung und das göttliche Leben sind bis in meine tiefsten Tiefen wirksam.

Der Aufruf der Schöpfung, zu existieren, ist in den Hervorgang des Sohns einbezogen. Der Aufruf, zu sein, hätte weder im Mysterium des Vaters, des ursprungslosen Ursprungs, des absoluten Anfangs, noch im Mysterium des Geistes, der absoluten Endgültigkeit, des höchsten Gipfels des Seins, entstehen können. Nur im Mysterium der zweiten Person konnte die Offenbarung der göttlichen Barmherzigkeit ihren Ort finden. Die ganze Dreifaltigkeit ist freilich im Mysterium des Sohnes gegenwärtig, aber der Sohn offenbart die Herrlichkeit der Trinität als Ebenbild des Vaters. Der Mensch reflektiert dieselbe Herlichkeit als Ebenbild des Vaters im Sohn. Nur im Sohn erkennt er seine Berufung, »Bild und Ebenbild Gottes« zu sein.

Deshalb war es der Sohn, der inkarniert werden mußte. In Christus, dem inkarnierten Wort, hat die Welt ihr Sein, daher ist die ganze Schöpfung eine Christophanie. Weil sie Christophanie ist, und aus keinem anderen Grund, ist die Welt mit allem, was sie enthält, eine Theophanie, eine Erscheinung Gottes. Sie ist das innerhalb der ewigen Offenbarung der Herrlichkeit, die der Sohn hatte, ehe die Welt war (Johannes 17, 5).

Alle diejenigen, die in Christus berufen sind, prä-existieren in unaussprechlicher Weise seit aller Ewigkeit in der Person des Sohns (Epheser 1, 4). Unsere Berufung ist, an seiner eigenen Herrlichkeit an deren Quelle selbst im Herzen Gottes teilzuhaben. Die Schöpfung ist kein Nachtrag, kein Nachgedanke, nichts sozusagen an Gott Angefügtes, nachdem die Dreifaltigkeit mit der Prozession des Geistes zu vollendetem Ausdruck gekommen war. Es gibt nur einen unteilbaren und einzigartigen göttlichen Akt trinitarischer Ausweitung, in welchem Christus und mit ihm das ganze Universum, sein Pleroma, ins Sein kommt.

Der Vater ist die ursprüngliche Quelle des Bildes Gottes, das der Mensch im Sohne ist – eine Quelle, die sich im innersten Herzen dieses Bildes offenbart. Auch der Geist offenbart sich dort, nicht als Quelle sondern als Vollendung und Erfüllung des Bildes. Der Geist ist überall erkennbar als unwiderstehlicher Aufruf zur endgültigen Vervollkommnung der ganzen Schöpfung in der Einheit Gottes. Seine Gnade ist das kraftvolle »Einatmen« Gottes, das vom Anbeginn der Welt bis zum *eschaton* durch alle Dinge weht, und alles im Himmel und auf der Erde zusammenfaßt. Das Mysterium Gottes kommt im Geist zur endgültigen Vollendung[64]. In ihm erfüllt und vollendet sich das Mysterium des ganzen Christus, Christi in sich selbst und in der ganzen Schöpfung. Der Geist ist nach der Interpretation der alten Kirchenväter und nach dem Vaterunser auch das Reich Gottes[65]. Der Geist füllt alle Dinge (Weisheit Salomos 1, 7), er füllt alles mit sich selbst, denn er ist das *Selbst* Gottes, seine höchste Innerlichkeit und Wahrheit. Jenseits des Geistes ist nichts. Er ist die Fülle und erfüllt alle Dinge[66], damit Gott alles in allem sei (1. Korinther 15, 28). Im Geist also ist Christus – der ganze Christus einschließlich der Kirche, seiner Braut und seines Pleroma – das eine und alleinige ewige Bild des Glanzes und der Herrlichkeit Gottes.

Die Intuition des Saccidānanda

Dieses Bild Gottes in den Tiefen des menschlichen Herzens wurde in Indien *Saccidānanda* [67] genannt.

Die Bezeichnung »Saccidānanda« scheint spontan aus dem Herzen der Seher Indiens aufgestiegen zu sein, als sie versuchten, das Mysterium, das sie jenseits des Denkens intuitiv erfaßten, auf irgendeine Weise zu benennen. Die positive Aufnahme dieses Begriffs in der Tradition beweist zweifellos seine Affinität zur Hinduseele. Auch dies zeigt wiederum: der Geist wartet in Indien darauf, daß der Christ sein Erbrecht an dieser Tradition anmeldet, damit sich ihm das Tor zu seinem geheimsten Wohnsitz weit auftut.

Die Ursprünge des Sanskritbegriffs »Saccidānanda« sind sehr alt. Schon in den Upanishaden findet man seine Frühformen, und viele Jahrhunderte lang galt er im spirituellen Vokabular Indiens als eines der geeignetsten Symbole für das innerste Geheimnis Gottes, jedenfalls soweit der Mensch überhaupt fähig ist, etwas darüber zu stammeln. Aber gleicherweise bezeichnet er das Mysterium der Gegenwart Gottes im innersten Heiligtum des menschlichen Wesens. Gottes Gegenwart in sich selbst und für mich – diese zwei Mysterien lassen sich nicht trennen, da die Gegenwart gleichzeitig zweifach und einzigartig ist, was die indischen Weisen wohl verstanden haben. Gott ist Gast der Seele; oder vielmehr, er macht sich in mir gegenwärtig, damit ich mit ihm vertraut sein kann. Letzten Endes ist seine Gegenwart in mir oder für mich nichts anderes als seine eigene Gegenwart in sich selbst[68].

In meiner eigenen Tiefe, jenseits aller Wahrnehmung, allen Denkens, allen Bewußtseins von Unterschieden, habe ich die fundamentale Intuition meines Seins. Sie ist so rein, daß man sie nicht angemessen beschreiben kann. Genau hier begegne ich Gott im Mysterium meines eigenen Seins und des seinen. Dies ist das *sat*[69], über das die Seher der Upanishaden meditierten. Was kann ich letzten Endes über mich aussagen, außer daß »ich bin«, woran uns die Erfahrung des jugendlichen Ramana Maharshi mit Macht erinnert? Ebenso kann ich wahrhaft über Gott einfach nur dagen, daß »Er ist«. Das ist es, was Moses auf dem Berg Horeb offenbart wurde, und ebenso haben es auch die Rishis intuitiv erkannt:

> *Nur wenn man sagt › Er ist!‹ -*
>
> *wie sonst könnte man ihn erfassen?*

> (Katha Upanishad 6, 12)

»Er ist« – weiter kann nichts über ihn gesagt werden. Er ist einfach, weil er ist. Wenn mein Bewußtsein rein genug ist, um ein vollkommenes Spiegelbild abzugeben, dann offenbart sich in mir geheimnisvoll und unbeschreiblich reines Sein, *sat*, in seiner absoluten Einfachheit; es enthüllt sich mir nicht nur, sondern es hebt mich auch empor in seine eigene Einfachheit und Absolutheit. Es läßt mich erkennen, daß mein eigentliches Wesen und meine Existenz nichts anderes sind als sein eigenes Wesen und seine Existenz. Und doch bleibt dieses *sat*, obwohl es die tiefste Wahrheit jedes Geschöpfs ist, unendlich weit jenseits eines jeden Geschöpfs. Nichts kann es umfassen. Es bleibt immer außerhalb der Reichweite jedes Versuchs, es zu definieren oder darüber zu denken und zu sprechen. In seiner Immanenz selbst ist es unendlich transzendent.

Sat ist auch *satyam*, Wahrheit, weil das Sein und das Wahre identisch sind. Wahrheit ist das Enthüllen (vgl. griechisch *a-letheia*) des Seins, des Wirklichen, in sich selbst wie auch in mir. Im *sat* bin auch ich wirklich und wahr, wirklich mit seiner Wirklichkeit und wahr mit seiner Wahrheit, denn was könnte getrennt von ihm existieren? Es gibt keine Wahrheit oder Wirklichkeit außerhalb seiner.

Ich bin, und ich weiß, daß ich bin. Das ist das ganze Mysterium des menschlichen Bewußtseins, des *cit*[70] der hinduistischen Tradition. Von Anfang an enthielt die Natur in sich die Möglichkeit dieser Selbst-Bewußtheit, die als verborgene Kraft daran wirkte, den kosmischen Entwicklungsprozeß voranzutreiben. Im Menschen kam das Universum schließlich zur Selbst-Bewußtheit, zum Bewußtsein des Selbst von sich selbst, in dem allein *sat* in sich selbst leuchtend und strahlend wird (wenn man so sagen darf). Das bedeutet nicht, daß *sat* im gewöhnlichen Sinn des Wortes seiner selbst bewußt wäre. Weder Plotin noch die Seher der Upanishaden würden uns erlauben, dies zu behaupten; aber man kann nicht bestreiten, daß es ein Mysterium des »Überwissens« gibt, einer reinen Selbst-Bewußtheit (»einer einfachen Intuition im Hinblick auf sich selbst«, wie Plotin sagt[71] einer Bewußtheit von nichts anderem als *cit*. Dies ist die Selbstoffenbarung des *sat* im innersten Zentrum des Geistes, welche immer unerfaßbarer wird, immer unbeschreiblicher für die Sprache und immer unfaßlicher für den Verstand, je klarer sie sich offenbart.

Im Spiegel der reinen Bewußtheit meiner selbst entdecke ich das Mysterium des *cit* in sich selbst. Das ist die nichtreflektierte Gegenwart des Selbst für sich selbst, das Licht, das von keiner Quelle abhängt, sondern in seinem eigenen Strahlen leuchtet und mit seinem Leuchten alle Dinge zum Leuchten bringt:

Dort scheint nicht Sonne, noch Mond noch Sterne …

Ihm, dem Leuchtenden, leuchtet alles nach:

Von Seinem Licht ist dieses All erleuchtet!

(Mundaka Upanishad 2, 2, 11)

Es ist reine Bewußtheit, die sich selbst erhält, ohne einen Gegenstand, der sie tragen oder unterstützen würde. Sie ist wie ein Kristall, der immer nur sich selbst spiegelt. Sie ist Quell und Entstehungsort allen Bewußtseins und zugleich die Vollendung und das letzte Ziel aller Erkenntnis.

Die Taittiriya Upanishad bevorzugt anstatt *cit* den Begriff *jñāna* (Weisheit, Erkenntnis, *gnosis*):

Wer Brahman kennt als Wahrheit (satyam), Erkenntnis (jñāna),

Unendlichkeit (anantam),

verborgen in der Höhle (guhā) des Herzens

und im höchsten Himmel, erlangt alle Wünsche ...(2, 1)

Wessen Verstand in der griechischen oder hebräischen Tradition geformt wurde, dem erscheint der Begriff »Weisheit« sicherlich aussagekräftiger als *cit*. Aber man sollte sich nicht von seinen oberflächlichen Konnotationen irreführen lassen, sondern in den Kern seiner transzendenten Bedeutungen eindringen.

Die Bewußtheit, die in meiner Tiefe leuchtet, ist nichts, das ich mein Eigen nennen und als persönlichen Besitz behandeln könnte. Denn das würde sofort wieder einen Dualismus herbeiführen, und das wäre das Ende dieser reinen und unaussprechlichen Bewußtheit. Wer könnte *sat*, das Sein, besitzen? Wer könnte die innere Selbstmanifestation des *sat* »besitzen«, welche *cit* ist, das Selbst-Gewahrsein des *sat*? Sein, *sat*, ist einfach; es »hat« nichts und es kann von nichts »besessen« werden. *Sat* und *cit*, Sein und Gewahrsein des Seins, können füreinander nicht »andere« sein; ihre Beziehung ist nicht weiter reduzierbar, sie ist nicht-dual, *advaita*. *Cit*, das Bewußtsein, daß ich bin, ist kein Attribut des *sat*; es ist *sat* selbst. Im Gewahrsein seiner selbst des Seins, bin ich meiner selbst gewahr, bin ich meiner selbst bewußt; hier bin ich, und ich weiß, daß ich bin.

Wesenhafte Glückseligkeit

Für Gregor von Nyssa ist der Maßstab der Heiligkeit des Menschen das Maß, in dem er Gott ähnlich ist. Glückseligkeit ist dazu da, Zugang zum Urbild zu bekommen, indem man das Bild im Spiegel eines reinen Herzens erblickt.

So dient die Glückseligkeit auch für die Seher Indiens dazu, zum letzten Geheimnis des Selbst zu gelangen, zu dem Punkt, an dem der Mensch wieder zu seinem Ursprung zurückkehrt und dort seine eigene letzte Wahrheit entdeckt. Wenn man die Erfahrung reiner Selbst-Bewußtheit intensiv genug gemacht hat, dann ist es, als würde eine unaussprechliche Empfindung von Vollendung, Frieden, Freude und Fülle das ganze Sein überfluten, der *ānanda* der Hindutradititon. Jeder Wunsch und jedes Bedürfnis werden befriedigt – mehr als das: sie werden sowohl erfüllt als auch transzendiert. An diesem Punkt vergißt der Mensch seine existentielle Angst, seinen Schrecken vor dem Nicht-Sein, der Quelle aller seiner Ängste und Befürchtungen. Alle innere Disharmonie kommt zur Ruhe in der transzendenten Einheit des Seins und seines Selbst-Gewahrseins.

Es ist eine Ganzheit, die zugleich Unendlichkeit ist – *ānanda* ist auch *an-anta* (unendlich), wie man es vor dem Aufkommen des Begriffs Saccidānanda ausgedrückt hat[72]. Glückseligkeit und Fülle können in der Tat nur unendlich sein. Nur das ist wahre Freude, wahrer Frieden, völliges Glück, was vom Vergehen der Zeit nicht beeinträchtigt werden kann und in sich selbst ohne Ende ist. Wenn ich in der Tiefe meiner Selbst-Bewußtheit zum Wirklichen erwache, sind alle Grenzen, aller Tod, sogar die Zeit für immer transzendiert. Ich bin für immer in meiner eigenen Mitte gegründet, in der Mitte aller Dinge, im *ānanda* des *cit* und des *sat*, in der vollkommenen Glückseligkeit des Seins und seiner Selbst-Bewußtheit.

Es ist ebenso unmöglich, von *ānanda*, der unendlichen Glückseligkeit, die in der eigentlichen Quelle meines Wesens entspringt, zu sagen, sie sei »mein«, wie das vom Sein (*sat*) oder der Bewußtheit des

Seins (*cit*) gesagt werden kann. Dies würde wieder Dualität bedeuten und würde die Glückseligkeit zufort zum Verschwinden bringen. *Ananda* übersteigt womöglich die Fassungskraft der Sinne und des Denkens noch weiter als *sat* und *cit*. Ich weiß vielleicht, daß die Glückseligkeit da ist, aber wenn ich sie anschaue, ist sie bereits verschwunden. Jedem, der versucht, sich ihr zu nähern, entgleitet sie schweigend. Der Verstand erkennt sie erst, wenn sie nicht mehr da ist[73]. Aber was sie im Augenblick des Verschwindens zurückläßt, ist wie ein alldurchdringendes und doch unbeschreibliches Parfüm, ein Duft, der allem anderen den Geschmack nimmt. Nur indem ich alles hinter mir lasse, was ich mein Eigen nennen kann, ist es mir möglich, den Geschmack meiner äußersten Tiefe zu kosten – obwohl nicht ich es bin, der kostet. Dies ist die Glückseligkeit, einfach zu sein; und ich bin diese Seligkeit, dieser *ānanda,* weil ich *bin.* Glückseligkeit ist nichts, das ich ergreifen könnte, um es mir anzueignen. Wenn ich versuche, es mir anzueignen, zerstöre ich sein unendliches Wesen. Es kann mir nur gelingen, ein begrenztes Glück festzuhalten, das sich an meiner Fähigkeit des Fühlens und Denkens bemißt. *Ananda* selbst, der letzte Ausdruck von *cit* und *sat,* übersteigt jedes Maß. Es zieht mich unwiderstehlich in seine eigene Unendlichkeit, in mein tiefstes Zentrum, ins eigentliche Herz des Seins und seines Gewahrseins seiner selbst.

In den letzten zwei Abschnitten der Taittiriya Upanishad wird der Versuch unternommen, das Mysterium des Aufstiegs der Seele zu jenem Punkt zu beschreiben, wo sie sich schließlich selbst findet. Die Meditation beginnt mit dem Körper, jener Kombination materieller Elemente, die ihre Nahrung aus dem physischen Universum zieht und in dessen endlosem Lauf mitgetragen wird. Dies ist die erste Manifestation des Atman, des Selbst, an der, wie die Chāndogya Upanishad (8, 7-8) sagt, die *Asuras* stehenbleiben und für alle Zeiten Sklaven der physischen Genüsse bleiben. Der Schüler fährt jedoch still damit fort, gläubig über diese aus Nahrung bestehende »Hülle« (*kosha*) oder äußere Haut des Selbst zu meditieren; aber bald erkennt er, daß er auf diesem Weg nicht zur Wahrheit gelangt. Der Guru sagt ihm dann: »Brahman ist das Leben, ist der Atem, *prāna;* meditiere über *prāna*!« – das ist der Atem des Lebens, den Gott nach den Worten der Genesis Adam bei der Schöpfung in die Nase einhauchte. Aber auch wenn der Schüler über *prāna* meditiert, merkt er bald, daß er selbst nicht dieser Atem ist, den Mensch und Tier gemeinsam haben, und der zum Zeitpunkt des Todes vergeht (Prediger Salomo 3, 19). Ebenso ist es mit seiner psychischen Natur (*manas*) und seinem Intellekt (*vijñāna*), auf die ihn der Guru der Reihe nach verweist; auch sie können das letzte Geheimnis des Selbst, des Atman und des Brahman nicht enthüllen. Und dann kommt er zur letzten Hülle des Selbst, die aus *ānanda* besteht. Sie allein ist Fülle, sie ist das, »aus dem alles geboren wurde, durch das alles lebt und in dem alles zu seiner Vollendung kommt« *(Taittiriya Upanishad 3, 6). Ananda* ist die letzte Wahrheit des Seins, sein innerstes Wesen und seine vollständige Offenbarung.

Der Meister versucht dann, seinen Schüler zur Erkenntnis der unbeschreiblichen Natur und Unendlichkeit dieses *ānanda* zu führen. Er fordert ihn auf, sich die größte Freude auszumalen, die der Mensch sich vorstellen oder ersehnen kann. »Diese Freude«, sagt ihm der Guru, »ist nur ein hundertstel der Glückseligkeit, die die *gandharvas* (himmlische Geistwesen) erfahren.« Die Seligkeit der *gandharvas* wird ihrerseits von der der Heiligen um das Hundertfache übertroffen. Jenseits der Seligkeit der Heiligen und sie wiederum ums Hundertfache übertreffend ist die der *devas*. Jenseits dieser ist die Seligkeit Indras, und jenseits dieser die Seligkeit Brihaspatis, des Priesters Indras. Endlich, und alle Seligkeiten übersteigend, gibt es eine Glückseligkeit, von deren wunderbarer Art keine andere Freude auch nur die geringste Ahnung vermitteln kann – und das ist die Glückseligkeit Brahmans, der wesenhafte *ānanda* des Seins. Darin liegt das letzte Geheimnis des Menschen, das er entdeckt, wenn er schließlich seiner selbst bewußt wird.

In meiner innersten Mitte, im geheimsten Spiegel meines Herzens, habe ich versucht, das Bild dessen zu entdecken, dessen Ebenbild ich bin, der im unendlichen Raum (*ākāsha*) meines Herzens lebt und herrscht. Aber das Abbild ist langsam verblaßt, und bald war es vom

Strahlen des Urbilds verschluckt. Stufe um Stufe stieg ich hinab in das, was mir als aufeinanderfolgende Tiefen meines wahren Selbst erschien – mein Sein, mein Bewußtsein, und meine Freude am Sein. Endlich war nichts geblieben als er selbst, der Einzige, der unendliche Alleinige, Sein, Bewußtsein und Glückseligkeit, Saccidānanda. Im Herzen des Saccidānanda war ich zu meiner Quelle zurückgekehrt. »*Tat tvam asi*«, »Du bist Das!«[74], waren die letzten Worte, die ich hörte, bevor ich in den Schlummer des Seins fiel, bevor ich »mich legte und schlief ...« (Psalm 3, 5).

Er schaute auf das Bild

in sich selbst;

aber das Bild löste sich auf

im Selbst;

nichts blieb von meinem Schauen –

als das Geschaute ...

9

Im Herzen der Trinität

Die Nacht ist vorgerückt, der Tag ist nahe.
Die Stunde ist gekommen, aufzustehen vom Schlaf.

(Römer 13, 12, 11)

Ich gehe hin, ihn aufzuwecken.

(Johannes 11, 11)

Wach auf, du Schläfer,
und steh auf von den Toten,
und Christus wird dein Licht sein.

(Epheser 5, 14)

Die von der Hindutradititon übermittelte Erfahrung des Saccidā̄-
nanda gehört unzweifelbar zu den erhabensten Höhen der Spiritualität, nach denen der Mensch streben kann. Wenn man sie jedoch
im Licht der christlichen Erfahrung der Dreifaltigkeit betrachtet,
kann sie den Eindruck erwecken, als sei sie im wesentlichen moni-
stisch und würde in ununterbrochenem Schweigen enden. Dasselbe
gilt für das OM oder *prānava*, das ihr vollkommenes Symbol ist[75].

Wenn alle Fähigkeiten des Menschen zu einem Stillstand kommen
und sogar das Denken aufhört, gleitet er in eine Art Tod. Dessen
Zeichen ist der schweigende vierte Teil des OM, in dem jeder wahr-
nehmbare Laut vergangen ist. Aber was dem Menschen wie die Stille
des Todes vorkommt, ist kein wirklicher Tod. Auch wenn es im
gewissen Sinn eine Leere ist, ist es zugleich eine Fülle. In dieser schwei-
genden Reglosigkeit mag es jedoch schwer sein, irgendwelches Leben
zu entdecken; und für den Christen hat sich Gott in der Bibel als
»lebendiger Gott« offenbart – zuerst im Alten Testament, in dem er
sich unablässig um den Menschen besorgt und im Gespräch mit ihm
zeigte, und dann indem Jesus sein inneres Geheimnis als unendlichen
Überfluß und Austausch von Leben und Liebe offenbarte. Im Gegensatz dazu ist das OM »enstatisch« und scheint alle Dinge in ein
ewiges Schweigen zu ziehen, in eine Stille, die für immer in sich selbst
abgeschlossen ist.

Österliches Erwachen

Aber das Sein ist seinem Wesen nach ein Aufruf zu leben; in seiner
inneren Stille ist es eine aufsteigende Energie!
Wenn der Christ aus der advaitischen Erfahrung und aus dem scheinbaren Schlaf erwacht, in dem alles Bewußtsein seiner selbst sich in
der überwältigenden Bewußtheit des Saccidānanda aufgelöst hatte,

findet er sich wie in innerer Betrachtung des Saccidānanda, und zugleich entdeckt er sich selbst und alle Dinge wieder. Bisher hatte er versucht, ins Mysterium von Sein, Bewußtsein und Glückseligkeit wie von außen einzudringen, aber das Mysterium trotzte ihm wie eine diamantene Mauer. Er befand sich in einem Dilemma: entweder klammerte er sich an einen unmöglichen Dualismus, in dem er sich selbst als einen »anderen« dachte; oder er erlebte die unbegreifliche aber unvermeidbare Nicht-Dualität, und dann löste sich sein individuelles Selbst auf und er verlor sich in einer scheinbaren Einschmelzung seiner Identität. Das bedeutete, daß er nur in einen tiefen Schlaf, *sushupti*[76], sinken konnte, in dem er überhaupt kein Bewußtsein von irgendetwas mehr hatte: »Ich lege mich nieder und schlafe ein ...« (*ego dormivi et soporatus sum ...*), wie es in der geheimnisvollen Vision des Psalmisten heißt (3, 6).

Der Psalmist prophezeihte aber auch ein Erwachen aus diesem Schlaf: »..ich wache wieder auf, denn der Herr beschützt mich« (*et exsurrexi quia Dominus suscepit me*).[77]

Nur Gott ist wirklich fähig, den Menschen aus seinem Schlaf zu erwecken. Er tut dies durch sein Wort, welches das Nichts ins Sein (Römer 4, 17) und die Toten mit dem mächtigen »Beben« ins Leben ruft (Johannes 5, 25; 11, 43), das die Geburt einer neuen Schöpfung anzeigt. Haggäus 2, 6-7; vgl. Matthäus 28, 2. Dieses Erwachen findet jedoch im Herzen des Saccidānanda selbst statt, das seine Quelle ist. Die Himmel, hinter denen sich Gott bislang zu verbergen schien, die Schleier der Leere und des Nichtwissens, die den Menschen umhüllten, der die unmittelbare Erfahrung des Absoluten hatte, sie werden dann endlich weit aufgerissen (Markus 1, 10; Lukas 3, 21) – wie es bei der Taufe Christi geschah, und wieder bei seiner Verklärung, und zuletzt und für immer in der Herrlichkeit seiner Himmelfahrt. Der Erwählte des Herrn schreitet dann weiter von Tiefe zu Tiefe, von Mitte zu Mitte ins Mysterium des Seins, in das Geheimnis, das er selbst ist, denn in diesem unermeßlichen Abgrund gibt es keine tiefste Ebene. Gregor von Nyssa bezeichnet dieses Weitergezogenwerden der Seele als *»epektasis«* und sagt von ihr, sie werde ohne Ende durch eine Ewigkeit von Zeitaltern fortdauern: »Wer aufsteigt, macht nie halt, wenn er in einer endlosen Folge von Anfängen von einem Anfang zum nächsten schreitet.«[78] Aber er ist zu einem wirklichen Fortschreiten von Innerlichkeit zu Innerlichkeit aufgerufen. Aus dem Schoß des Seins selbst wird er das Sein und die Wahrheit, die Weisheit und das Wort betrachten. Er wird in einer unaussprechlichen *Bewußtheit* der *Glückseligkeit* des Geistes sehen was er ist – *sat-cit-ānanda*.

Die »Höhle des Herzens«, in der er nun lebt, ist die eigene Heimstatt des Sohns. Als Sohn selbst empfängt er im Sohn ein ganz neues Geschenk reiner Gnade – die christliche Erfahrung des Saccidānanda. Im Wiederaufstieg des Auferstandenen erwacht er zu sich und findet sich wieder. Er lebt mit dem Leben des Herrn und hat teil an dessen Glückseligkeit[79].

Diese überwältigende Bewußtheit ist anders als alles, was er sich im entferntesten hätte vorstellen können, bevor ihn der große Schlaf umfing und in seine Tiefen forttrug. Der Schlaf war selbst eine notwendige Voraussetzung für sein Erwachen, und er war voll großer Verheißung, wie der Schlaf Adams, aus dem Eva entstand, und wie der Schlaf Christi am Kreuz, aus dem die Kirche geboren wurde – beides Sinnbilder des Mysteriums des Vaters selbst, in dem das Sein zu sich selbst erwachte.

Da nun der christliche Jñāni ins Herz des Saccidānanda eingedrungen ist und die Gleichheit seiner Natur mit Gott[80] erfährt, enthüllt ihm der Geist der Weisheit die letzten Geheimnisse. Er weiß nun:

- daß das Sein, sat, sich an seiner eigenen Quelle auftut, um in Ewigkeit den Sohn und mit ihm Tausende von Geschöpfen hervorzubringen, von denen ein jedes die unendliche Liebe und Gnade Gottes auf seine eigene Weise auf immer offenbaren und preisen wird;

- daß das Sein seinem Wesen nach »Mit-Sein«, Kommunion, Koinonia ist, das freie Geschenk des Selbst und die gegenseitige Kommunikation der Liebe;

- daß Selbst-Bewußtheit, *cit*, nur entsteht, wo gegenseitiges Geben und Empfangen ist, denn das *Ich* erwacht nur in einem *Du* zu sich selbst;

- daß die höchste und äußerste Glückseligkeit, *ānanda*, nur deshalb Fülle und vollkommene Erfüllung ist, weil sie die Frucht der Liebe ist, denn das Sein *ist* Liebe. Es kann keine einsame Glückseligkeit geben, ebensowenig wie ein einsames Sein oder eine einsame Selbst-Bewußtheit. Es gibt keine Freude und kein Sein außer in der Kommunikation, im Geben und Empfangen.

Dies alles sind nicht nur intellektuelle Erkenntnisse des Jñāni; er lebt von ihnen, er lebt sie, er ist sie. Im Herzen des Saccidānanda gibt es keine Uneinigkeit, nichts wird dem Ganzen vorenthalten oder vor ihm verborgen.

Aber während der Jñāni im Herzen des Saccidānanda weilt, ist er noch nicht »wie ein Wassertropfen im Ozean« verschlungen worden, um einen etwas überstrapazierten Vergleich zu zitieren. Der Reichtum des Saccidānanda besteht gerade in der Kommunikation seines Reichtums; seine Herrlichkeit ist die Kommunikation seiner Herrlichkeit. Diese Herrlichkeit ist jedem gegeben und wird auch von jedem gegeben. Gerade dieses Geben und Empfangen macht jeden Auserwählten Gottes zu einem persönlichen Zentrum in dem einen Zentrum des Saccidānanda und erlaubt ihm, sich selbst im grenzenlosen Ozean von Sein, Bewußtsein und Glückseligkeit zu erkennen. Er weiß sich selbst als einen Empfangenden, der vom Vater im Sohn und vom Sohn im Geist in der Ewigkeit und in jedem Augenblick der Zeit empfängt. Und wiederum ist er in der Ewigkeit wie in jedem Augenblick der Zeit der Gebende, der sich selbst allen zurückgibt und darin im Geist zum Vater zurückkehrt.

Der Jñāni ist das Annehmen der Gabe Gottes – des Gottes, der ihn in seiner unendlichen Freiheit aus dem Nichts gezogen und in seiner unendlichen Gnade von Sünde und Tod erlöst hat. Indem er Gottes Geschenk des Seins und der Vergebung annimmt, wird er selbst seinerseits zum Geschenk an Gott, wird er seinem Gott vollkommen verfügbar. In jeder Faser seines Seins und bis in den Kern seines Wesens ist er ganz Kommunion – Kommunion mit dem Vater, dem Sohn und dem Geist, Kommunion mit jedem Geschöpf Gottes. In der Unterscheidung, die ihm erlaubt, mit dem einzigen Sohn in Kommunion zu stehen, ist er zugleich der Sohn, der die liebende Anrede hört: »Du bist mein geliebter Sohn.« In der Unterscheidung, durch die er mit seinen Mitmenschen in Kommunion tritt, repräsentiert er die ganze Welt in ihrem Verlangen, das Antlitz des Herrn zu erblikken, und er repräsentiert die ganze Kirche, die Koinonia der Liebe, die in ihm zu ihrer letzten Vollendung und Fülle in der *parousia* strebt. In der Unterscheidung, die ihn im Sohn Gott von Angesicht zu Angesicht gegenüberstellt, ruht er still im Herzen des Vaters in der Nicht-Dualität des Geistes.

Der Vater und der Sohn

Wenn die christliche Erfahrung der Dreifaltigkeit dem Menschen neue Bedeutungsperspektiven in der Intuition des Saccidānanda eröffnet, so ist es ebenso richtig, daß die Begriffe *sat, cit* und *ānanda* dem Christen ihrerseits in seiner eigenen Meditation über das zentrale Mysterium seines Glaubens sehr hilfreich sind. Keine einzige theologischen Terminologie kann je all das ausdrücken, was das Evangelium uns über Gott als Vater, Sohn und Heiligen Geist offenbart hat. Ebenso wie das Judentum und der Hellenismus ihren Beitrag geleistet haben, ist daher zu erwarten, daß die göttliche Vorbereitung Indiens ihrerseits dazu dienen wird, die Gläubigen in eine neue Tiefe der Kontemplation des Mysteriums zu führen. Insbesondere wird die Intuition des Saccidānanda eine Hilfe dabei sein, ins Mysterium des Geistes einzudringen, das sich nach dem Evangelium des Johannes vorwiegend auf die Gegenwart Gottes in den Herzen der Menschen bezieht. Und wenn irgendjemand mit der persönlichen Erfahrung des Vedānta zum Evangelium kommt, kann man mit Sicherheit sagen, daß die Worte des Evangeliums der Intuition, die er bereits von Saccidānanda hatte, ein tiefes Echo entlocken werden; und daß diese vorherige Erfahrung wunderbare Harmonien in seinem neuen Glauben an die heilige Dreifaltigkeit zum Klingen bringen wird. Dies liegt daran, daß alle Dinge das Werk des einen Geistes sind, der das Erwachen und die Auferstehung dieses Menschen vorbereitet hat, seit er sich vor langer Zeit zum erstenmal den Herzen der Rishis als unendliche Gegenwart offenbarte.

Es geht hier nicht um theologisches Theoretisieren oder akademische Vergleiche zwischen den Begriffen der christlichen Offenbarung und den Formulierungen, mit denen Indien seine eigene einzigartige mystische Erfahrung ausgedrückt hat. Vielmehr geht es um ein Erwachen, eine Bewußtheit weit jenseits der Reichweite des Intellekts, eine Erfahrung, die aus den tiefsten Winkeln der Seele hervorbricht.

Die Erfahrung des Saccidānanda trägt die Seele über alles bloß intellektuelle Wissen hinaus in ihre eigene Mitte, zur Quelle ihres Seins. Nur dort kann sie das Wort vernehmen, das in der ungeteilten Einheit – dem Advaita – des Saccidānanda das Mysterium der drei göttlichen Personen offenbart: in *sat* den Vater, den absoluten Anfang und die Quelle des Seins; in *cit* den Sohn, das göttliche Wort, das Wissen des Vaters von sich selbst; in *ānanda* den Geist der Liebe, Fülle und unendlichen Glückseligkeit.

In *sat* wird der Christ dann insbesondere das Mysterium der Ersten Person, des Vaters, verehren. Der Vater ist in sich selbst ursprungsloses Sein, die nicht offenbarte Quelle, aus der alle Selbstoffenbarung hervorgeht. Aber wenn der Vater allein betrachtet wird, muß die Verehrung auf ewig schweigend bleiben. Denn in sich selbst ist der Vater derjenige, der noch nicht gesprochen hat, der seinem Wesen nach nicht offenbart und unbekannt ist. Er ist der Abgrund der Stille. Das Wort allein macht ihn bekannt, und nur im Wort, seinem Sohn, ist er auch seiner selbst bewußt.

Aus dem *sat*, dem bloßen Sein – *san-mātra*, wie es der Vedānta nennt – geht *cit* hervor. *Cit* ist das Seiner-Selbst- Bewußt-Sein des *sat*, seine Selbst-Bewußtheit, sein Sich- Aufschließen zu sich selbst. Johannes sagt über das Wort, daß es »am Anfang« war. Über *sat*, den Vater, können überhaupt keine Aussagen gemacht werden, die ihn irgendwo in Zeit oder Ewigkeit einordnen würden. Der Vater ist absolut

Ursprung und Quelle. Die Quelle ist nicht der Wasserlauf, der aus ihm entspringt, und doch weiß man von der Quelle nur durch diesen fließenden Bach. Was ist also die Quelle in sich selbst, die reine Quelle? Was ist Sein, *sat*, in sich selbst? Was ist der Vater?

Cit ist das Erwachen des Seins zu sich selbst, sein In-Sich-Selbst-Zur-Erscheinung-Kommen. Es ist nicht nur ein Aspekt oder ein Modus des Brahman, des Absoluten. In christlicher Sicht ist es ein wirklicher Hervorgang, eine wirkliche Geburt, zuerst in der Ewigkeit und dann in der Zeit. Der Sohn ist das konsubstantielle Wort, durch das der Vater sich in sich selbst ausdrückt. Und in diesem Wort, durch das der Vater sich in seiner eigenen Selbst-Bewußtheit und dem Seiner-Selbst-Gewahrsein im Sohn ausdrückt, ist alles, was existiert, entstanden.

Im Herzen jedes denkenden Wesens, jedes Bewußtseins, das zu sich selbst erwacht, leuchtet die ewige Gegenwart und macht sich selbst bekannt – das Licht, das jedes erwachende Bewußtsein in der Welt erleuchtet (vgl. Johannes 1, 9).

Die Seher in alter Zeit hatten eine intuitive Erkenntnis dieser ganz reinen Selbst-Bewußtheit, die an der eigentlichen Quelle ihres Seins ebenso wie am äußersten Horizont ihre Denkens lag, eine Intuition dessen, was unfehlbar der Fassungskraft der *devas* – d. h. des menschlichen Intellekts und Willens (vgl. *Kena Upanishad* 3) – entgeht. Was sie auf diese Weise undeutlich erkannten (vgl. 1. Korinther 13, 12), entdeckt der Christ durch den Glauben im ewigen Anblick des Sohnes. Da er in seinem tiefsten Selbst wahrhaft das Ebenbild Gottes ist, erkennt er sich selbst im Sohn, der die Herrlichkeit des Vaters vollkommen widerspiegelt.

Es gibt nur *eine* Gegenwart – so sagen die Seher, die tief über die Wahrheit nachgedacht haben. Es ist das Seiner- Selbst-Gewahrsein des Selbst, und das ist überall, wo es sich manifestiert, sich selbst gleich. Für den christlichen Glauben gibt es nur einen göttlich und ewig gezeugten Sohn. Jesus ist der einzige Sohn des Vaters, so wie er – auf einer anderen Ebene, die auf die erste hindeutet – das einzige Kind der Maria ist. Indem er seinen Sohn anblickt, sieht der Vater alle Dinge; indem er ihn liebt, liebt er alles. In der Freude, die ihm der Sohn bereitet, erfreut sich der Vater aller Dinge und findet sie

»gut, sehr gut« (Genesis 1, 10; 31). Ebenso sieht jeder »Seher« Gottes den Vater nur durch die Augen des Sohnes; jeder Gottliebende liebt ihn in der Liebe des Sohnes; jeder Verehrer verherrlicht den Vater durch den Lobpreis seines Sohnes. Was nicht durch den Sohn geht, *ist* in Wirklichkeit *nicht;* es gehört in den Bereich des Unwirklichen, *a-sat,* die Sphäre des sinnlosen Chaos.

In der Menschenwelt gibt es zahllose Gesichter, die den Sohn widerspiegeln. Und doch sind sie alle eins, wie es auch der Sohn ist. *Cit* ist seinem Wesen nach nicht-dual, *a- dvaita*. Das mag unseren Verstand verwirren, aber wir haben kein Recht, die Worte Christi ihrer Bedeutung zu entleeren: was immer jemand für irgendeinen der Brüder Jesu tut oder zu tun versäumt, das tut er für Jesus selbst, oder er versäumt, es für ihn zu tun (vgl. Matthäus 25, 35 ff). Der Apostel Paulus wurde nach einer Erfahrung[81], die ihn bis ins Herz traf und sein Leben verwandelte, zum einzigartig befähigten Zeugen und unermüdlichen Prediger dieser Wahrheit. In Ewigkeit betrachtet der Vater allein den Sohn, an dem er Wohlgefallen hat. Jeder der Auserwählten ist durch Gnade die Offenbarung des ewigen Erwachens des Vaters zu sich selbst im Sohn.

Für den Christen, den der Geist zur wahren Bewußtheit seiner selbst geführt hat, ist der Sohn alles und in allen (Kolosser 3, 11). Überall ruht der Blick des Vaters auf dem Sohn, und ebenso ruht der Blick des Sohnes auf dem Vater; überall gibt es nur die Offenbarung Gottes für sich selbst und in sich selbst innerhalb der heiligen Dreifaltigkeit der Personen. Deshalb kann kein Mensch für einen anderen ein Fremder sein. Wie der Vater in mir zu sich erwacht und in mir seinen einzigen Sohn betrachtet, so tut er es in allen meinen Brüdern und Schwestern, wie bescheiden und unbedeutend sie auch scheinen mögen. Mit jedem Menschen habe ich Kommunion in der geheimnisvollen *circumincessio* (wechselseitigen Durchdringung) und *circuminsessio* (Koinhärenz)[82], die das Charakteristikum des einen ungeteilten Lebens der Heiligen Dreifaltigkeit ist.

Das Sein verwirklicht sich nur in seiner Selbst- Bewußtheit, *sat* durch *cit,* der Vater durch den Sohn. Die Selbst-Bewußtheit wird nur im

Sein selbst erlangt, *cit* nur im *sat*, der Sohn nur im Vater. Nur der Vater kennt den Sohn, und wer vom Vater geführt zum Sohn kommt (Johannes 6, 44); und niemand kennt den Vater, nur der Sohn und der, dem es der Sohn offenbaren will (Matthäus 11, 27). Aber gerade um den Vater zu offenbaren, ist der Sohn in die Welt gekommen und wohnte unter uns (Johannes 1, 14), lebte als Mensch unter Menschen, voller Gnade und Wahrheit.

Im Land Israel wurde das Wort Jahves von den Propheten gehört, die es ihrem Volk treu vermittelten. Die Gelehrten und Weisen Israels meditierten ihrerseits über das Geheimnis der göttlichen Weisheit, die das Universum ordnet. So bereitete Gott sein auserwähltes Volk auf die krönende Offenbarung des Sohnes vor, der ewig »im Herzen des Vaters« lebt, der das Wort ist, durch das er die Welt erschuf, und die Weisheit, durch die er sie lenkt.

Indien wurde vom Geist auf eine noch innerlichere Weise vorbereitet, damit es dasselbe Wort höre, wenn die Zeit dafür erfüllt ist. Er führte Indien tief ins Mysterium des Seins, in jene Selbst-Bewußtheit, in der das Sein zu sich selbst erwacht, an den Punkt, wo alles Denken zunichte wird. Aber das ist der Ort, wo derjenige, der als des Vaters Seiner-Selbst-Gewahrsein und Selbst-Bewußtheit im Herzen des Vaters lebt, auf Indien wartet, um ihm zu begegnen.

Im Wort kommt das Schweigen des Seins zur Aussprache. Ohne das Wort bliebe das Schweigen auf immer ungebrochen. Aber wie hätte das Sein für sich selbst auf ewig unmanifestiert bleiben können?

Nur in der Herrlichkeit, die der Sohn ihm zurückgibt, können wir sagen, daß der Vater *ist*.

10

Die Glückseligkeit des Geistes

Sein geheimer Name ist tadvanam, »diese Freude«!

(Kena Upanishad)

Vor deinem Angesicht herrscht Freude in Fülle
zu deiner Rechten Wonne für alle Zeit.

(Psalm 16, 11)

Im Herzen des Seins entdeckten die Rishis *ānanda* als dessen äußerste Innerlichkeit und vollkommene Krönung. Im Herzen des Seins entdeckt der Christ den Geist als die äußerste Innerlichkeit und Vollendung Gottes, denn der Geist ist unendliche Fülle, vollkommener Frieden und höchste Glückseligkeit. Wenn diese Glückseligkeit des Geistes sich im Herzen des Gläubigen offenbart, hat sie nichts

Statisches oder Schwerfälliges an sich; vielmehr ist sie eine unermeßlich starke Energie, denn Gott ist der Lebendige, und der Geist ist die höchste Erscheinungsform seines Lebens. Aber es ist offenbart worden, daß Fülle und Freude nur in der Liebe zu finden sind; daher empfangen wir die Energie des Geistes allein im Geschenk der Liebe, wenn Gottes Liebe in unser innerstes Herz »ausgegossen« wird (Römer 5, 5).

Liebe und die Gegenwart

Uns ist gezeigt worden, daß die Liebe aus dem Herzen der Dreifaltigkeit selbst entspringt. Als solche transzendiert und verwandelt sie den Unterschied, den die Menschen gewöhnlich zwischen Selbstliebe und der Liebe zu anderen, zwischen der Selbsthingabe der Agapé und der Selbstbehauptung des Eros machen. Im Mysterium der göttlichen Kommunion innerhalb der Dreifaltigkeit, ebenso wie im Mysterium der Koinonia unter den Menschen und in der Kirche, gibt es keine echte Liebe zum Selbst, die nicht auch ihrem Wesen nach Liebe zu anderen ist, und keine Liebe zu anderen, die nicht wahre Liebe zum Selbst ist. Im Leben der Menschen wie im Leben Gottes – eine Unterscheidung, die das menschliche Denken aufrechtzuerhalten bemüht ist – erlangt jede »Person« ihre Vollkommenheit und Glückseligkeit in ihrem innersten Selbst gerade dadurch, daß sie sich den anderen nähert. Niemand kann in die Tiefen des eigenen Herzens tauchen oder die dort verborgene Fülle und Glückseligkeit entdekken, wenn er nicht hinausgeht, um anderen Personen zu begegnen, indem er von sich selbst zum anderen »übergeht«. Dieses Hinausgehen und Übergehen leitet sich aus Jesu eigener Erfahrung ab (vgl. 7. Kapitel, S. 139 ff) und ist die innere Dynamik des Lebens der Kirche. Hier finden wir schließlich die Lösung des Gegensatzes zwischen dem Einen und den Vielen, der die griechischen Denker ständig verfolgte, und auch des Gegensatzes zwischen dem *an-eka* und dem *a-dvaita*, dem Nicht-Einen und dem Nicht- Zwei, der die indischen Denker so sehr beschäftigte. Von der Trinität her gesehen ist man sich selbst nie so nah, wie im Herzen eines anderen, niemals sich selbst so verloren und anderen so hingegeben, wie in der innersten Tiefe des eigenen Selbst. Dies ist Jesu Botschaft an die Menschheit, die er in den einfachsten möglichen Worten formulierte, als er uns das Gebot der Liebe gab – jener Liebe, die aus *ānanda* aufsteigt und in *ānanda* zur Vollendung kommt, denn die höchste Glückseligkeit ist der Geist selbst.

Der Geist ist die Glückseligkeit, die uns das Wort offenbart, aus dem alle Freude hervorgeht und das uns in die Fülle dieser Freude zieht. Er ist diese Glückseligkeit, die die Botschaft des Evangeliums in unseren Herzen klingen läßt, wenn das gesprochene Wort in unsere Ohren dringt. Er ist die Glückseligkeit, die unsere Herzen darauf vorbereitet, die Stimme zu hören, die schließlich am Jüngsten Tag Gottes Auserwählte zusammenrufen wird. Er ist die Gelassenheit, die Fülle, die Freude, die das ganze Sein dessen durchdringt, in dem das große Schweigen zu leben begonnen hat.

Als Ergebnis der inneren Erfahrung von *sat* und *cit* beginnt Glückseligkeit uns zu ergreifen, und zugleich bereitet sie den Weg für deren endgültige und vollkommene Manifestation. Es ist wahr, daß *ānanda* aus *cit* und *sat* hervorgeht[83], aber es ist nicht weniger wahr, daß man nur durch *ānanda sat* und *cit* erlangen kann. Denn es sind die oft flüchtigen und sanften, aber manchmal überwältigenden und niederschmetternden »Berührungen« der Seele durch den Geist, die die Seele auf die letzte Offenbarung vorbereiten, daß sie selbst *sat-cit-ānanda* im höchsten und einzigen Saccidānanda ist. Zuerst kommen die »Berührungen« wie kurze Blitze in der Nacht; später erinnern sie an das sanfte, sich verbreitende Leuchten der Morgendämmerung. Sie sind Anzeichen und Vorläufer des vollen Sichtbarwerdens des Selbst im Sonnenaufgang des Seins.

Es ist der Geist, der uns den Sohn offenbart. Aber der Geist ist nicht Wort oder Sprache. Er ist das fast lautlose Flüstern, aus dem Sprechen hervorgeht, die letzte Schwingung der Atmosphäre, mit der sie zu

Ende kommt – in der Sprache der Upanishaden der nasale Nach-klang, in dem das OM auslautet. Wie der Vater ist er Schweigen, das alles zusammenfassende Schweigen als Antwort auf das Schweigen, aus dem alles hervorgeht. Zwischen diesem und jenem Schweigen ist die Stimme, die der aus Schweigen hervorgehende und ins Schweigen zurückkehrende Sohn ist. Niemand kann je die Stimme hören oder in das Schweigen, aus dem sie geboren wurde, eintreten, wenn er sich nicht erst von dem Schweigen hat umhüllen lassen, das aus dieser Stimme hervorgeht.

Der Geist offenbart uns den Sohn, indem er unser ganzes Wesen auf das Wort einstimmt, das der Sohn ist. Der Geist ist die ewige Reso-nanz des *Abba, Vater*, das der Sohn dem Vater durch sein bloßes Sein singt. Der Geist ist das Strahlen der Herrlichkeit, die der Sohn vom Vater empfängt und ihm unaufhörlich wiedergibt. Die Stimme des Sohnes ist keine bloße hörbare Luftschwingung, sondern eine Reso-nanz in der Tiefe unseres Seins, wenn uns bewußt wird, daß wir vom ewigen Vater gezeugt sind.

Das Reich des Sohnes und das Reich des Geistes sind einander nicht entgegengesetzt, auch folgt das eine nicht auf das andere. Es gibt nur ein Reich, das Reich Gottes.

Es gibt nur eine Glückseligkeit, eine Fülle, einen Abgrund: den drei-fachen und doch nur einen des Saccidānanda.

In der Fülle der Glückseligkeit gelangten die indischen Rishis zu den tiefsten Mysterien ihres Seins. Im Mysterium des Geistes kommen christliche Seher in der innersten Tiefe ihres Seins, im Herzen des Saccidānanda selbst, zum Vater. Dieses Geheimnis ist uns vom Geist der Liebe und Weisheit offenbart worden, mit dem der Auferstan-dene unsere innersten Herzen überflutet.

Vom Geiste bewegt

Die Seele erlebt die äußerste Freude nicht nur in der Höhle des Herzens, sondern auch in der unendlichen Vielfalt ihrer Kontakte mit der Menschenwelt und der Natur, deren Teil sie ist. Jeder Augenblick ist ein Sakrament der Ewigkeit; jedes Ereignis ist Zeichen und Sakrament vollkommener Glückseligkeit; denn nichts im Universum kann der in jedem Augenblick der Zeit stattfindenden Umwandlung durch das göttliche *eschaton* – und durch dessen Zeichen in der Eucharistie – entgehen. Im Schmelztiegel des Glaubens und der Liebe werden alle Freuden des Menschen – die größten wie die kleinsten – und auch seine Sorgen in die ewige Freude emporgehoben, in die Glückseligkeit des Seins im Herzen Gottes und in den Herzen seiner Heiligen. Wir dürfen glauben, daß diese wesenhafte Glückseligkeit Jesu Herz selbst dann erfüllte, als er in Todesschmerz am Kreuz schrie. Wir erinnern uns an den Text der Isā Upanishad:

Welche Verwirrung, welches Leid gibt es noch

für den, der so die Einheit schaut?

(Isā Upanishad 7)

Der Mensch besitzt diese Glückseligkeit nicht. Vielmehr besitzt sie ihn. Sie ist wie eine Kraft, ein Energiestrom, den er aus seinen Tiefen aufsteigen fühlt, wie jene ursprüngliche Energie, die in Indien *shakti* genannt wird. Das innerste Zentrum der Seele scheint sich selbst von innen zu öffnen und sich einen Kanal zu bahnen, durch den dieselbe unendliche Kraft schießt, die das Universum zu seiner Vollendung und Vollkommenheit in der *parousia* trägt. Die spirituellen Übungen

159

und Yoga-Methoden Indiens haben alle das Ziel, diese Kraft freizusetzen; alle suchen eine höhere Ebene der Bewußtheit und des Seins zu erreichen, in der diese *shakti* frei wirken und die Seele mit einem unbeschreiblichen Gefühl von Friede, Weite und Glückseligkeit erfüllen kann.

Wir müssen mutig darauf bestehen, daß die ganze Evolution des Kosmos sich auf den Punkt zubewegt, in dem der Mensch die Fülle des Geistes erlangt. Darauf weisen auch alle heiligen Zeichen, die der Herr als Mittel einsetzte, um seine Gnade zu übermitteln. Die Wirkung der Gnade ist nichts Geringeres als dies, zumindest wenn wir Christus beim Wort nehmen. Gott hat alles in der Absicht gefügt, daß der Geist vollen Besitz von den Seelen der Menschen ergreift. Der Bibel zufolge ist der Christ darüber hinausgewachsen, ein bloßer Teil des Universums zu sein und von urwüchsigen Impulsen geleitet zu werden; er wird »von oben her«[84] gelenkt, vom Willen des Geistes, durch den er von neuem geboren wurde (Johannes 3, 3-8). Obwohl er in dieser Welt lebt, transzendiert er sie[85].

Unbestreitbar scheint die Erfahrung des täglichen Lebens in betrüblichem Widerspruch zu diesen großartigen Hoffnungen und Erwartungen zu stehen. Viel zu viele Christen sind nur zu bereit, als unvermeidliche Gegebenheit anzuerkennen, was gleichwohl abnormal ist. Sie berufen sich auf ihre angeborene Schwachheit, auf den immer vorhandenen Einfluß der Sünde Adams auf die Welt, auf die auch jetzt noch niedrige Ebene der Evolution der Menschheit. Und doch sind die Worte Jesu Leben und Wahrheit selbst; sie sind nicht vergebens gesprochen worden, sondern sie bewirken, was sie bedeuten. Außerdem sind die Heiligen lebende Beweise in der Kirche, daß die Versprechungen Gottes eintreffen. Sie beweisen, daß jeder voll vom Geist in Besitz genommen werden kann, der die Tatsache anerkennt, daß er ein Kind Gottes ist. Aber Christus wußte auch um unseren traurigen Kleinglauben (Matthäus 17, 20; vgl. auch Lukas 18,8). Es bleibt eine Tatsache, daß der Frieden und die Freude, die Jesus seinen Jüngern versprach, bevor er sich aus ihrem Gesichtskreis zurückzog, im Herzen eines jeden, der die Gnade empfangen hat, schon jetzt latent vorhanden sind. Aber solange er sich weigert, das

Tor seiner Seele dem Herrn aufzutun, der Einlaß fordert (Offenbarung 3, 20; Lukas 12, 36), bleiben diese Gaben verschlossen und unbeachtet.

Es gibt jedoch weinigstens einige Menschen, die von der Natur und der Gnade so begünstigt wurden, daß diese Glückseligkeit bei ihnen in ihrem ganzen Überschwang in Erscheinung tritt. Aber sie empfangen dieses Privileg immer im Namen ihrer Brüder und Schwestern, damit auch diese daran teilhaben können. Die Glückseligkeit des Geistes dient im wesentlichen der Kommunion. Nach christlichem Glauben ist das Heil nicht für Einzelne allein zu erlangen, sondern nur in der Kommunion aller Menschen. Dies trifft nicht nur für seine vollkommene Erfüllung in der Herrlichkeit zu, sondern auch für alle seine vielfältigen Erscheinungsformen hier auf der Erde. Niemand im Himmel oder auf der Erde ist von der Freude eines jeden Auserwählten Gottes ausgeschlossen. Es gibt keinen privaten Besitz, kein besonderes Privileg der göttlichen Glückseligkeit. Nichts gehört mir, das nicht allen gehört, Nichts gehört irgendeinem meiner Mitmenschen, das nicht ebenso auch mein wäre. Nur wenn ich das Geschenk des Geistes in Agapé und Koinonia mit anderen teile, kann ich es selbst empfangen.

Dies erklärt, warum Gott die Menschen scheinbar so langsam darauf vorbereitet, die Fülle von Gnade und Liebe zu empfangen, und es entkräftet das Ärgernis, daß es bewußte Wesen gibt, die anscheinend unfähig sind, die Fülle des Geistes zu empfangen. Jedes bewußte Wesen wird in Wirklichkeit im kosmischen Strom des *saṃsāra* mitgetragen, und den Einzelnen gelingt es in unterschiedlichem Grade, sich von diesem Einfluß zu befreien und in ihrer eigenen wahren Mitte zum Selbst zu erwachen. Manche scheinen ganz unfähig, dies jemals zu erreichen. Aber im Hinblick auf die Berufung und das Streben aller Menschen, die Glückseligkeit der Erlösung zu erlangen, wird privilegierten Seelen schon jetzt gestattet, deren Geschmack zu kosten. Im Namen der ganzen Menschheit sind sie für die Art und Weise und das Ausmaß verantwortlich, in dem diese Glückseligkeit empfangen wird. Indem sie so im Namen aller *ānanda* empfangen, sind sie dafür im Interesse aller Treuhänder. Unter den so Privilegierten fällt die Hauptverantwortung den erwachten Christen zu – das ist die Bedeutung ihres kosmischen Priestertums; und unter den Christen sollte die größte Verantwortung tragen, wer durch seine Priester- oder Ordensweihe innerhalb der Heiligkeit Gottes einen besonderen Platz hat.

Von denen, die zum Selbst erwacht waren, aber starben, bevor das Licht des Messias über ihnen aufging, kann gesagt werden, daß sie vor allem es sind, deren Gabe sich im Glauben jener erfüllt, die in der Fülle der Zeit geboren sind. In Indien entwickelt die alte Intuition des Saccidānanda ihre volle Erlösungskraft in der Kontemplation der christlichen Seher, die das Erbe der Rishis des Altertums angetreten haben. Wenn die Eucharistie unter den Gipfeln des Himalaya gefeiert wird, dann können wir gleicherweise sagen, daß alle dort dargebrachten alten Liturgien und alle dort geübte Askese in die Verehrung des Vaters »im Geist und in der Wahrheit« aufgenommen sind.

Es gibt nur einen Blick, mit dem der Vater in Liebe auf alle seine Geschöpfe schaut und mit dem sie alle gleicherweise den Vater betrachten, ihn lieben und zu ihm beten. Der Blick des Vaters, sein Blick der Liebe, ist sein ewiger Sohn. Es gibt auch nur eine Freude, in der Vater und Sohn, und im Sohn alle, die mit ihm und durch ihn von Gott geboren sind, ewige Glückseligkeit erfahren. Diese Freude ist der Geist der Liebe, die göttliche Glückseligkeit.

ॐ OM

Die hinduistische Kontemplation des Saccidānanda kommt im geheimen Aussprechen des *prānava* zur Ruhe, der heiligen Silbe OM, die für das ganze Mysterium des Seins steht, für die Bewegung von der Fülle zur Fülle, für das Ruhen der Fülle in der Fülle.

OM. Jenseits ist Fülle, diesseits ist Fülle,

aus Fülle kommt Fülle hervor.

Nimmt man die Fülle aus der Fülle,

so bleibt nichts als Fülle!

(Iśā Upanishad)

Das OM, das nun aus der christlichen Kontemplation des Saccidā-nanda hervorgeht, ist ein erneuertes, noch geheimnisvolleres und heiligeres OM.

Es ist ein OM, dessen Symbolik der drei Elemente, die einen einzigen Laut bilden, bis zu einem gewissen Grad aus sich selbst heraus die Ausweitung des Seins in die Drei und zugleich seine Zusammenfassung ins Eine in der unauflöslichen Einheit der Trinität vorwegzunehmen scheint.[86]

Es ist ein OM, das aus dam Schweigen des Vaters hervorgeht, sich in seiner Tiefe für das Aussprechen des Wortes öffnet und unaussprechlich im Geist endet.

Es ist ein OM, das gleichzeitig die ganze innere Bewegung Gottes auf sich selbst zu und sein ganzes innere Ruhen in sich selbst besingt.

Es ist ein OM, das von der Übertragung der Fülle auf den Sohn und den Geist spricht – und auf alle, die dieses Geschenk im Sohn annehmen – und über die Rückkehr derselben Fülle zum Vater. Es ist ein OM, das in dieser Rückkehr zum Vater identisch ist mit dem *Abba, Vater*, das der Sohn ewig betet und der Geist ewig in den Herzen aller Heiligen flüstert.

Wenn die Seele des Christen sich vom Vater mit *Du* angesprochen hört, und wenn sie den Vater selbst ebenso anspricht, so ist das wie ihre vollendete Resonanz im vedischen OM. Denn ihr OM ist nun nicht mehr nur der fast unhörbare Laut, mit dem der Mensch alles Aussprechen des Namens Gottes abschließt. Sie weiß nun, daß Gott selbst durch sein konsubstantielles Wort aus den stillen Tiefen des Seins zum Menschen spricht, und daß der Mensch in demselben göttlichen Wort zu Gott sprechen und von ihm gehört werden kann. OM ist *sat,* die Morgendämmerung des Seins im Vater. OM ist *cit,* die Selbst-Bewußtheit des Seins, sein Erwachen zu sich selbst im Sohn. OM ist in der dritten Person die Schwingung an der äußersten Schwelle des Klangs, die der Geist in Gott und im Universum ist – symbolisiert durch sein Schweben über den Urwassern während der Schöpfung, durch das sanfte leise Säuseln, das Elias am Berg Horeb hörte (1. Könige 19, 12) und durch die Herabkunft der Taube auf Jesus bei seiner Taufe. Schließlich ist da die ewige Stille, in die das OM des Vaters und des Sohnes einmündet, das selbst von einer Substanz ist.

Jede der Drei Personen spricht das OM für sich aus, und die Drei Personen sprechen es als eine aus. Es ist nicht so, als spräche jede Person nur einen Teil des OM aus; jede spricht es ganz aus, denn jede preist die Drei, und indem sie die Drei preist, preist sie deren unteilbare Einheit.

Auch ich singe das OM. Ich spreche das OM aus, dessen Quelle der Vater ist, das in mir widertönt und das im Geist zum Schweigen kommt. Ich bin wahrhaft auf geheimnisvolle Weise dieses OM, das ich ausspreche; denn ich selbst, dieses Geschöpf, existiere nur im Wort des Vaters, seinem *Fiat,* dem OM, in dem die Schöpfung ins Sein kam. (Genesis 1, 3)

Ich bin das OM, das der Vater durch den Sohn im Geist ausspricht; Gottes unendlicher Flug in sich selbst zu sich selbst.

Ich bin OM und Saccidānanda, gereinigt von ihrem scheinbaren Monismus und ihrer scheinbaren Unbewegtheit, und nun emporgehoben in das wogende Leben des Geistes.

Ich bin das Sein, das Bewußtsein und die Glückseligkeit, welche Gottes eigentliches Mysterium sind, der wahrhafteste Ausdruck seines Seins, und gleichzeitig auch das letzte Geheimnis des meinen.

Ich bin dies in meiner Kommunion mit allem Seienden – denn Sein ist unteilbar – und zugleich in meiner persönlichen Nicht-Kommunizierbarkeit und Einzigartigkeit.

Ich bin dies in der *circumincessio* und *circuminsessio*, der Intersubjektivität aller erschaffenen persönlichen Wesen, und in ihrer Koinonia in Liebe, im Pleroma des Sohnes und in der Kirche.

Schließlich bin ich dies in der *circumincessio* und der *circuminsessio*, der Intersubjektivität der Person des Sohnes mit den Personen des Vaters und des Geistes.

Ich singe dem Vater durch den Sohn im Geist Saccidānanda. Ich singe dem Vater durch den Sohn im Geist die Herrlichkeit des Saccidānanda –

indem ich vom Vater im Sohn durch den Geist

ins Sein gerufen wurde,

in meinem Erwachen zur Herrlichkeit des Sohnes,

indem ich nichts als Herrlichkeit bin

in der Herrlichkeit des Geistes,

im letzten Geheimnis des OM,

das im Vater »Ich« ist,

wenn das Sein im Schoße Gottes entspringt,

und das im Geiste »Selbst« ist,

wenn das göttliche Mysterium in seiner höchsten Erfüllung

ganz innerlich wird.

11

Ein Akt des Glaubens

In jener Nacht des Glückes,

Verhehlt, daß nichts mich kannte,

Noch ich Herr war des Blickes,

Kein Licht mich fürder sandte,

Es sei denn das im eignen Herzen brannte.

Weit leuchtender die Bahnen

Beglänzt es als die Sonn' in Himmelsmitte,

Da ich ihn durfte ahnen,

Der mich erkennt am Schritte,

Der wartend harrt, ob nichts ihn auch erbitte.

Johannes vom Kreuz, Aufstieg zum Karmelberg

(übersetzt von Felix Braun)

Auf den vorhergehenden Seiten wurde der Versuch gemacht, sowohl die hinduistische Erfahrung des Saccidānanda als auch die christliche Gipfelerfahrung des Geistes so transparent wie möglich darzustellen. Dies war eine Forderung einfacher Aufrichtigkeit ebenso wie der Loyalität dem Geist gegenüber, der vom Anfang der Zeit an gemäß seinem eigenen geheimen Plan alles von innen her geordnet hat. Es war auch eine Forderung der Loyalität gegenüber Christus, dem Herrn, dessen österliche Herrlichkeit schließlich alle Dinge in ihrem wahren Licht offenbart hat, so wie die aufgehende Sonne die wahre Gestalt aller Dinge enthüllt, die bis dahin von der Dunkelheit der Nacht verhüllt waren.

Es ist uns wohl bewußt, daß wir einige Leser damit überrascht und vielleicht schockiert haben. Nicht wenige Christen hätten gewiß eine distanzierte theoretische Darstellung der christlichen mystischen Erfahrung und ihrer Entsprechung im Hinduismus vorgezogen, die die Dinge von außen betrachtet; das heißt mit den Augen eines abseits stehenden Beobachters, der jede Einzelheit nach seinen eigenen Normen genau prüft und auswertet, und unwiderruflich alles zurückweist, was nicht mit seinem eigenen theologischen System übereinstimmt. Ein Satz aus der ersten Enzyklika von Papst Paul VI (*Ecclesiam suam*, 3. Teil) ist jedoch unsere beste Garantie dafür, daß wir keinen falschen Weg eingeschlagen haben. Er sagt: »Bevor man spricht« – und wieviel mehr dann, bevor man urteilt – »soll man zuerst mit der größtmöglichen Aufmerksamkeit zuhören« – und das bedeutet, sich gründlich einzustimmen – »nicht nur auf die Worte, die der andere spricht, sondern auf sein Herz.« In unserem Bemühen, ehrlich und fair zu sein, können wir vielleicht manchmal beschuldigt werden, wir seien in unserer Interpretation der mystischen Erfahrung des Hinduismus weiter gegangen, als das vom christlichen Standpunkt aus annehmbar wäre. Das ist eben deshalb so, weil wir versucht haben, auf das »Herz« Indiens zu lauschen. Denn wir erkennen, daß die Wahrheit der grundlegenden Intuitionen des Herzens Indiens in keiner Weise an der Wahrheit der Formulierungen gemessen werden kann, mit denen die Menschen versucht haben sie auszudrücken. Dasselbe muß auch über das Christentum gesagt werden. Die Konfrontation auf einer rein intellektuellen Ebene kann sehr in die Irre führen. Tiefe Erfahrung kann nur vom Herzen erkannt werden, denn nur im Herzen, der »Höhle« der Upanishaden, ist der Mensch wahrhaft er selbst.

Wir sollten nicht annehmen, daß der Geist im Herzen Indiens den Advaita als etwas der christlichen Offenbarung ganz Fremdes entwikkelt hat. Der Advaita ist sogar schon im Evangelium vorhanden. Vgl. *Hindu-Christian Meeting Point*, 6. Kapitel »The Johannine Upanishads«. Aber heute sind die Christen und die Kirche unausweichlich mit der Erfahrung des Advaita konfrontiert, die Indien in so reiner und intensiver Form kennt. Es ist sicherlich ein Aufruf des Geistes an die Christen, der sie daran erinnert, gewissen tieferen Dimensionen des Evangeliums und ihrer eigenen Erfahrung, die vielleicht von der westlichen Kirchentradition nicht genügend erforscht wurden, mehr Aufmerksamkeit zu schenken. Denn die Kirche darf nie aufhören, auf ihre Fülle hin zu wachsen, bis sie »Christus in seiner vollendeten Gestalt darstellt« (Epheser 4, 13).

Aus der jüdischen Synagoge ging die Kirche hervor, und die mediterrane Welt stellte für ihre frühen Jahren eine Wiege zur Verfügung – die erste schützende, aber auch einschränkende Umgebung, in der sie sich zu entwickeln begann. Jetzt ist die Zeit gekommen, »hinauszufahren, wo es tief ist« (Lukas 5, 4), und in Christus die Schätze aller Völker zu sammeln (vgl. Jesaja 60, 4 ff). Nichts kann außerhalb Christi bleiben oder sich seiner Führung entziehen. Alles muß in ihm zusammengefaßt werden, damit alles dem Vater unterworfen werden kann, und somit Gott alles in allem sein kann (1. Korinther 27 f). Teilhard de Chardin nannte dies in seinem sehr überzeugenden, aber höchst individuellen Sprachgebrauch die »Pleromisierung« des Universums, sein Erreichen des »Punktes Omega«.

Jeder Christ hat die Pflicht, zu diesem Prozeß und zum Wachstum der Kirche und des Herrn in ihr beizutragen. Er hat die Pflicht, ins Tiefe hinauszufahren, in die Tiefen des eigenen Herzens zu tauchen und alle Schätze herauszubringen, die der Geist dort verborgen hat. Wenn eine Entschuldigung nötig ist, so ist dies unsere Entschuldigung dafür, daß wir versucht haben, das Wirken des einen Geistes Gottes in Indien und in der Kirche zu verstehen und – vielleicht unbeholfen – zu beschreiben. Dabei haben wir in Indien die letztendliche Fülle der Kirche im Blick.

Die zwei Erfahrungen

Der Christ kann sich nur freuen und Gott danken, daß die vedāntische Erfahrung des Selbst zur trinitarischen Erfahrung des Saccidānanda führt. Aber zugleich kann er die Tatsache nicht übersehen,
daß seine Überzeugung davon allein auf Glauben beruht.
Wie kann der christliche Mystiker beweisen, daß seine trinitarische
Erfahrung des Saccidānanda wirklich über die des Hindu-Jñāni hinausgeht und sie transzendiert? Sobald die Sphäre des Seins oder des
Selbst erreicht ist, werden alle Kategorien, mit denen der Intellekt
bis dahin gearbeitet hat, in Verwirrung gestürzt – d.h. die Begriffe
des Vorher und Nachher, des Hier und Jenseits, des Innen und Außen, alles was man in der Gestalt von Gegensatzpaaren, *dvandva*,
versteht. Überall begegnet er einfach dem *Sein*, dem unteilbaren und
eigenschaftslosen Brahman, wie es die Weisen in der Mundaka Upanishad (2, 2, 11) formulierten:

> *Brahman ist wahrlich dies – Unsterblichkeit;*
>
> *Brahman vorn, Brahman hinten;*
>
> *Brahman zur Rechten, Brahman zur Linken;*
>
> *Brahman oben, Brahman unten;*
>
> *Alles dies – Brahman!*

Wie kann der Christ sicher sein, daß wahr ist, was er in dieser blendenden Intuition des Seins durch die biblische Offenbarung der Dreifaltigkeit über sich selbst und die Welt in Gott entdeckt zu haben
glaubt? Es scheint vielmehr, als sei dies alles ein bloßer Versuch, in
letzter Minute zu retten, was aufzugeben er nicht ertragen kann, wenn
er vor dem endgültigen Sprung in den Abgrund steht, der ihn so
machtvoll anzieht. Das Thema einer »Kommunion des Seins« inner-

halb der unteilbaren Einheit des Seins, des *co-esse* und der Koinonia im Herzen des Advaita, scheint nur eine äußerste – zugleich erhabene und verzweifelte – Anstrengung des menschlichen Intellekts zu sein, dem drohenden Schiffbruch zu entkommen. Der menschliche Verstand scheint einen letzten Versuch zu machen, von seiner Erfahrung der Individualität und Vielfalt zu retten, was zu retten ist, indem er diese Erfahrung in die Tiefen des Seins selbst zurückträgt. Nur die von den frühen Kirchenvätern entworfene großartige trinitarische Theologie scheint geeignet, den menschlichen Intellekt zu befriedigen und ihn vor der Verzweiflung zu retten, die ihn erwartet, wenn er in den Abgrund des Seins starren muß. Aber was ist diese Theologie letzten Endes? Ist sie die höchste Wahrheit, oder ist sie nur die von anderen großen Geistern weiter ausgearbeitete Intuition eines intellektuellen Genies, die aber dennoch unweigerlich auf der Ebene bloßen Denkens, des *eidos* bleiben muß?

Als Sri Ramana von seiner Erfahrung »zurückkehrte« – Rückkehr ist nur metaphorisch zu verstehen, denn in Wirklichkeit ist er nie davon zurückgekehrt; niemand, der diese Erfahrung wahrhaft gemacht hat, kehrt von ihr zurück[87] – sah er, wohin er in der Welt auch blickte, nichts als die Wirklichkeit des Seins, unteilbar und unbegrenzt, *a-khanda, an-anta*. Überall hörte er das OM, das *aham*, das essentielle, einzige *Ich*. Wenn der christliche Mystiker von seiner eigenen Erfahrung »zurückkehrt«, erblickt er überall in der Welt die Zeichen der Gegenwart des trinitarischen Mysteriums. In jedem raschelnden Blatt, in jeder sanften Brise, in jedem Augenblick und jedem Geschehen in der Natur oder der Geschichte hört er das *Du*, in dem das Sein zu sich selbst erwacht, erkennt er das *Abba, Vater*, das der Geist in die Herzen der Auserwählten Gottes flüstert.

Was ist dann dieses OM, das der Einsiedler am Arunachala hörte? Was ist das *Abba, Vater*, das in den Herzen der Jünger Jesu ertönt?

Das OM, oder das *aham* des vollkommen natürlichen oder angeborenen Zustands, *sahaja-sthiti* von dem der Vedānta spricht, hat wenigstens den Vorteil, an der Schwelle des geistigen Prozesses selbst zu liegen. Im Bewußtsein des Menschen liegen sie so nah bei seinem

Erwachen zum Selbst, daß sie keine Zeit dafür lassen, irgendeinen Begriff zu entwickeln oder anzuwenden, der der Reinheit der Intuition ihren Glanz nehmen würde. Im Gegensatz dazu hat das *Abba, Vater* seinen Platz notwendigerweise im Denkprozeß, denn es setzt die Bildung eines Begriffs voraus. Aber in der Bildung seines Begriffs ist der Mensch zwangsläufig von seiner eigenen Erfahrung wie auch von allem mythologischen und ideologischen Material abhängig, das er aus seiner kulturellen Umgebung erhält. Dies ist die Grundstruktur, in der er seine Gedanken webt.

Man könnte daher meinen, das *Abba, Vater* sei bloß der Rückschritt eines Menschen auf die Verstandesebene, der es nicht gewagt oder sich selbst nicht erlaubt hat, im grenzenlosen Ozean des Seins fortgetragen zu werden, obwohl er von der höchsten Erfahrung berührt wurde. Andererseits könnte es eine echte Antwort auf das Eindringen des Geistes ins Herz des Menschen sein, das in der Bibel häufig verheißen wird. In diesem Fall wäre das *Abba, Vater* in seinem Verstand die direkte Spiegelung der Herrlichkeit, die er auf dem »Gipfel« seines Geistes erfahren hat. In dieser Berührung des Geistes und ihrer Spiegelung im *Abba, Vater* hätten wir die Offenbarung und volle Bestätigung des letzten Geheimnisses der Schöpfung, das tiefste Mysterium der Selbst-Bewußtheit des Menschen und letztlich das Leben Gottes selbst. Ohne Hilfe konnte kein Intellekt solch ein Geheimnis verstehen, solange die Offenbarung den Menschen nicht befähigte, es wahrzunehmen, und solange sie ihm nicht die Worte gab, es auszudrücken. Weil diese höchste Offenbarung besagt, daß Sein Kommunion ist, war es natürlich unvermeidbar, daß sie gerade auf dem Weg der Kommunion das menschliche Bewußtsein erreichte und von Mensch zu Mensch, von Gläubigem zu Gläubigem durch die Mitteilung der Worte überliefert wurde, in denen sie aufbewahrt war (vgl. Römer 10, 14 ff).

Es wäre ein Fehler zu vermuten, daß der christlichen Erfahrung des Saccidānanda unbedingt die vedāntische Erfahrung des Saccidānanda vorausgehen müsse, oder daß die trinitarische Erfahrung des Seins nur authentisch sei, wenn sie chronologisch auf die advaitische Erfahrung folgte. Wenn die obigen Ausführungen manchmal diesen

Eindruck erweckt haben sollten, so lag das nur an den Erfordernissen der Analyse. Aber in Wirklichkeit muß der Geist den Menschen, wenn er von ihm Besitz ergreift, diese Erfahrungen nicht nachvollziehen lassen, die historisch zu jenem Punkt in der spirituellen Evolution des Menschen geführt haben, an dem er zum Höchsten erwachte. Der Geist begegnet der Seele in der Tiefe, in die deren persönliche und soziale Vorbereitung sie tatsächlich bereits gebracht haben.

Wenn jemand, der an Christus glaubt, die Bewußtseinsebene erreicht, die der vedantischen Erfahrung entspricht, wird er dennoch nie in der gleichen Weise wie ein Hindu zu ihr kommen, weil sein Glaube ihm verbietet, ihr einen letzten Wert beizumessen. Der in seiner Seele gegenwärtige Geist wird ihn unablässig ermahnen, daß sie ihm noch nicht genügt, genau wie der Seher in den Upanishaden das *neti neti* wiederholt. Diese Erfahrung, oder vielmehr der Zugang zu dieser Erfahrung, kann sehr wohl in der Seele anstatt Zufriedenheit und Glückseligkeit einen neuen und noch quälenderen Durst hervorrufen. Geheim und unwiderstehlich wird der Geist die Seele in größere Tiefen führen. Im selben Augenblick, wenn das Ego, das »Ich« des oberflächlichen Bewußtseins, davorsteht, von dem essentiellen *Aham* überwältigt zu werden, ertönt in der Tiefe des Geistes ein dreifaches *aham*; und aus dem Inneren dieses Mysterium selbst hört die Seele den Aufruf, geführt von der ganz besonderen Liebe, deren einziger Gegenstand sie selbst ist, in das Mysterium einzudringen.

Es wird daher nie möglich sein, die zwei aufeinanderfolgenden Punkte im spirituellen Leben nebeneinanderzustellen, die beide scheinbar letzte Gültigkeit besitzen; den einen, in dem die Seele gemeinsam mit den Sehern Indiens in die Intuition des Brahman, des Einen ohne Zweites, gelangen würde; den anderen, in dem sie sich gemeinsam mit dem auferstandenen Christus im Schoße des Vaters wiederfände. Gott spielt nicht mit uns, und er nimmt seine einmal gegebenen Geschenke nicht mehr zurück. Von dem Moment an, in dem die Taufe den Glaubensakt besiegelt hat, sitzt der Gläubige bereits mit Christus zur Rechten des Vaters und ist mit Christus in der ewigen Herrlichkeit verborgen (Epheser 2, 6; Kolosser 3, 3).

Das Mysterium des Glaubens

Die christliche Erfahrung des Saccidānanda ist ein Mysterium des Glaubens. Es ist von ganz anderer Art als die unmittelbare Erkenntnis des Seins, aus der die Erfahrung des Hindu-Jñāni im wesentlichen besteht.

Die grundlegende Erkenntnis, daß er *ist*, beherrscht das ganze Bewußtsein des Jñāni und transzendiert jede Bewußtheit von besonderen Dinge oder Ereignissen innerhalb oder außerhalb seiner selbst. Der Jñāni bewegt sich daher in aller Freiheit unter zufälligen Dingen. Er nimmt sie einfach an, wie sie sind, wie ein Spieler, der die Spielregeln befolgt, aber sehr wohl weiß, daß es sich nur um ein Spiel handelt, das außerhalb der Übereinkunft, auf der es beruht, keine Wirklichkeit besitzt.

Im Bezug zum alltäglichen Leben ist der Jñāni ein Mensch, in dessen Bewußtsein sich das große Schweigen ausgebreitet hat. Darin ist nichts anderes enthalten als eine einfache Bewußtheit, deren Inhalt nicht spezifischer ist als der des Tiefschlafs, obwohl er mit der Klarheit des Wachzustandes wahrgenommen wird. Auch wenn Ideen und Bilder ständig durch sein Bewußtsein gehen, ist es klar, daß ihre Gewalt über ihn gebrochen ist. Sie sind keine Störfaktoren mehr und haben ihre Macht verloren, seine Aufmerksamkeit auf sich zu ziehen oder sie zur Konzentration auf sich zu zwingen. Dieser Zustand ähnelt dem Traum, aber es ist ein Traum, in dem der Träumende bei klarem Bewußtsein bleibt und genau weiß, daß er träumt – es ist eine Art »wachen Schlafs«. Der Jñāni bewegt sich inmitten alles dessen mit absoluter Freiheit und erfreut sich eines unerschütterlichen Friedens. Die in seiner Seele lodernde Seinserkenntnis hat alle Fesseln zerschnitten, alle Zweifel verbrannt und alle Wünsche aufgehoben[88].

Die Gewißheit des Glaubens ist ganz anders. Sie transzendiert die begriffliche Analyse ebenso weit, wie die Seins-Erfahrung des Jñāni das tut. Im höheren Bereich der Seele gibt es eine Gewißheit; aber immer bleiben dunklere Regionen, in denen der Zweifel, auch wenn er sich nicht durchsetzen kann, ständig vor dem Durchbruch zu stehen scheint, d.h. auf der Ebene der Glaubensinhalte bzw. Überzeugungen[89].

Der Glaube weiß nichts von der unanzweifelbaren Unmittelbarkeit der Erkenntnis, die das Kennzeichen der Erfahrung des Selbst in seiner Fülle ist. Der Glaube hat es mit dem zu tun, was unsichtbar ist (vgl. »als sähe er den Unsichtbaren,« Hebräer 11, 27). Aber obwohl der Glaube im Verstand beheimatet ist, geht er weit über ihn hinaus; und auch wenn der Verstand durch Gnade erleuchtet wurde, kann er nicht das ganze Mysterium des Glaubens erfassen. Auf der neuen Ebene, auf die der Geist ihn gebracht hat, kann der Gläubige nichts tun, als sich einfach diesem das Verstehen überschreitenden Prozeß zu unterwerfen. Die Tiefe des Selbst, zu der er gelangt ist, befindet sich jenseits allen Denkens und aller bloß intellektuellen Erkenntnis. Gerade indem der Glaube auch die äußerste Reichweite des menschlichen Verstandes transzendiert und über alle Symbole und Ausdrucksformen seiner selbst hinausgeht, offenbart er sich in der Reinheit seines Wesens. Dies ist die oben erwähnte wesenhafte »Leere«, in der allein der Mensch offen und fähig ist, das ewige Wort zu hören.

Der Christ muß jedoch die Treue zu seinem transzendenten Glauben in den wechselnden Umständen seines alltäglichen Lebens beweisen. In aller Demut muß er sich in fortwährender Treue zu den Lehren des Herrn üben und alles, was ihm widerfährt, wahrhaft als Gottes Gabe empfangen. Manchmal muß er seinen Gehorsam mit heroischer Stärke beweisen, wenn Gott ihn vor eine äußerste Entscheidung stellt, wie z.B. im Märtyrertum. In der Regel wird der Gehorsam in der Koinonia mit anderen Menschen, insbesondere in der Kirche, praktiziert, deren Zentrum das eucharistische Zeichen der Agapé ist, der brüderlichen Kommunion aller. Es gibt auch einige Menschen, die ihren Gehorsam im Namen aller auf der tiefsten Ebene mystischer Erfahrung leben, jenseits aller Zeichen und Symbole. Das Zeugnis dieser christlichen Mystiker vermittelt uns eine Ahnung von dem Preis, den ihre unmittelbare Begegnung mit dem Wort Gottes verlangt. Nichts auf der Ebene der Zeichen kann mit der Wunde des

»zweischneidigen Schwertes« verglichen werden, das »bis zur Scheidung von Seele und Geist, von Gelenk und Mark« durchdringt (Hebräer 4, 12).

Der Geburtsvorgang ist immer von Schmerz und Tränen begleitet gewesen, wie es für Eva im Garten Eden bestimmt worden war (Genesis 3, 16), und woran Jesus die Jünger erinnerte, als er im Begriff war, »zum Vater zu gehen« (Johannes 16, 21). Selbst seine eigene »Wiedergeburt« zu seiner Gottessohnschaft als der »Erstgeborene der Toten« (Kolosser 1, 18) in der Macht des Geistes und der Herrlichkeit der Auferstehung kam nur durch die furchtbare Qual von Gethsemane und Golgatha zustande. Er mußte das Gefühl aushalten, vom Vater verlassen zu sein, als er den schmerzerfüllten Schrei ausstieß: »Mein Gott, mein Gott, warum ... ?«

Dieser letzte Schrei im Augenblick des Todes eröffnete der Menschheit die tiefsten Geheimnisse im Herzen Jesu und offenbarte zugleich in diesen Tiefen den Abgrund der Liebe des Vaters. Als das vollbracht war, konnte Jesus sein Leben niederlegen; und in seinem Tod erwachte die Menschheit zum Leben.

Das ist der Preis für das Hervorgehen des Seins aus dem Nichts und für die Wiedergeburt des Menschen als Sohn Gottes in der Herrlichkeit des Vaters.

Im Evangelium hat Jesus seinen Jüngern keine Belehrungen über Meditationsmethoden, *dhyāna*, oder über Yogasysteme gegeben. Er gebot ihnen einfach, einander zu lieben.

Das wesentliche Erwachen zum Sein in der Tiefe der Seele ist weder vom Wissen noch von der Willensdisziplin abhängig. Nur Gott kann es herbeiführen. Der einzige Weg dahin ist der Weg der Liebe - Liebe, die den Menschen von den Begrenzungen seines Ego erlöst und in die Arme Gottes und seiner Brüder wirft; - Liebe, die so stark ist wie der Tod (Hoheslied 8, 6), der Tod, der in Gottes weisem Plan der einzige Weg zum Leben ist.

Der einzige Beweis für die Wahrheit seiner Glaubenserfahrung, den der Christ besitzt, ist letzten Endes die Erfahrung Jesu selbst.

Selbst unter dem Einfluß des Geistes geschieht in der Psyche des Menschen nichts, was nicht natürlich durch das Gesetz von Ursache und Wirkung erklärbar wäre. Ganz gleich, wie tief oder verwandelnd das Wirken des Geistes sein mag, es offenbart sich und verbirgt sich gleichzeitig in der normalen Betätigung seiner menschlichen Fähigkeiten. Der Geist wirkt mit einer göttlichen Diskretion, und bedingungslos respektiert er die Freiheit der im Bilde Gottes erschaffenen Wesen. Darüberhinaus wohnt der Geist in der Mitte des menschlichen Herzens selbst. Er treibt den Menschen von innen her, und zwar in so innerlicher Weise, daß dieser die Gegenwart des Geistes in seinen Tiefen nicht unmittelbar wahrzunehmen vermag und nur im Glauben dessen besondere Tätigkeit erkennt. Die Gegenwart des Geistes offenbart sich nur in seinen »Zeichen«, und diese können nur von denjenigen wahrgenommen werden, die den Geist des Herrn besitzen (1. Korinther 2, 16; vgl. Lukas 24, 45).

Der Christ wird sich jedoch nicht auf die »Frucht des Geistes« (Galater 5, 22) berufen, um die Wahrheit und Gültigkeit seiner Erfahrung im Vergleich mit den mystischen Erfahrungen aus anderen religiösen Zusammenhängen zu beweisen. Das in ihm leuchtende Licht ist so rein, daß er sich vor Gott immer als ein Schuldner fühlt, ganz gleich, was er tut oder wie gut er es tut. Was ihn in den Augen der anderen verklärt, ist ihm eine Quelle schmerzlichen Kummers, wenn er sich selbst anschaut. Intellektuelle Argumente erscheinen ihm zu armselig, als daß er auch nur daran dächte, sie zu benutzen, um andere zu überzeugen. Er weiß zu gut, wie wenig der Mensch weiß und wie ungenau er es weiß, und daß alles, was er über Gott zu denken oder zu sagen versucht, unweigerlich von seiner Unwissenheit gekennzeichnet ist.

Wenn jemand den Christen fragt, warum er an die Gültigkeit seiner Erfahrung glaubt, hat er letztlich nur eine Antwort. Sein ganzer Glauben ruht auf der Erfahrung seines Herrn und *Sadguru*[90] Jesus.

Aber es gibt auch noch etwas anderes – das Zeugnis des Geistes, der ihn in den Tiefen seiner Seele zum Mysterium Jesu, des Sohnes, erweckt hat; dies bleibt jedoch ein Geheimnis zwischen ihm und Gott (Offenbarung 2, 17).

Anhang

I

Eine christliche Hymne
an Saccidānanda

ॐ OM

VANDE Saccidānandam
bhogi-lānchita yogi-vānchita carama-padam

Parama purāna parātparam
Pūrnam akhanda parāvaram
trisanga shuddham asanga buddham durvedam

Pitri savitri paramesham ajam
bhava-vriksa bijam abijam
akhila-kāranam īksana-srijana govindam

Anāhata-shabdam anantam

prasūta purusha sumahāntam

pitri-svarūpa cinmayadrūpa sumukundam

Saccidormelana saranam

shubha-svasita ānandaghanam

pāvana javana vānī-vadana jīvana-dam

Übersetzung

ICH VEREHRE SACCIDANANDA -

SEIN, WISSEN, GLÜCKSELIGKEIT

1 verachtet von den weltlich Gesinnten,

ersehnt von den Heiligen,

das höchste Ziel.

2 Der Höchste, der Ewige,

der Eine jenseits aller Grenzen,

ganz nah und doch unerreichbar,

einfach und dreifaltig in sich,

reines Bewußtsein, der Heilige,

wegloses Geheimnis.

3 Vater, Quell alles Seins, alleiniger Herrscher,
Ungeborener, ungesäter Same des Lebensbaums,
Urgrund des Universums,
Schöpfer durch deinen Blick,
alles Schenkender.

4 Unendliches Wort, in Schweigen gesprochen,
des Menschen Sohn, gezeugt, in Herrlichkeit,
Ebenbild des Vaters, lebender Gedanke,
Erlöser.

5 Entsprungen der Vereinigung von Sein und Wissen,
gnädiger Geist, Fülle der Wonne,
Läuternder, zeitlos und frei,
Stimme der Stimme,
Lebensspender.

Anmerkungen

Der Verfasser dieser Hymne war Swami Brahmabandhab UpādhyāP11ya, ein bengalischer Brahmane, der 1861 geboren wurde, 1891 in die Kirche eintrat und 1907 starb.

Nachdem er Christ geworden war, bemühte er sich mit ganzer Kraft, der Kirche in Indien zu helfen, wirklich indisch zu werden und sich von dem europäischen Ballast zu befreien, der schwer auf ihr lastete und, wie er meinte, ihre innere Entwicklung und auch ihren äußeren Einfluß behinderte. Mit diesem Ziel hielt er Vorträge, wo immer er konnte, er gründete eine Zeitschrift (*Sophia*), und vor allem schuf er die Grundlagen für einen christlichen Ashram, in dem das monastische Leben mit den traditionellen Anforderungen des indischen *sannyāsa*, insbesondere was Armut und Selbstverleugnung betraf, in Einklang gebracht werden sollte. Er träumte von einer Theologie und einer »Doxologie« (Liturgie), die den christlichen Glauben mit Hilfe der religiösen Intuitionen der Hindu-Seele in Sanskrit ausdrücken und feiern sollte. Dies würde einer Entwicklung der Kirche den Weg bereiten, die sozusagen natürlicher und authentischer Ausdruck der im Kreuz und in der Auferstehung des Herrn wiedergeborenen indischen Seele wäre. Aber Mißverständnisse und schmerzliche Auseinandersetzungen führten zur Einstellung der Zeitschrift und zur Aufgabe des geplanten Klosters. Der Swami verbrachte seine letzten Jahre – getreu seinem glühenden bengalischen Patriotismus – im Kampf für die Befreiung seines Landes. Er starb am 26. Oktober 1907 in Calcutta in einem britischen Gefängnis[91]. Bis zum Ende seines Lebens blieb er seinem Glauben und seinen Gelübden als christlicher *sannyāsi* treu.

Die Hymne an Saccidānanda wurde 1898 in *Sophia* veröffentlicht[92].

Nachbemerkung: Die Übersetzung strebt größtmögliche Nähe zum Sanskrit-Text an. Oft gelingt es ihr aber nicht, eine genaue Entsprechung des Originals herzustellen, und noch weniger ist es möglich, die Harmonien und Untertöne hervorzurufen, die diese Worte in einer mit der eigenen Tradition vertrauten indischen Seele erwecken. Überdies offenbart der Genius des Sanskrit eine unübertroffene Kunst des Spiels mit der Anordnung von Worten. Jede Zeile und fast jeder Vers dieser Hymne ist weniger eine Folge nebeneinandergestellter Beinamen Gottes, wie es die Übersetzung andeutet, als vielmehr eine Art langen Kompositums, dessen Begriffe durch sehr feine Bedeutungsschattierungen miteinander verbunden sind. Keine Übersetzung kann dies vermitteln. Sie muß zwangsläufig die Verbindungen aufbrechen und somit eine Auswahl unter ihnen treffen. Dadurch verlieren sie ihren vollen Bedeutungsumfang. Die folgenden Anmerkungen sollen bis zu einem gewissen Grade für das Verlorene einen Ausgleich schaffen und dem Leser helfen, den Wert der im Sanskrit-Text enthaltenen Anregungen für Betrachtung und Kontemplation anzuerkennen. Aber diese Anmerkungen sind in keinem Sinne ein Kommentar[93]. Alle sind eingeladen, ihr Gebet an der Quelle selbst zu bereichern, und diese Anmerkungen wollen nur möglichst unaufdringlich Hilfe bieten.

Invokation (Vers 1)

Ich preise Saccidānanda!
Der hier als »das höchste Ziel« übersetzte Ausdruck *carama padam* hätte ebensogut als »Ende des Weges« oder »letzte Heimstätte« übersetzt werden können. Die Stammbedeutung von *pada* ist »Stufe«. *Carama padam* ist also die absolut letzte Stufe, die man ersteigt, wenn man den Fuß auf den »endgültigen Ruheort« setzt. Das erinnert uns daran, was vorher über das OM und Saccidānanda gesagt wurde, über die endgültige Aussage menschlichen Denkens über Gott, unmittelbar vor dem Eintreten in das große Schweigen. *Pada* ist auch »der Weg«, »die Straße«.

Vielleicht noch häufiger hat *pada* die Bedeutung »Heimstatt«, »Rast-platz« (vgl. das Tamilwort *vidu*, Haus, das oft in der Bedeutung von *mukti*, Erlösung, verwendet wird). In den Veden bedeutete *pada* den verborgenen und geheimnnisvollen Ort, auch *guhā*, (Höhle) ge-nannt, der das Versteck und die Quelle aller Schätze war, bevor er sich manifestierte und anschließend geordnet wurde. In den Upanis-haden wird dieser Ort mit der innersten Höhle (*guhā*) des Herzens gleichgesetzt, dem Raum der zugleich der innerste und universalste ist, dem Ort, an dem *ātman-brahman verborgen bleibt, das sowohl Quelle als auch Ziel von allem ist, wie es im zweiten Mundaka* großartig gepriesen wird:

Offenbar und doch verborgen

regt Es sich in der Höhle des Herzens,

*genannt »der höchste Ort« (*pada*).*

In ihm hat alles seinen Bestand,

was sich bewegt und atmet und die Augen öffnet.

Erkenne Ihn als Sein und Nichtsein,

als den Gegenstand der Sehnsucht:

Er, das höchste aller Wesen,

jenseits allem Erkennen.

Das Leuchtende, feiner als das Feinste,

in dem alle Welten enthalten sind und alle ihre Bewohner:

Dieses ist das unvergängliche Brahman

es ist (auch) Atem, Wort und Geist.

Es ist Wahrheit und Unsterblichkeit.

Das ist das Ziel, das zu durchdringen ist.

Ergreife den Bogen der Upanishad, die große Waffe,

und lege den Pfeil an, geschärft durch Meditation,

spanne ihn mit einem Geist, der in Brahman versenkt ist –

Die Silbe OM ist der Bogen, der Pfeil ist das Selbst,

Brahman wird das Ziel genannt.

Ohne Verwirrung sollst du es treffen,

so wie der Pfeil werde eins mit Ihm.

(Mundaka Upanishad 2, 2, 1-4)

In seinem vollen christlichen Sinn kann dieser Ort, in dem alles seinen Ursprung hat und zu seiner Vollendung kommt, nur die Allerheiligste Dreifaltigkeit sein, die Fülle von Sein, Bewußtsein und Glückseligkeit, die Quelle aller Existenz, allen Denkens, allen Glücks. Nur indem wir zu ihr gelangen, werden wir unseren »eigenen Ort«, unsere »wahre Heimstatt« erreichen, wie Ruisbroeck sagte: »Alle vernünftigen Wesen haben eine Hinneigung zum Überwesen Gottes als ihrem eigenen wahren Grund, und sie gelangen dort mit allen ihren vereinten Kräften zur Erfüllung. Denn jeder Geist lebt dort, wenn er zu seinem eigenen Wesen zurückgekehrt ist, in einer wesentlichen und nicht aktiven Weise; und alle Essenzen kommen zur einfachen Essenz Gottes und werden mit ihr als ihrer eigenen besonderen Ursache vereinigt.« Noch geheimnisvoller können wir das *pada* der Veden und Upanishaden als den Schoß des Vaters verstehen.

In gewissen vedischen Hymnen wird dieses *pada* auf die *yoni*, den kosmischen Schoß, bezogen, aus dem z.B. die Sonne an jedem Morgen und bei jeder Wintersonnenwende geboren wird. Dies erscheint als eine entfernte Vorahnung dessen, was der Herr Nikodemus zu erklären versuchte, als er ihm sagte, daß man nur durch das »Wiedergeborenwerden« Erlösung finden könne. Nur indem der Mensch durch Wasser und durch den Geist in den Schoß des Vaters selbst eintritt – die höchste *guhā* und das höchste *pada* – kann er als Sohn in der Herrlichkeit des ewigen Sohnes wiedergeboren werden, und so wiederum im Herzen des Saccidānanda seine persönliche Existenz in Ewigkeit finden – sein wahres Sein, sein wahres Wissen und Bewußtsein, seine einzigartige Glückseligkeit.

In der zweiten Zeile des Sanskrit-Texts fällt uns der Binnenreim *yogi-bhogi* auf. Der Yogi ist ein Entsagender, ein Asket, der das »Joch« (*yuj*) des Herrn angenommen hat und nach Saccidānanda sucht; der *bhogi* ist ein Mensch, der nur an sinnlichen Genuß denkt.

Die ungeteilte Trinität (Vers 2)

Alle Formulierungen in diesem Vers beziehen sich auf Saccidānanda in seiner ungeteilten Einheit.

Er ist der Höchste, *parama* (von der Wurzel *para*, jenseits, die in diesem Vers noch zweimal erscheint).

Er ist der Ewige, *purāna* (wörtlich »der Alte«, vgl. Daniel 7: »einer, der uralt war«).

Er ist der Eine jenseits des Jenseitigen, *parat-para*, der Transzendente. Er ist zugleich der Unnahbare und der Nächste, *parāvara*, der Transzendente und der Immanente, der Nicht- Offenbarte und der Offenbarte, der jenseits von allem und im Herzen aller Dinge ist:

> *Er bewegt sich, er bewegt sich nicht;*
>
> *er ist fern, er ist auch nah;*
>
> *Allem innerlich ist er doch*
>
> *außerhalb von allem da.*

(Isā Upanishad 5)

Zwei Wissenschaften soll man wissen,

wie es die Brahman-Weisen verkünden:

die des Brahman, welches jenseits ist,

und die des Brahman, welches diesseits ist.

(Mundaka Upanishad 1, 1,4)

Diese zweite Art des Wissens ist, wie die Upanishad weiter sagt (1, 1, 5), in den Veden und in den vedischen Hilfswissenschaften enthalten; die erste führt zum Unvergänglichen, zur Erlösung.

Saccidānanda ist vor allem Fülle, *pūrnam*, ungeteilte Fülle, *pūrnam akhandam*. Im Schrifttum der Upanishaden ist *purnam* eins der bedeutsamsten Worte, über das auch die Rishis am häufigsten meditierten.

Die Fülle ist das Unsterbliche,

das Beschränkte ist das Sterbliche.

Wo Fülle des Seins ist, wahrlich, dort ist Freude.

Im Beschränkten ist keine Freude.

(*Chāndogya Upanishad,* 7, 24, 23, wo das Wort *bhūman* verwendet wird, das dier gleiche Bedeutung wie *pūrnam* hat)

Der Anfangsvers der *Isā Upanishad*, mit dem der Schriftenkorpus der Upanishaden beginnt, ist eine Hymne an die Fülle, weshalb die Hindus ihn besonders hochschätzen:

Jenseits ist Fülle, diesseits ist Fülle,

aus Fülle kommt Fülle hervor.

Nimmt man die Fülle aus der Fülle,

so bleibt nichts als Fülle.

Dies kann gut zum Ausgangspunkt einer wunderbaren Meditation über die Heilige Dreifaltigkeit gemacht werden, über Saccidānanda als Fülle von Sein, Wissen und Glückseligkeit in jeder der drei Personen; der Sohn empfängt vom Vater die Fülle, die der Vater ist, und der Geist empfängt die Fülle, die der Vater und der Sohn sind, während die Fülle vollkommen bleibt, auch während sie ausgegossen wird. So wie die zeitlichen »Sendungen« des Sohnes und des Geistes ihren ewigen »Prozessionen« entsprechen, obwohl sie noch geheimnisvoller sind, kann man in diesem Vers über die völlige Selbsthingabe meditieren, die der Vater dem menschgewordenen Sohn (in dem »die ganze Fülle der Gottheit leibhaftig wohnt« – Kolosser 2, 9), auferlegt, und auch über das Geschenk seiner eigenen Herrlichkeit, das der Sohn allen zuteil werden läßt, die an ihn glauben, d.h. der Kirche, die auch »Fülle« ist (Epheser 1, 23).

»Einfach in sich und dreifaltig« ist ein Versuch, *tri- sanga a-sanga* zu übersetzen, was wörtlich »dreifach-bezogen, »unbezogen« bedeutet. *Buddha* wurde durch »reines Bewußtsein« übertragen. Wörtlich bedeutet *buddha* »der Erwachte«, der in der Morgendämmerung der Ewigkeit zu sich selbst und zu seinem Sein erwachte, und der seinem Wesen nach reine Selbst-Bewußtheit ohne eine Spur des reflektierenden Wissens ist, das Plotin so treffend als des Seins selbst unwürdig ansah[94].

Der Vater (Vers 3)

Der Vater (*pitri*) ist der höchste Herr (*parama-is*a). Er ist der Ungeborene (*a-ja*). In den Upanishaden ist *aja* ein gebräuchlicher Beiname des *ātman- brahman*. In unserer Hymne ist es auch mit dem *agennétos* (ungeboren) verwandt, über das die griechischen Kirchenväter intensiv nachgedacht haben.

Savitri widersetzt sich jedem Übersetzungsversuch. Wörtlich bedeutet es den Vorantreibenden, Anspornenden, den »Erzeuger«, den schöpferischen Impuls des Seins, des Lebens und aller Bewegung. Es ist kaum nötig, darauf hinzuweisen, wie angemessen dieser Beiname für den Vater ist.

Savitri – Gott als Quelle aller Energie – wird oft im Symbol der Sonne betrachtet, der universalen »Erzeugerin« und Verteilerin von Energie auf der Erde – und zwar weniger als eigentliche Personifikation, sondern vielmehr als ein Aspekt des Ausfließens göttlicher Energie, deren Zeichen und beeindruckendste Offenbarung in der materiellen Welt die Sonne ist.

Gott wird im Gayatri Mantra, dem wichtigsten Gebet der Brahmanen, das sie ständig wiederholen und über das sie fortwährend meditieren sollen, unter dem Namen Savitri angerufen. Es ist ein sehr alter Vers aus dem Rig-Veda, und er ist nicht weniger geheimnisvoll als die Eingangsrezitation der Isā Upanishad. Wir können versuchen, ihn wie folgt zu übersetzen, wobei wir uns auf den Kommentar in der Maitri Upanishad (6, 7) beziehen:

Savitri, Ziel unserer Sehnsucht!

Laß uns über deinen göttlichen Glanz meditieren!

Möge er unsere Gedanken inspirieren!

Die zweite Zeile des dritten Verses spielt auf den kosmischen Baum an, der in den alten indischen und semitischen Kosmogonien eine so bedeutende Stellung einnimmt:

> *Die Wurzeln oben, die Zweige nach unten,*
>
> *so steht der ewige Feigenbaum …*
>
> *darauf beruhen alle Welten –*
>
> *keiner überschreitet ihn.*

(Katha Upanishad 6, 1)

Die letzte Zeile preist den Vater im besonderen als den Schöpfer, er ist die Ursache aller Dinge. Durch seinen »Blick« erschuf er alles. Hierin haben wir im Umriß eine vollständige Theologie des Universums. Gottes »Blick« bringt alle Dinge ins Sein. Aber dieser »Blick« ist gewiß in erster Linie Gottes Blick auf sich selbst: der Vater, der im Herzen der Dreifaltigkeit den Sohn anschaut.

UpādhyāP1 1ya hatte den Mut, das als »alles Schenkender« übersetzte Wort trotz seiner starken mythologischen Färbung zu übernehmen. In vielen Zweigen indischer Philosophie (besonders in den shivaitischen Schulen von Tamilnadu und Kashmir) wird die Beziehung zwischen den Gläubigen und ihrem Herrn im Symbol der Beziehung zwischen der Herde (*pasu, go*, Rinder) und ihrem Besitzer oder Hirten verbildlicht. *Govinda* bedeutet der »Herr der Herden« (prakrit *go* + *inda*, für *Indra*) oder »der die Herden kennt« (*go* + *vid*). Der Name *Govinda* wird jedoch am häufigsten auf Krishna angewendet.
Krishna symbolisierte als *avatara* oder »Inkarnation« Vishnus die göttliche Eigenschaft, »Herr der Herden« zu sein, in seiner Lieblingsbeschäftigung als Jüngling: die Herden der Dorfbewohner von Vrindavan zu weiden. Die genauere Übersetzung von *Govinda* als »Hirt« (Schäfer) ist hier jedoch weniger angebracht, weil der Verfasser der Hymne den Namen auf die Erste Person der Dreifaltigkeit bezieht.

Der Sohn (Vers 4)

Die erste Zeile bedeutet wörtlich: Klang, der nicht »angeschlagen« wurde, unendlicher Klang. *Anāhata shabda* ist der Klang, der nicht durch das Anschlagen oder Berühren irgendeines Instruments zustandekommt. Es ist das griechische *agenétos*, unerschaffen, ohne Ursache, das Johannes von Damaskus schließlich von *agennétos*, ungeboren, unterschied.

Shabda (Klang, Wort, Stimme), ist genau wie *vāc* (Wort, Ausdruck) ein Begriff, der die Kontemplation der indischen Weisen anregte und fortwährend beschäftigte. Ihre Spekulationen darüber sind wahrhaft unendlich, *ananta* … Es soll genügen, daran zu erinnern, daß jeder Klang, alle Rede, der Sinn jedes Wortes sich auf das transzendente, noch unausgedrückte Wort im Herzen des Seins zurückbeziehen (vgl. oben, *pada*), das dem ursprünglichen Schweigen (dem vedischen *tūsnim*; vgl. das griechische *sigé*) so nahe ist. Das *shabda- brahman*, das »Klang-Brahman«, aus dem alle Namen »gewoben« sind, ist der Urklang, der jedem Klang innewohnt, vor allem jedem Wort oder bedeutungtragenden Ton, und ganz besonders jeder »spirituellen« Rede. Wir haben bereits mehrmals auf das vedische OM verwiesen, den höchsten Mantra, dessen Heiligkeit gerade daherrührt, daß sein »Murmeln« mit dem Klang-Brahman am Ursprung seiner »Evolution« und am Abschluß seiner »Involution« gleichgesetzt wird. Die christlichen Untertöne dieser Begriffe sind unschwer zu erkennen.

Die Zweite Person ist also das Wort. Es ist auch der Sohn, »der sehr große *purusha* von vornehmer Geburt« – *prasūta purusha sumahāntam*.

Purusha wurde mit Bezug auf das in diesem Begriff bei Daniel und in der Apokalypse angedeutete himmlische Mysterium als »Menschensohn« übersetzt.

Purusha bedeutet zunächst »Mensch«, und besonders »Mann«, wie S. Levy es meist in seiner Übersetzung der Gita wiedergibt. Der Begriff hat eine sehr lange, bis in vedische Zeiten zurückreichende Geschichte. Es war ein weiteres Schlüsselwort, das die Rishis bei ihrer Erforschung des Ursprungs von Welt und Leben verwandten, um Licht auf das höchste Ziel menschlichen Lebens zu werfen.

In den vedischen Hymnen ist *purusha* der uranfängliche Mensch, der kosmische Mann, der archetypische Mann, wie wir heute sagen würden. Er ist das himmlische Urbild, dessen umfassende Bedeutung leicht in den Intuitionen des Paulus über den präexistenten Christus (Epheser und Kolosser) entdeckt werden kann. Eine großartige Hymne des Rig-Veda besingt den *purusa* als gewaltiges uranfängliches Opfer, aus dem das Universum entstand. Aus seinem zerteilten und von den Göttern geopferten Leib entstanden die verschiedenen Teile des Kosmos – Sonne, Wind, Nahrung u.s.w… Auch wenn wir den mythologischen Charakter dieser Darstellung erkennen, können wir nicht anders, als uns an das Lamm zu erinnern, das seit Gründung der Welt geschlachtet ist (Offenbarung 13, 8, zumindest nach einer in alter Tradition vertretenen Interpretation). Dessen Opfer, als es am Kreuz vollzogen wurde, gab der Welt ihr im Sündenfall verlorenes Sein und Leben zurück. Wir erinnern uns auch an den »Erstgeborenen der Toten«, von dem im Kolosserbrief (1, 18) die Rede ist.

Nichts ist jenseits von ihm;

nichts ist ohne ihn;

nichts ist feiner als er,

nichts ist älter als er;

Wie ein im Himmel aufragender Baum

steht er allein.

In diesem purusha ist die Fülle,

ist alles, purnam sarvam.

(Mundaka Upanishad 1, 1, 6, Variante)

Pūrnam sarvam entspricht genau dem »*pan to pleroma*«, der »ganzen Fülle« aus dem Kolosserbrief 2, 9!

Dieser Vergleich des *purusha* mit dem kosmischen Baum (vgl. Vers 3) läßt uns ganz natürlich auch an den mystischen Weinstock denken, mit dem der Herr sich verglich. Der kosmische Baum, der hinter den Erzählungen der Genesis und den Gleichnissen des Ezechiel (17 und 31) noch zu ahnen ist, wird schließlich zum Symbol dessen, von dem und durch den Sein und Leben in das ganze Universum ausgegossen werden, an den, in dem »alles lebt« (während er selbst vom Vater, dem »ungesäten Samen«, dem ursprungslosen Ursprung des Lebensbaums, ausgeht; vgl. Vers 3). Im Christus ist die Wirklichkeit aller Bilder. Er ist die Wahrheit, die alle vorhergehenden »Urbilder« dunkel auszudrücken versuchten; er ist das wahre Licht, die wahre Nahrung, das wahre Leben, der wahre Wein, der wahre *purusha*.

In den sogenannten späteren Upanishaden zeigt sich eine Tendenz, das Mysterium des *purusha* und damit der »Person« auch jenseits und sozusagen in einer größeren Tiefe des ātman zu ergründen, aus dem im Prinzip jede Vorstellung einer Person ausgeschlossen war.

Himmlisch und formlos ist der purusha;

er ist außen und innen, ungeboren.

Er ist ohne Atem, ohne Gedanken. Er ist rein.

(Er ist) jenseits des Unvergänglichen,

welches selbst jenseits ist.

Aus ihm entstehen Atem, Denken, Sinne,

Raum, Luft, Licht, Wasser und Erde;

(er ist) der Erhalter des Alls.

(Mundaka Upanishad 2, 1, 2-3)

Höher als die Sinne ist das Denken,

höher als das Denken ist die Wirklichkeit,

jenseits der Wirklichkeit ist der große ātman,

höher als der Große ist das höchste Ungeschaffene.

jenseits des Ungeschaffenen ist der purusha ...

Darüber hinaus ist nichts mehr:

Er ist das Ziel, Er ist der höchste Weg ...

Wer es erfahren hat, wird befreit aus des Todes Rachen.

(zusammengefaßt aus Katha Upanishad 6, 7 f u. 3, 11; 15)

Die dritte Zeile dieses Verses preist den Sohn, das Ebenbild des Vaters, »die wahre Gestalt des Vaters«, dann das Wort, den Gedanken, *cit* (*cinmayarūpa* – in der Form des *cit*), und schließlich den Erlöser. *Sumukunda* ist ein in der Vaishnava Literatur geläufiges Wort. Es bedeutet: der Erlöser, der Geber (*da*) von Befreiung (*muku* für *mukti*).

Der Geist (Vers 5)

Die ersten zwei Zeilen im Sanskrit-Text bilden ein gemeinsames Ganzes, das wörtlich etwa so übersetzt werden könnte: »Substanz der Glückseligkeit, heilige Ausatmung, die aus der Vereinigung von *sat* und *cit* fließt«. Hierin finden wir die traditionelle Theologie des Geistes, des göttlichen Atems, der vom Vater und vom Sohn ausgeht. Aber zusätzlich haben wir hier die Einsicht, zu der uns die Kontemplation über Saccidānanda führt, daß der Geist die göttliche Glückseligkeit ist, so wie er auch Liebe und Geschenk ist.

In der letzten Zeile haben wir dann drei der »Rollen« des Geistes: Er ist der Eine, der läutert, der Eine, der Leben gibt, der Eine, der den Sohn, die Stimme der Stimme, offenbart. Schließlich wird er geheimnisvoll als *javana*, schnell, beschrieben. Hierin kann man eine Reminiszenz an die *Isa* Upanishad (4, 5) erkennen:

Regungslos ist das Eine, schneller als der Gedanke,
die göttliche Kräfte können es nicht einholen,
da es ihnen vorauseilt.
Still steht es und holt doch die anderen Laufenden ein …
Es bewegt sich, es bewegt sich nicht …

Der christliche Kommentar dazu ist im Buch der Weisheit zu finden (7, 22 ff):

In ihr ist ein Geist, gedankenvoll, heilig, einzigartig, mannigfaltig, zart, beweglich, durchdringend, unbefleckt, klar, unverletzlich…
Denn Weisheit ist beweglicher als alle Bewegung;
in ihrer Reinheit durchdringt und erfüllt sie alles.

Einen noch besseren Kommentar finden wir in dem, was Jesus zu Nikodemus über den Geist und die im Geiste Geborenen sagte:

Der Geist (Wind) weht, wo er will;
du hörst sein Brausen,
weißt aber nicht, woher er kommt und wohin er geht.

Wir können nun eine zumindest vorläufige Bilanz der theologischen und spirituellen Schätze ziehen, die eine christliche Meditation über die großen Themen hinduistischer Kontemplation zutage bringen kann. Tatsächlich sind nur wenige dieser Themen hier angesprochen worden. Es gibt viele andere, die darauf warten, daß die christlichen Erben der vedischen Seher neu über sie nachdenken. Dazu wird es aber nicht genügen, Wörterbücher und Konkordanzen zu verfassen. Zuallererst müssen christliche Denker sich diese Stoffe langsam und tiefgehend aneignen, und zwar nicht nur durch spekulative oder auch andächtige Meditation, sondern vielmehr durch das Eindringen in die »Tiefe« an denselben Punkt, von dem sie zuerst in der stillen Schau der Weisen des Altertums aufgestiegenen sind. An diesem »Ort des Herzens« – dem »Ort« (*pada*), der verborgen (*guhā*) und endgültig (*carama*) ist – werden sie mit den christlichen Themen zusammentreffen, die dort bereits durch die Gnade und ihr beständiges Leben mit den heiligen Schriften des Christentums angesammelt wurden. Christliche und vedische Themen werden einander wechselseitig durchdringen, nicht in einer von Menschen gedanklich konstruierten Synthese oder Harmonie, sondern geleitet von der erhabenen Weisheit des Geistes, des Meisters dieser Tiefen und des Offenbarers des transzendeten Wortes, das aus den Tiefen emporsteigt. Die Intuitionen der Upanishaden werden in neuem Licht strahlend hervortreten, aber das Licht, das auf sie fällt, wird aus ihren eigenen Tiefen hervorleuchten; denn wie es auch mit den Intuitionen der alttestamentarischen Propheten geschah, wird ihre eigene Wahrheit und ihre spirituellste und innerlichste Bedeutung sich durch das Wort des Glaubens eröffnen. Und andererseits werden die Wahrheiten des Glaubens zukünftig bereichert und gefestigt von den tieferen Harmonien, die aus den upanishadischen »Abstiegen« in die verborgensten Abgründe der »*guhā*« des Seins und des Selbst freigegeben werden – in »das, was der Herr geruhen wird, durch den Heiligen Geist in seinen nun von ihren Lastern und Sünden gereinigten Dienern zu offenbaren« (*Regel des Hl. Benedikt*).

II

Gedichte von Sri Ramana Maharshi

in freier Übertragung

Der Weg zum Sein[95]

Zieh deinen Geist von allen äußeren Dingen ab,
zu denen deine Sinne ihn verlocken,
und in dir selbst gewahre deine Lichtgestalt:
du wirst die Schau des Seins erlangen.

Laß das Denken zurück, tauche tief an seine Wurzel,
bis alles Denken sich verliert;
das ist der wahre Pfad zum Sein.

Sieh! der Verstand besteht nur aus Gedanken;
Quell allen Denkens ist das Denken an das eigene Ich.

In Wahrheit ist das Gemüt nichts anderes
als dieses Denken an das eigene Ich.

Suche aufmerksam nach dem Ursprungsort des »Ich«,
das du bei jedem Denken mitdenkst –
und du wirst sehen, wie es verschwindet.
In dem Moment jedoch, wenn es sich verliert,
ist in den Tiefen bereits aufgetaucht
das wesenhafte Aham (Ich).

Wenn du im tiefsten Schlummer liegst,
welches »Ich« spricht dein Herz dann aus?
und dennoch bist Du!

Körper, Sinne, Atem, Denken – dies alles
ist bloße Finsternis, Stillstand;
sie haben keinen Anteil am Sein.
Du selbst bist nichts von alledem;
Du bist!

Bedenke: wer erkennt, was ist,
kann er ein anderes Wesen sein?
Sein ist das Bewußtsein des Selbst:
Du bist das!

Wahrhaft, das göttliche Selbst und du, ihr beide seid –
aber das Sein ist eines.
Nur der Verstand denkt einen Unterschied.

Wer jenseits alles Vergänglichen weiß, daß er ist,
eigenschaftslos,
nur der sieht sich selbst:
und indem er sich sieht, sieht er Gott.

In sich gefestigt sein, heißt sich erkennen;
kann denn das Selbst von sich selbst verschieden sein?
Das Selbst ist das Sein.

Jenseits von Wissen und Nichtwissen –
nur dort ist das wahre Wissen,
dort wo es nichts anderes zu wissen gibt.

Ist das wahre Wissen vom Selbst gewonnen,
dann ist da nurmehr Sein,
ohne Ende und Anfang,
unendliche Freude im Gewahrsein des Seins!
SAT-CIT-ANANDA.

Das Geheimnis des Arunāchala[96]

Ich habe etwas Neues entdeckt. Dieser Berg ist ein Magnet. Er fängt jeden ein, der einfach seine Gedanken auf ihn richtet, er zieht ihn zu sich, läßt ihn ganz still stehen wie er selbst da steht, und schließlich verschlingt er ihn. O Menschen, hört das und findet das Leben. Wißt, daß dieser Lebensräuber niemand anders ist als der großartige Arunāchala, der leuchtend im Herzen erstrahlt.

Wie viele Herzen sind schon durch den bloßen Gedanken an diesen erhabenen Berg verwüstet worden? O ihr, die ihr unzufrieden seid mit dem Leben, eurer Leiber überdrüssig, es gibt eine wunderbare Droge auf der Erde, die jeden, der einfach an sie denkt, vergehen läßt ohne ihn zu »töten«: diese Droge – glaubt mir – ist kein anderer als dieser Berg Arunāchala!

Schaut ihn an! Wollt ihr sagen, daß es nur ein Berg ist, ohne Verstand und Gefühl? Seine Wirkensweise ist ganz geheimnisvoll, sie übersteigt menschliches Verstehen. Als ich noch ein Kind war, hat er schon in meinen Träumen als etwas überragend Großes geleuchtet. Zu der Zeit hatte ich ihn noch nicht kennengelernt. Später hat er mich zu sich geführt und mein Denken zum Schweigen gebracht. Ich kam ihm nahe und erkannte, daß er das unbewegte Absolute ist.

»Wer ist es, der sieht?« Als ich in mich selbst ging, um den, der sieht, in der Tiefe meines Seins zu finden, war dort niemand mehr. Kein Gedanke kam auf, der gesagt hätte »Ich habe gesehen«. Welcher andere Gedanke hätte entstehen können, der sagte »Ich habe nicht gesehen«? Wer könnte dies alles in Worte fassen, wenn Du selbst in alter Zeit nur durch Dein Schweigen lehren konntest? Und um Dich selbst durch Schweigen zu offenbaren, stehst Du hier in der Form eines Berges und füllst Himmel und Erde mit Deinem Licht[97]. Wenn ich mich Dir nähere und Dich betrachte, so hast Du die Gestalt eines Berges auf der Erde. Aber an Dich in der Gestalt der Gestaltlosigkeit zu denken, bedeutet die Erde zurückzulassen und in die Endlosigkeit des Raums einzudringen. Ohne Gedanken bei Deinem Sein zu verweilen, heißt, seine getrennte Identität zu verlieren, wie Salz, wenn es mit Wasser in Berührung kommt. Wenn ich erst erkenne, wer ich bin, was ist dann mit mir geschehen?

Gott zu suchen und Dich dabei nicht zu beachten, der Du reines Sein und reines Bewußtsein bist, ist als ob man eine Fackel nähme, um die Nacht zu suchen. Denn gerade um Dich als reines Sein und reines Denken zu offenbaren, erlaubst Du, daß man Dich mit so vielen Namen anruft und in so vielen Formen verehrt. Wer keine Erkenntnis von Dir erlangt, dem Höchsten Arunachala, dem unvergleichlichen Juwel, ist wahrhaft ein Blinder, der die Sonne nicht kennt. Lebe in mir und leuchte als mein eigenes wahres Selbst, der Du der Eine- ohne-Zweiten bist! Wie der Faden einer Perlenkette durchdringst Du die Vielfalt der Dinge. Du bist der Mahlstein, zu dem der Geist kommen muß, um von seiner Spreu befreit zu werden, so wie ein Edelstein vom Juwelier geschnitten und geschliffen wird. Aber der Geist braucht Dich nur zu berühren, um schon von Deiner Gnade entflammt zu werden und wie ein Rubin mit unlöschbarem Feuer aufzuleuchten. Wenn eine fotografische Platte einmal von der Sonne belichtet wurde, welche weiteren Eindrücke kann sie dann festhalten? O Arunāchala, Berg der Gnade, kann irgendetwas getrennt von Dir existieren?

Wenn der Ich-Gedanke vergeht, ist da noch Platz für irgendwelche anderen Gedanken? Wenn früher Gedanken im Geist aufkamen, und die Frage sich stellte, »Wer denkt die Gedanken?«, so war die Antwort »Ich bin es«. Aber wer tiefer in die Frage eindringt und auf der Suche nach dem Ursprung dieses »Ich« nach innen taucht, erreicht gewiß das »Herz« und gelangt zum höchsten Herrn. Oh Arunāchala, uferloser Ozean der Gnade und Herrlichkeit, in den Höfen meines Herzens tanzt Du und stehst zugleich vollkommen unbeweglich! (Vgl. den letzten Vers der folgenden »Rhapsodie«.) Was ist nun aus den Worten geworden, die ich kannte – innen und außen, Geburt und Tod, Freude und Schmerz, Licht und Dunkelheit?

Das Wasser steigt aus dem Meer in Form von Wolken auf; es fällt als Regen wieder auf die Erde. Nichts kann es davon abhalten, wieder zu seinem Ursprung zurückzukehren. So ist es auch mit dem Geist, der von Dir ausgegangen ist; kann irgendetwas ihn auf seiner Rückkehr zu Dir aufhalten? Der Vogel steigt von der Erde auf, fliegt und gleitet durch die Luft, aber dort findet er nirgendwo einen Platz zum Rasten; er muß auf die Erde zurückkommen. So muß ein jeder auf seiner Rückkehr seine Schritte zurückverfolgen; und wenn der Geist zuletzt den Weg zu seinem Ursprung gefunden hat, versinkt er in Dir und wird verschlungen, o Arunāchala, Ozean der Glückseligkeit!

Rhapsodie[98]

Ozean aus Nektar,

unendliche Gnade,

Du verschlingst die Welt

in Deiner Herrlichkeit,

Arunāchala,

Höchstes Selbst,

in Deiner strahlenden Fülle

öffnet sich der Lotos meines Herzens

für Deine Glückseligkeit,

O Höchster Herr!

O Arunāchala

Du hast die Welt erschaffen,

in Dir steht sie fest gegründet,

in Dir wird sie wieder vergehen,
O Wunder aller Wunder!
Du bist der innere Gast,
der in den Höfen meines Herzens tanzt,
und wahrhafter ich ist, als ich selbst es bin,
denn Dein Name ist Das Herz!

Wer in die Tiefen
seines still gewordenen Geistes taucht,
dahin,
wo sein eigenes »Ich« entspringt,
der erkennt das »Selbst«,
und verliert sich in Dir,
O Arunāchala,
wie der Fluß
im Meer.

Verborgen vor der Welt
mit ruhigem Herz und Sinnen,
schaut Dich der Yogi
in der Tiefe seines Seins,
O Arunāchala!
Dein Licht überflutet sein Herz,
er findet seine Fülle
in Dir!

Wer sich Dir weiht,

mit Körper und Geist

und alles als Spiegelbild

Deiner Gnade sieht;

Wer Dich liebt und verehrt

als das Höchste Selbst,

versinkt in Dir und vergeht,

O Aruṇāchala,

Ozean der Freude!

O Makelloser,

wenn alle lebenden Wesen

und die fünf Elemente

und alles, was wir sehen,

nur das Strahlen

Deines alles durchdringenden Lichts ist,

wie könnte ich dann allein

getrennt von Dir bleiben?

Du leuchtest im Herzen,

dem unendlichen Raum,

in dem kein Platz für andere ist,

wie könnte ich also

in meinem Herzen

getrennt von Dir sein?

Sei Du allein im Raum meines Herzens

und setze Deinen Lotosfuß
auf das Haupt meines »Ich«,
falls es je wieder versucht, sich zu zeigen![99]

Du brachtest mich listig
in Deine Gewalt,
und seitdem hieltest Du mich, Herr,
zu Deinen Füßen gefangen!
Ich senke den Kopf
und bleibe still,
stumm wie ein Standbild,
wenn man mich fragt, wer Du bist!
Herr, tröste mich
in meiner Qual.
Ich bin wie ein in der Falle gefangenes Reh,
erschöpft von seinem Kampf.
Herr, Arunāchala, was willst Du von mir?
Doch wer bin ich,
Dich erkennen zu wollen?

O Arunāchala,
Inbild der Gnade,
wie kannst Du mich verlassen,
elend wie ich bin,
nachdem Du mich verführt hast?

O möge Deine Liebe

auf immer in mir fließen,

denn immerfort

verzehre ich mich nach deiner Liebe

und sehne mich, in Dir zu schmelzen

wie Wachs im Feuer!

O Nektar,

du steigst auf in den Herzen

der Dir Geweihten!

Mein Hafen der Zuflucht,

mein einziger Wunsch ist,

Dir wohlgefällig zu sein,

darin liegt all meine Freude,

O Herr meines Lebens!

A, RU, NA!

SAT, CIT, ANANDA!

Sein, Wissen, Glückseligkeit!

Bist das nicht Du, Arunāchala?

Du bist das Höchste Selbst

und mein eigenes Selbst

und auch unser Verschmelzen

im alleinigen Absoluten!

»Du bist Das«

Achala,

höchste Vollkommenheit!

O kommt, laßt uns Arunāchala verehren,

den goldschimmernden Berg,

an den nur zu denken

Gewißheit des Heils bedeutet!

In den heiligen Höfen von Chidambaram

tanzte Er – der Unbewegte –

um ihrer, seiner Liebsten, Liebe willen,

die vor Ihm unbewegt

auf Ihn schaute[100].

Aber sieh, hier in Arunāchala,

steht Er regungslos[101]

in seiner Herrlichkeit,

und seine Gefährtin, in Ihm verborgen,

zurückgezogen in die Tiefe ihrer selbst,

ist in seiner Unbewegtheit festgehalten!

Glossar der Sanskritworte

abheda – nicht getrennt

a-dvaita – nicht-zwei; Nicht-Dualität

aham – ich

ahamkāra – die Vorstellung von sich selbst als Individuum; Ego

a-ja – ungeboren

ākāsha – Raum (Äther), das feinste der fünf Elemente (Erde, Wasser, Feuer, Luft, Raum). Es ist sowohl der Raum, der alle Welten des Universums enthält, wie der Raum in der Höhle des Herzens.

ānanda – Freude, Glückseligkeit (siehe Kapitel 14 ff)

an-anta – ohne Ende, unendlich

an-eka – nicht-eins, Vielfalt

antar-yātrā – innere Pilgerschaft

anubhava – Erfahrung; insbesondere die äußerste Erfahrung der Selbsterkenntnis

āsana – Sitz; (Yoga-) Stellung

āshrama – jede der vier idealen Stufen im Leben eines Hindu (Schüler, Haushälter, Waldbewohner, Sannyāsi); außerdem, und gebräuchlicher der Wohnsitz eines Heiligen oder Gurus, Einsiedelei

ātman – das Selbst, im Vedānta die Seele, bzw. deren eigentliches Wesen, ohne Berücksichtigung ihrer Fähigkeiten des Verstandes und der Sinne; identisch mit *brahman*, dem Absoluten

ātmavid – Kenner des *ātman, des Selbst*

avatāra – göttliche »Herabkunft«, Inkarnation

bhagavān – der Herr; auch Anrede für solche Menschen, aus denen das göttliche Licht besonders hervorleuchtet und verehrt wird.

bhakti – Gottesliebe, Frömmigkeit

bhakta – liebender Verehrer Gottes, Frommer

brahman – das absolute Sein

brahmavid – Kenner des Brahman, des Absoluten

cit – Bewußtsein, Wahrnehmung, Denken (siehe Kapitel 14 ff)

darshana – Anblick, Vision; der Eintritt in die Gegenwart Gottes, eines Heiligen, eines Tempels, eines Kultbildes u.s.w.; auch ein philosophisches System, Weltanschauung

deva (plur.) – dii, theoi, personifizierte göttliche Kräfte, die als Manifestationen des überall gegenwärtigen und wirkenden Göttlichen im Weltall sowie in Körper und Geist des Menschen am Werk sind; nicht zu verwechseln mit *brahman*, dem Göttlichen selbst.

dharma – Gesetz, Pflicht, Religion; eine besondere Religion

dhyāna – Meditation

dvaita – Dualität

dvandva – Gegensatzpaar, wie z.B. kalt und warm, Freude und Leid, Licht und Dunkelheit

guhā – Höhle; metaphorisch für die »Höhle des Herzens«

jñāna – Weisheit, Erkenntnis

jñāni – der Weise, der das Selbst erkannt hat

kaivalyam – Abgeschiedenheit; das ontologische Alleinsein des Absoluten, dessen Sein jenseits aller Bestimmungen

karma – Tätigkeit; rituelle Handlung; das Gesetz der Kausalität, das die (guten oder schlechten) Folgen allen Tuns bestimmt und dadurch die aufeinanderfolgenden Wiedergeburten der Menschen nach sich zieht, bzw. deren Umstände festlegt.

kevalin – jemand, der allein, abgesondert, eigenschaftslos ist

līla – Spiel (siehe 5. Kapitel , Anmerkung)

linga – Zeichen, Symbol (siehe 1. Kapitel, Anmerkung)

manas – Verstand, Denkorgan

mantra – ein Vers aus den Veden; rituelle Formel; allgemein: ein Gebet

māyā – Illusion; insbesondere die Lebensbedingung kontingenter Wesen, die weder als Sein (*sat*) noch als Nicht-Sein (*asat*) zutreffend beschrieben werden kann; daher die Macht der Täuschung, die den Menschen an die Welt bindet und ihn darin festhält

moksha, mukti – endgültige Befreiung (aus dem *samsāra* mit seinen Täuschungen und Leiden), Erlösung

muni – Asket, besonders jemand, der ein Schweigegelübde abgelegt hat, schweigender Mönch

nāma-rūpa – Namen und Formen; die Welt der Erscheinungen

neti (na-iti) – nicht das, Negation (siehe 3. Kapitel, Anmerkung 27)

prāna – Atem, Lebensatem (in etwa demselben Bedeutungsumfang wie griechisch *pneuma*).

pūrnam – die Fülle

purusha – Mann, Mensch; der ursprüngliche oder archetypische Mann

rishi – vedischer Seher

rūpa – Form (siehe 1. Kapitel, Anmerkung 7)

sādhaka – jemand, der spirituelle Übungen praktiziert

sādhanā – spirituelle Übungen, geistige Praxis

sādhu – gut, tugendhaft; ein Mönch

samādhi – die endgültige »Ekstase«, oder richtiger »Enstase« auf dem spirituellen Weg; daher auch Tod eines Heiligen und dessen Grabmal.

samsāra – die in ihrem unendlichen Fluß von Zyklen alle Dinge mit sich tragende Welt; der Durchgang durch wiederholte Geburten und Tode.

sannyāsa – der Zustand vollkommener Weltentsagung

sannyāsī – ein Mönch; jemand, der sich einem Leben der Weltentsagung geweiht hat; Asket

sat – Sein; daher auch Güte (siehe 8. Kapitel ff)

satpurusha – der wahre Mensch

satyam – Wahrheit

shakti – Macht, Kraft, Energie; die göttliche Energie als weibliches Prinzip personifiziert

shruti – das Hören; die offenbarten Schriften

shūnya – die Leere

tapas – Entbehrung; asketische Übung

upadesha – Lehre, Unterweisung

Vedānta – »das Ende der Veden«; die Lehre der Upanishaden; auch ein *darshana* (philosophisches System), das diese Lehre zusammenfaßt und systematisiert. Die größten Meister des Vedānta sind Shankara und Rāmānuja.

vidyā – Wissen

Anmerkungen

zum Vorwort

1 Vgl. auch: Bettina Bäumer, »Henri Le Saux – Abhishiktananda (1910-1973)«, in: G: Ruhbach und J. Sudbrack (Hrsg.), Große Mystiker. München, Verlag C.H. Beck, 1984 (S. 338-354).

2 Vgl. Henri Le Saux, Das Geheimnis des heiligen Berges. Als christlicher Mönch unter den Weisen Indiens. Freiburg, Herder, 1989 (übers. von Matthias Vereno).

3 Swami Abhishiktananda, His Life Told through his Letters, von James Stuart. Delhi, ISPCK, 1989 (eine 2. Auflage ist in Vorbereitung), S. 213.

4 Informationen über Publikationen, Übersetzungen und Veranstaltungen werden in dem Bulletin SETU publiziert (Abhishiktananda Society, Brotherhood House 7, Court Lane, Delhi 110054).

5 Siehe Anm. 1.

6 Aloysius Pieris, Theologie der Befreiung in Asien: Christentum im Kontext der Armut und der Religionen. Freiburg, Herder, 1986, S. 55.

7 Vorwort zur 1. deutschen Ausgabe: Dom Le Saux, Indische Weisheit – Christliche Mystik. Von der Vedanta zur Dreifaltigkeit. Luzern/ München, Rex Verlag, 1968, S. 16. (Übers. H. Pfiffner).

8 Vgl. Heinrich Zimmer, Der Weg zum Selbst. München, Diederichs Gelbe Reihe.

9 Indische Weisheit – Christliche Mystik, op. cit., S. 11.

10 Allerdings sind leider fast alle Artikel der Sanskrit-Worte falsch, z.B. heißt es nicht *die*, sondern *der* Vedanta.

11 Z.B. wird das Wort »Selbst«, das für Sanskrit *ātman* steht, als »das Sich« übertragen, was völlig mißverstanden werden kann.

12 Vgl. Anm. 3.

13 Delhi, ISPCK, 1. Auflage 1974, 2. Aufl. 1984, 3. Aufl. 1990.

14 Paris, Centurion, 1991, in der Reihe »Religions en Dialogue«.

15 Diejenigen, die aus theologischen oder anderen Gründen den ausgelassenen Teil nachlesen möchten, seien auf die englische bzw. französische überarbeitete Version verwiesen (nicht auf die veraltete deutsche Version).

Zur Einführung, zu den Kapiteln 1-11
und zum Anhang*

* Die Übersetzungen der Texte der Upanishaden sind entnommen: Bettina Bäumer, *Upanishaden – Befreiung zum Sein* (Benziger Verlag, 1988).

1 Vgl. *Hindu-Christian Meeting Point* (revidierte Ausgabe), Kap. 2.

2 Plotin, *Enneaden* 6, 9, 4. »Man kann des Einen gar nicht auf dem Wege des wissenschaftlichen Erkennens, des reinen Denkens wie der übrigen Denkgegenstände inne werden, sondern nur vermöge einer Gegenwärtigkeit welche von höherer Art ist als Wissenschaft ... So verfehlt die Seele in der wissenschaftlichen Erkenntnis das Einssein, da sie in Zahl und Vielheit gerät. So muß sie also über die Wissenschaft hinauseilen ... sie muß ablassen von der Wissenschaft und dem Wißbaren, ja von jedem anderen Gegenstand der Schau, wenn er auch schön sein mag; denn alles Schöne ist später als das Eine und kommt von ihm sowie alles Tageslicht von der Sonne ... Wir reden und schreiben nur davon, um zu ihm hinzuleiten, aufzuwecken aus den Begriffen zum Schauen und gleichsam den Weg zu weisen dem, der etwas erschauen will ... Denn jenes ist gewiß niemandem fern, und doch ist es allen fern, es ist gegenwärtig und doch nur gegenwärtig für diejenigen, welche es aufnehmen können.«

3 1. Timotheus 6, 16. »Was der Mensch durch Kontemplation erkennen kann, ist gewiß groß, aber es ist nichts im Vergleich zu dem, was unerkannt bleibt; dieses Unerkannte zu erforschen sollte unser Sehnen sein.« (übersetzt aus J.-B. Porion, *Hadewijch d'Anvers*, Paris 1954, S. 133) »Wenn diese Seele alles Wissen über Gott hätte, das irgendein Geschöpf jemals besaß oder besitzen wird, so würde sie es als nichts ansehen, verglichen mit dem, was sie liebt, welches nie erkannt worden ist und nie erkannt werden wird. Sie liebt an Gott das, was in ihm ist und nie preisgegeben wurde, mehr als das, was sie von ihm schon empfangen hat oder je empfangen wird. Die Seele ist nicht trunken von dem, was sie getrunken hat, sondern von dem, was sie nie trank und nie trinken wird. Es ist das *Jenseits*, was sie berauscht hat. Ohne zu trinken, ist sie davon trunken. Sie ist aus sich selbst heraus frei, alles vergessend, von allen vergessen.« (Marguerite Porète, *Der Spiegel der einfachen Seelen*, zitiert in Porion, S. 135)

4 Von *apophasis*, Negation. Theologie, die mit der Methode der Negation verfährt, wird apophatisch genannt, im Gegensatz zur affirmativen oder kataphatischen Theologie, die in Gott, wenn auch in »eminenterem« Maße, Eigenschaften zu finden sucht, wie sie in der geschaffenen Welt existieren. »Im Menschsein Christi war das *Über-wesenhafte* im menschlichen Wesen manifest, ohne aber aufzuhören, in ebendieser Manifestation verborgen zu zu sein

..alle Beteuerungen über die gesegnete Menschennatur Christi haben die Vorzüglichkeit und den Wert der formalsten Negationen.« (Dionysius Aeropagita, *Briefe* 3 und 4)

5 *Summa Theologica*, II-II, 45, 2.

6 »Diesem Begriff (der *Heiligkeit*) liegt zunächst und ursprünglich die Vorstellung von Trennung, Unzulänglichkeit, furchterweckender Transzendenz zugrunde.« (aus der *Jerusalemer Bibel*, zu Levitikus 17, 1).

7 *Rupa*, Form; *a-rupa*, ohne Form; *sarva-rupa*, alle Formen in sich schließend und transzendierend.

8 *Linga*, Markierung, Zeichen. Im shivaitischen Gottesdienst ist das *linga* der zylindrische Stein, das Zeichen Shivas *par excellence*, die ungeformteste Gestalt des Formlosen. Sie bezeichnet die Grenze jedes sichtbaren Ausdrucks des Mysteriums. Die (möglicherweise) ursprünglich phallische Bedeutung des *Shivalinga* beeinträchtigt die Hingabe oder verehrende Haltung des Gläubigen in keiner Weise. Man muß sich vergegenwärtigen, daß im sakralen Kontext der kosmischen Kulte das Symbol der Zeugung ganz andere Geisteshaltungen hervorruft, als im entsakralisierten Neu-Heidentum des Westens.

9 »Für Gregor von Nyssa ist jeder Begriff in Bezug auf Gott eine falsche Gleichsetzung, ein Idol...Es gibt nur einen Namen, durch den die göttliche Natur ausgedrückt werden kann: das Staunen, das die Seele erfaßt, wenn sie an Gott denkt.« (V. Lossky, *The Mystical Theology of the Eastern Church*, S.33 f).

10 Dies wird im ersten Vers der *Svetasvatara-Upanishad* angedeutet, wo die *brahmavadin*, die über das Brahman reden, die *brahmavid* über das Brahman befragen.

11 »Die Füchse haben ihre Höhlen und die Vögel haben ihre Nester; der Menschensohn aber hat keinen Ort, wo er sein Haupt hinlegen kann.« (Lukas 9, 58)

12   *»Er soll böse Worte ertragen und niemanden kränken;*

                er soll segnen, wenn er verflucht wird,

              er soll weder Heim noch Herd besitzen,

         und seine Nahrung von Haus zu Haus erbetteln,

        gleichmütig und entschlossen, still und gesammelt...

              Mit dem Selbst als einzigem Gefährten

                  soll er durch die Welt ziehen,

              zur höchsten Freude hin sich anspannend!«

                  (Manusmriti 96, 97)

Wenn es die Erde gibt, sich darauf hinzulegen,

warum sich um ein Bett sorgen?

Ist nicht die hohle Hand so gut wie irgendein Gefäß?

Genügt die Luft nicht, sich zu kleiden,

oder, wenn nötig, ein Stück Stoff,

aufgelesen am Straßenrand?

(Srimad Bhāgavatam 2, 2)

13   *»In dieser Burg Brahmans (dem Herzen des Menschen)*

gibt es eine kleine Kammer,

in ihr ist eine kleine Lotosblume;

darin befindet sich ein kleiner leerer Raum;

was darin ist, das soll man suchen,

das zu erkennen soll man streben!«

(Chāndogya Upanishad 8, 1)

»Was schwer zu schauen ist, in der Tiefe verborgen,

in der Höhle des Herzens, uralt ...

feiner als das Feinste, größer als das Größte,

ist das Selbst,

das innere Leben aller Wesen,

der eine Herr!«

(Katha Upanishad 2, 12 und 20; 5, 12)

14 Vgl. Johannes vom Kreuz, *Lebendige Liebesflamme* 1, 3.

15 Vgl. z.B. seine Abschiedsnotiz, in der er von sich selbst als »jemand« spricht und das neutrale Pronomen »*es*« verwendet (womit er die Feinheiten der Tamil-Grammatik wirkungsvoll für seinen Zweck nutzt). Er unterschrieb weder diese Notiz noch sonst ein Dokument danach. Während eines poli-

zeilichen Verhörs antwortete er dem Offizier, der ihn drängte, seine Unter-
schrift unter ein Papier zu setzen, lachend: »Welchen Namen soll ich schreiben? Als Kind hat man mich Ramani genannt, dann Venkatarāma. Hier war
ich der *Brāhmanasāmi*, dann *Bhagavān*. Wie heißt das Selbst?« Mit Mühe
überredeten ihn die Anwesenden schließlich, unten auf die Seite ein Kreuz
zu zeichnen.

16 *Aruna* bezeichnet die Rosenfarbe des Morgenhimmels bei Sonnenaufgang;
    acala bedeutet *Berg* (*a-cala* heißt unbeweglich). Tiruvannāmalai ist der Tamil-
    name (*tiru* bedeutet *heilig, malai* heißt *Berg*).

17 Vgl. die *Hymnen an Arunāchala*, von denen einige Auszüge im Anhang 2
    wiedergegeben sind.

18 Vgl. 1. Kap., Anm. 8.

19 Verse von Gurunamashivāya, einem Tamil-Heiligen des 13. Jh., der in einer
    Höhle des Berges von Tiruvannāmalai lebte.

20 »Swami, wir armen Unwissenden suchen den Pfad der Wahrheit überall ver-
    gebens. Ich habe alle heiligen Schriften gelesen; ich habe alle Philosophen
    studiert, von Descartes bis Russell. Wem soll ich folgen...?« Der Maharshi
    schwieg. Nach ein paar Minuten begann der Pedant wieder, seine Gelehrsam-
    keit zur Schau zu stellen und fragte schließlich: »Swami, sagt mir um Himmels
    willen, welchen Weg ich gehen soll!« »Den Weg, auf dem du gekommen bist«,
    antwortete der Maharshi.
    (Nach S.S. Cohen, *Guru Ramana*, S. 23)

21 Solche Erinnerungen werden fortlaufend vom Ashram veröffentlicht, z.B.
    Guru Ramana von S.S. Cohen; *Day by Day with Bhagavān* von A. Devaraj
    Mudaliar; *Talks with the Maharshi; Maharshi's Gospel*. Wahrscheinlich das
    beste von allen ist *Sri Ramana Gītā*, 18 Cantos in Sanskrit von Kāvyakantha
    Ganapati Muni.

22 Vgl. Anhang II.

23 *Ko'ham*, anstatt *kah aham;* Wer (bin) ich?

24 Vgl. *Ulladu Nārpadu* 2.

25 *Saha-ja*, geboren mit, d.h. angeboren, naturgemäß. Es bezieht sich auf den
    natürlichen Zustand des Menschen, die tiefste Wahrheit seiner Natur, den
    Zustand, der allen mentalen Aktivitäten des Menschen zugrundeliegt, aber
    von keiner berührt wird, ein Zustand, der sozusagen wiedergewonnen oder
    mit voller Bewußtheit erst dann gelebt wird, wenn man zur Erfahrung des
    Selbst kommt.
    Der *sahaja*-Zustand steht im Kontrast nicht nur zum Leben in Teilung, Kom-
    plexität und Selbsttäuschung, das der Mensch (wie so oft) an seiner Oberfläche
    dahinlebt, sondern auch zum sogenannten *ekstatischen* Zustand, in dem der
    sādhaka völlig in sich versunken ist und die »Welt« noch nicht im Licht des
    Atman wiedergewonnen hat.

26   *Von wem bewegt erhebt sich der Geist,*

(in die Freiheit) entsandt?

Von wem gelenkt geht der Lebensatem als erster hervor?

Von wem bewegt sprechen die Menschen das Wort?

Welcher Gott, sprich, lenkt Auge und Ohr? …

Dorthin reicht das Auge nicht,

noch das Wort noch der Gedanke …

Was durch das Wort nicht aussprechbar ist,

wodurch das Wort ausgesprochen wird …

Was durch das Denken nicht denkbar ist,

wodurch, sagt man, das Denken gedacht wird,

erkenne das als Brahman –

doch nicht das, was man hier verehrt!

(Kena Upanishad 1)

27 *Neti-neti*: Nicht so, nicht so. Vgl. die wiederholte Formel: »Nein, nein! Nicht dies, nicht das! Der Atman kann nicht ergriffen, nicht gebunden, nicht gefesselt, nicht zerstört werden. Es gibt nichts Höheres als dies. Es ist die Wahrheit des Wahren.« (*Brihadāranyaka Upanishad* 2, 3, 6; 3, 9, 26; 4, 2, 4; 4, 4, 22; 4, 5, 15)

28 Wie kann das Selbst verwirklicht werden? – Wessen Selbst? – Das meine. Wer bin ich? – Ergründe das selbst. – Ich weiß nicht, wie ich anfangen soll. – Wer ist dieses *Ich*, das sagt: Ich weiß nicht? – Etwas oder jemand in mir. – Und wer sagt dies? – So sehr ich auch versuche, es gelingt mir nicht, dieses Ich einzufangen. – Wer kann wen nicht fangen? Gibt es denn zwei »Ichs« in dir, die sich gegenseitig jagen?

(nach *Maharshi's Gospel*, 2, 1)

»Ich weiß nicht, wer ich bin«, »Ich weiß, wer ich bin«,

nur Narren sprechen solche Worte.

Muß man sich in zwei Teile spalten,

um sich selbst zu erkennen?

Selbsterkenntnis ist das nicht-reflektierende Ich,

das strahlt in seiner Einzigartigkeit.

(nach Ulladu Nārpadu)

29   *Der Schöpfer bohrte die Öffnungen der Sinne nach außen,*

daher blickt der Mensch nach außen, nicht nach innen.

Aber der Weise, der Unsterblichkeit ersehnt,

wendet die Augen nach innen und schaut das Selbst.

(Katha Upanishad 4, 1)

30   *Die Welt ist wirklich für den Unwissenden wie für den Weisen;*

für den Unwissenden bestimmt die Welt das Maß des Wirklichen,

für den, der weiß, hat das Reale keine Grenzen

und ist das Fundament der Welt.

Sprechen sie von sich selbst, sagen beide ich,

der Unwissende und der Wissende;

für den Unwissenden ist das Ich der Körper,

aber der Weise weiß, daß im Körper

das unbegrenzte Ich in seinem eigenen Glanz erstrahlt.

(nach Ulladu Nārpadu 18, 17)

31 Der Ausdruck *upanishad* hat wahrscheinlich ursprünglich bedeutet: Entsprechung, Übereinstimmung, mystischer Zusammenhang. Die grundlegende *upanishad* der hinduistischen Erfahrung ist die zwischen dem *Selbst* und dem *Sein*, zwischen dem *Individuum* und dem *Ganzen*, zwischen Atman und Brahman. Diese Formel enthüllt das höchste Geheimnis des Seins – dasjenige, durch das alles erkannt wird (*Mundaka Upanishad* 1, 3), selbst das Ungehörte, das Ungedachte (*Chāndogya Upanishad* 6, 1).

32 *Hylé* – Materie; *psyché* – die Seele als vitales Prinzip und »Form« des Körpers; *nous* – die Seele als geistiges Prinzip.

33 Die *lilā* oder das »Spiel« Shivas, wie es besonders in den Hymnen der Tamildichter gefeiert wird, besteht in den Manifestationen Shivas, seinen »Theo-

phanien«, die seinen Verehrern wiederholt als Zeichen seiner Gnade gewährt werden, und die auch ihren Glauben prüfen, um festzustellen, ob sie wirklich fähig sind, den Herrn in jeder Verkleidung, die er annehmen mag, zu erkennen und zu verehren. *Avatāras* sind göttliche »Herabkünfte« in menschlicher oder anderer Gestalt (z.B. Rāma oder Krishna). Eine einzige und ganz reale Inkarnation ergibt in der philosophischen und religiösen Perspektive Indiens keinen Sinn. Göttliche Herabkünfte sind ebenso illusorisch wie real. Sie bedeuten, anders als im Fall von Christus, keinen wirklichen Einbezug in die Situation des Menschen oder eine wirkliche Teilhabe an ihrem Leiden (*der Angst*).

34 Vgl. die »Hymne an den Purusha« (*Rig-Veda* 10, 90) und Offenbarung 13, 8 (gem. der traditionellen Lesart): »das vor der Gründung der Welt erschlagene Lamm«.

35 Vgl. die Intuition, die der »Theophanie« des 11. Kapitels der *Bhagavad-Gita* zugrundeliegt.

36 Vgl. z.B. Jeremias 31, 33; Hebräer 10, 16.

37 Vgl. 2. Korinther 3, 18; Hebräer 1, 2.

38 Vgl. z.B. Theresa von Avila, *Die innere Burg*, Die siebte Wohnung.

39   *Wohin könnte ich fliehen vor deinem Geist,*

              wohin mich vor deinem Angesicht flüchten?

                 Steige ich hinauf in den Himmel,

                      so bist du dort;

                 bette ich mich in der Unterwelt,

                      bist du zugegen.

               Nehme ich die Flügel des Morgenrots

              und lasse mich nieder am äußersten Meer,

             auch dort wird deine Hand mich ergreifen

                 und deine Rechte mich fassen.

        Würde ich sagen: »*Finsternis soll mich bedecken,*

            statt Licht soll Nacht mich umgeben,«

          auch die Finsternis wäre für dich nicht finster,

              die Nacht würde leuchten wie der Tag,

                 die Finsternis wäre wie Licht.

                    (Psalm 139, 7 – 12)

40

Die Stimme des Herrn erschallt über den Wassern,

der Gott der Herrlichkeit donnert,

der Herr über gewaltigen Wassern.

Die Stimme des Herrn ertönt mit Macht,

die Stimme des Herrn voll Majestät.

In seinem Tempel ruft alles »O herrlicher Gott!«

(Psalm 29, 3 – 4; 9)

41 »Gehe nicht nach außen, kehre in dich selbst zurück; die Wahrheit wohnt im inneren Menschen« (Augustinus, *De vera Religione* 1, 39). Oder, wie Meister Eckehart sagt (*Opus Sermonum*): »(im inneren Menschen) wohnt die Wahrheit, Gott, der nicht von denen gefunden werden kann, die ihn im Äußeren suchen, Gott, dessen Wesen es ist, immer und ausschließlich innen, am innersten Ort, zu sein.« (zit. nach Lossky, *Théologie négative ..chez Maître Eckhart*, S. 29).

42

Um zu erlangen, alles zu genießen,

suche in nichts Genuß.

Um zu erlangen, alles zu wissen,

suche, in nichts etwas zu wissen.

Um zu erlangen, alles zu besitzen,

suche, in nichts etwas zu besitzen.

Um zu erlangen, alles zu sein,

suche, in nichts etwas zu sein.

(*Johannes vom Kreuz*, Aufstieg zum Karmelberg *1, 13*

übertragen von *Oda Schneider*)

43 Insbesondere solche wie Eckhart, Tauler und Ruysbroek, die ihre innere Erfahrung in Begriffen ausdrücken, die denen Plotins und sogar denen des Parmenides ähneln, und die daher für einen westlichen Christen die beste Einführung zu einem echten Verständnis der mystischen Erfahrung im Hinduismus bieten.

Der Geist des Herrn erfüllt den Erdkreis,

und er, der alles zusammenhält,

kennt jeden Laut.

(Weisheit 1, 7)

45 »Man hat meinen Herrn weggenommen, und ich weiß nicht, wohin man ihn gelegt hat.« (Johannes 20, 13)

46 *Pleroma*: linguistisch die genaue griechische Entsprechung für Sanskrit *pūrnam* (*Isā Upanishad*) oder *bhūman* (*Chāndogya Upanishad* 7, 23), d.h. Überfluß, Fülle. Wie Paulus den Begriff verwendet, bezeichnet er zunächst die Fülle des Göttlichen, die zu Christus gehört und »körperlich in ihm wohnt«, wie er im Kolosserbrief 1,9 (vgl. auch 1, 19) sagt; ferner die Fülle der Gnade, die von Christus zur Kirche fließt (vgl. Epheser 3, 19); und schließlich im besonderen die Fülle und sogar die Ergänzung, die die Kirche als mystischer Körper und Braut Christi für ihren Herrn ist (vgl. Epheser 1, 23; 4, 13; Kolosser 1, 24).

47 Damit wollen keineswegs eine rein spirituelle Kirche verteidigen, die alle Riten, Dogmen oder Institutionen transzendiert. Der Mensch ist von Gott im Körper wie im Geist erschaffen worden, und er ist daher ein soziales Wesen. Seine *koinonia* mit Gott und mit anderen Menschen muß von ihm mit Hilfe von Zeichen ausgedrückt und gelebt werden: durch das sichtbare Zeichen des Sakraments, das begriffliche Zeichen des Glaubensbekenntnisses, das soziale Zeichen der Kirche als Institution. Die eucharistische *agapé* dient dazu, die Jünger Christi zu versammeln, *bis er wiederkommt* (1. Korinther 11, 26). Die Kirche ist genau das Band, das alle Zeiten in ihrer eschatologischen Gegenwart zusammenhält und die Herabkunft des Geistes im ursprünglichen Pfingsten mit dem endgültigen Kommen des Herrn am Jüngsten Tag vereinigt. Durch den Glauben und die Sakramente nimmt sie vorweg, was in der Zeit erst noch kommen muß. Die mystische Erfahrung in Gegensatz zu den Sakramenten und dem Glauben zu stellen, wäre in der Tat ein großer Fehler. Das Sakrament ist genau die Realität mystischer und eschatologischer Art, die in Form von Zeichen innerhalb der Zeit zugänglich gemacht werden kann. Es schließt jedoch in seinem Wesen selbst eine Spannung ein zwischen dem, was es als Zeichen und dem, was es als *res* ist. In gleicher Weise impliziert christliches Leben die unausweichliche Spannung zwischen der Tatsache, daß der Gläubige bereits in Christus von den Toten auferstanden ist, und der anderen Tatsache, daß er noch immer von der Zeit bedingt und dem Tode unterworfen ist. Die Gefahr liegt immer darin, auf Kosten der Betonung einer Richtung eine andere zu sehr hervorzuheben. Nur in der Kirche kann ein gesundes Gleichgewicht gefunden und aufrechterhalten werden.

48 Hier könnte man auch das *Tirukkural* (35) zitieren:
Wünsche die Wünsche dessen, der wunschlos ist:
um dem Wünschen zu entkommen, wünsche dies.

49 *Svarga* ist das seinem Wesen nach vergängliche Paradies, über das Indra, der
König der *devas*, herrscht. Dort genießt der Mensch die Früchte seiner Verdienste, bevor er auf die Erde zurückkehrt, um wieder an seiner endgültigen
Befreiung, *moksha*, zu arbeiten. Gute Taten und vor allem rituelle Handlungen, die mit »innerer Beteiligung« und aus dem Wunsch nach Belohnung
vollbracht werden, binden die Seele mit ihren Verdiensten genauso sicher wie
böse Taten, die Vergeltung nach sich ziehen. Daher zielt die zentrale Lehre
der *Bhagavad-Gita* darauf, den Menschen zu zeigen, wie sie mit totaler innerer
Distanz handeln können, ohne irgendeinen Lohn zu ersehen, indem sie ihre
Gedanken allein auf Gott richten. Wie Nārada in den *Bhakti-Sutras* sagt, ist
für die Seele eines wahren Gottesverehrers nur Gott wichtig; es geht ihm nicht
einmal um die Gaben Gottes, und noch weniger um sein eigenes kleines Selbst.

50 Wo Fülle des Seins ist, wahrlich, dort allein ist Freude. Die Fülle ist das Unsterbliche. Wenn man nichts anderes sieht, nichts anderes hört, nichts (als
etwas) anderes erkennt, das ist die Fülle. Die Fülle ist gegründet in ihrer eigenen
Herrlichkeit – oder auch nicht in der Herrlichkeit. In dieser Welt versteht man
unter Herrlichkeit weltliche Besitztümer. So meine ich es nicht, denn da ist
immer eines vom anderen abhängig. Wer den Atman so sieht, so über ihn
denkt, ihn so erkennt, dessen Freude ist im Atman, der wird unabhängig. In
allen Welten genießt er Freiheit. Die anderen sind von anderen abhängig, sie
sind gebunden. Der Schauende schaut nicht den Tod, noch Krankheit, noch
Leid. Der Schauende schaut das Ganze, er erlangt die Ganzheit überall.
(zusammengefaßt aus der *Chāndogya Upanishad* 7, 23 – 26)

51 »Die Seele ist Gnade, wenn sie dieses Ziel und ihre eigene Transzendenz erkannt hat, und wenn sie in sich selbst eine reine Leere bewahrt und nichts
anderes weiß, als sich selbst in der Weise Gottes herzugeben.«
(Eckhart, *Traktat über die Kontemplation*)

52   *Liebe, ganz nackt, die nichts ausschließt,*

    die alles schonungslos tötet,

     jeder Gestalt entblößt,

    in der Reinheit ihres Wesens ...

   Sie entblößt aller Formen jene,

  die sie in ihre Einfachheit aufnimmt ...

    ohne Ende, ohne Anfang,

ohne Form, ohne Art, ohne Grund, ohne Sinn,

ohne Meinung, Denken, Plan oder Wissen,

uneingegrenzt, schrankenlos.

Hier leben in Einheit die Armen im Geiste

in solch öder und wüster Einfachheit;

dort finden sie nur reines und freies Schweigen,

und lauschen stetig der Ewigkeit.

(Hadewijch von Antwerpen, S. 173)

53 Vgl. Epheser 1, 10: *Anakephaiaiosis, recapitulatio,* die »Zusammenfassung« aller
Dinge in Christus bedeutet, daß alle Dinge in ihm und unter ihm als dem
einzigen Haupt (*caput*) alles dessen, was ist, was war und was jemals sein wird,
im Himmel wie auf der Erde (Kolosser 1, 18) zusammengefaßt werden müssen,
weil Christus, der alle Dinge ins Sein gebracht hat, sie schließlich alle in sich
selbst zu Vollkommenheit bringen wird. Wie Irenäus sagt (*Adv. Haer.* 1, 10),
wird die *recapitulatio* bei der *parousia,* der endgültigen Ankunft des Herrn,
vollbracht werden, wenn alle Kräfte der Trennung und Zerstörung, Fleisch,
Sünde, Gesetz und Tod für immer besiegt sein werden, und wenn jedes Knie
sich vor dem auferstandenen Christus verbeugen und jede Zunge bekennen
wird, daß »Jesus Christus der Herr« ist (Philipper 2, 10-11). Vgl. auch die zu
Beginn des 12. Kapitels zitierten Texte aus den Upanishaden.

54 *Akosmisch,* Gegensatz zu »kosmisch«, von »*kosmos*«, griechisch für »Welt«. Ein
akosmischer Mensch ist jemand, der die Welt aufgibt und ihr gegenüber völlig
indifferent ist.

55 R. Panikkar, »Technique et temps« in *Tecnica e casistica* (Rom 1964), S. 209

56 Psalm 1, 2; vgl. *Regel des Hl. Albert,* 7

57 *Diakonia,* griechisch für »Dienst«. vgl. Apostelgeschichte 6, 2 und 4 – das
Dienen (*diakonein*) am Tisch und den Dienst (*diakonia*) am Wort.

58 »Ob ihr nun eßt oder trinkt oder was ihr auch tut, das tut alles zu Gottes Ehre«.
(1. Korinther 10, 31; vgl. Kolosser 3, 17)

59 »Eine Hoffnung (*espérance*), die nicht absolut ist, ist mit menschlicher Erwartung (*espoir*) vermischt. Solange es irgendeine Möglichkeit der Befreiung durch
menschliche Mittel gibt, haben wir nur eine Erwartung, eine Karikatur der
Hoffnung. ... Die Hoffnung im biblischen Sinn fängt da an, wo die menschliche Erwartung aufhört. Hoffnung baut auf den Trümmern menschlicher
Erwartungen auf.« (*Conduits par l'Esprit,* Paris 1964, S. 31)

60 R. Panikkar, *op. cit.*, S. 209

61 Vgl. *Brihadāranyaka Upanishad* 2, 4.

62 Vgl. *Hindu-Christian Meeting Point*, Kap. 5 (The Intuitions of the Rishis), insbesondere SS. 58-67 als Studie über die Isā Upanishad.

63 *Doxologie* – von griechisch *doxa* (Ruhm, Preis) und *logos* (Wort).

64 Vgl. Offenbarung 10, 7.

65 »Mit dem *Reich Gottes* meint Christus die Gnade des Heiligen Geistes. Dieses Reich ist in diesem Moment in uns, und die Gnade des Heiligen Geistes erfrischt unsere Herzen mit unaussprechlicher Freude« (*Seraphim von Sarov*, hg. von Mouraviev, Paris 1957, S. 25). Dies erinnert an die interessante Variante des Vaterunser in der Version des Lukas (11, 2): »Der Heilige Geist komme auf uns und reinige uns,« auf die sich bereits Tertullian bezog, und die von Gregor von Nyssa und Maximus dem Bekenner kommentiert wurde.

66 Vgl. Epheser 1, 23. Folgende Übersetzung ist möglich: »Gott hat ihn (Christus) zum Haupt über alles gemacht für die Kirche, welche sein Leib ist, nämlich die Fülle dessen, der alles in allem erfüllt.« Und vgl. Lossky (*Mystical Theology*): »Wenn Christus › das Haupt der Kirche ist, welche sein Leib ist‹, dann ist der Heilige Geist derjenige, › der alles in allem erfüllt‹.«

67 *Sat-cit-ānanda*, was zusammengesetzt zu *sac-cid-ānanda* wird.

68   »Du wohnst in meinem Herzen,

        Schatzhaus von Geheimnissen, die von dir kommen;

            du bist willkommen, hier zu wohnen!

            In mir ist niemand mehr als du,

        höchstes Geheimnis, dessen Gegenwart ich spüre,

            Schau nun mit deinen eigenen Augen:

            ist da ein Eindringling im Haus?«

                (Al-Hallāj, Muqatta'āt, 35)

69 *Sat* – das neutrale Partizip der Verbwurzel *as*, sein.

70 *Cit* – von der Verbwurzel *cit*, wahrnehmen, erscheinen.

71 *Enneaden*, 6, 7, 37-39: »Diejenigen die Dem zuschreiben, daß es denke, … weil sie finden, daß nichts kostbarer sei als Das, haben Ihm den Gedanken an sich selbst zugeschrieben – als ob die Tatsache des Denkens es erhabener machen würde…Wir schreiben das Denken nur dem zu, was von etwas anderem abgeleitet ist; und wir vertreten den Standpunkt, daß es sein eigenes Wesen, sich selbst, seinen Urheber erforscht, und daß es zu Recht Verstand genannte

wird, wenn es sich in der Kontemplation nach innen wendet und sich im Erkennen betätigt. Aber Dasjenige, was nicht ins Sein kommt und Dem nichts vorangeht, was vielmehr immer ist, was Es ist, welchen Grund sollte Es haben zu denken? Plato hat daher zu Recht gesagt, daß Es über dem Verstand steht… (38) Aber wer wird anerkennen, daß solch eine Natur ohne Selbst-Bewußtheit und Selbsterkenntnis wäre? Wie könnte Es nicht wissen ›Ich bin‹? – Das ist unmöglich (Oder: Aber Es »existiert« nicht.) – Warum könnte Es dann nicht sagen: ›Ich bin das Gute‹? – Dann würde Es wiederum von sich selbst behaupten, daß Es sei – … Nichts anderes kann also neben Ihm sein; Es wird in Bezug auf sich selbst eine Art einfacher Intuition haben… (39) … Ein Wesen, das sich selbst denkt, ist nicht einfach (ist keine Monade); wenn es überhaupt an sich selbst denken kann, muß der Gedanke an sich selbst der an einen anderen sein… Was! Wird Es dann weder von anderen Dingen noch von sich selbst wissen? – Nein, Es wird bewegungslos in Seiner Erhabenheit verweilen.«

72 Vgl. *Taittiriya Upanishad* 2, 1.

73 Vgl. *Kena Upanishad* 3, 11 ff.

74 *Chāndogya Upanishad* 6, 8, 7.

75 Die Silbe OM, das *prāṇava*, ist uns aus ältesten vedischen Zeiten überliefert. Es ist Indiens berühmtester Mantra, der heiligste aller Klänge. Nach indischer Auffassung ist es aus drei, genau genommen sogar vier Elementen in einem einzigen Klang zusammengesetzt, von denen das vierte und letzte Element reine Stille ist. Ursprünglich muß es als der einfachste überhaupt mögliche Klang betrachtet worden sein. Er besteht aus dem Vokal A in Kombination mit U, woraus ein O entsteht, das durch einen nasalen Nachklang, das M, verlängert wird. Der prinzipiell unbestimmte Charakter des *prāṇava* hat zu vielfältigen und komplizierten Erklärungen geführt. Die überzeugendsten davon sind in dieser Fußnote und im folgenden Kapitel herangezogen worden. Weil das OM sich den äußersten Grenzen des Aussprechbaren und Hörbaren nähert, kann es besser als andere Klänge die Unzulänglichkeit von Wort und Gedanken in der direkten Begegnung des Geistes mit dem unaussprechlichen Mysterium Gottes ausdrücken. Im Bereich des Klangs entspricht es der Bedeutung des *linga* unter den sichtbaren und berührbaren Gegenständen (vgl. 1. Kap., Fußnote 8). Es ist der letzte sichere Halt des Denkens, bevor der Geist sich im großen Schweigen des Seins verliert:

> *»Das ist die beste Grundlage,*
>
> *das ist die höchste Grundlage,*
>
> *wer diese Grundlage erkannt hat,*
>
> *lebt selig in der Brahman-Welt …*

Diese Silbe ist wahrlich Brahman,

diese Silbe ist das Höchste ...

Das Wort, das alle Veden offenbaren,

der Inbegriff aller geistigen Bemühungen ...

dieses Wort verkünde ich dir in Kürze: es ist OM.«

(Katha Upanishad 2, 15-17)

»Die Silbe OM ist der Bogen, der Pfeil ist das Selbst,

Brahman wird das Ziel genannt.

Ohne Verwirrung sollst du es treffen,

so wie der Pfeil werde eins mit ihm.

(Mundaka Upanishad 2, 2, 4)

»OM ist all dieses – Vergangenheit, Gegenwart, Zukunft,

und auch alles, was jenseits der dreifachen Zeit liegt.«

(Māndukya Upanishad 1)

»A is die erste *mātra* (Maß, Laut), die dem wachen Bewußtseinszustand entspricht; U, die zweite, entspricht dem Traumzustand; M, die dritte, enstpricht dem Tiefschlaf (*sushupti*). Die vierte ist *a-mātra* (ohne Maß). Dies ist der Zustand jenseits aller Zustände, die der Mensch sich vorstellen oder deren er bewußt sein kann. Es ist *turiya* (der Vierte) – Frieden, Freude, Nicht-Dualität, *shantam, shivam, advaitam«*.
(*Māndukya Upanishad* 9-12; 7)

Da OM alles enthält, was der Mensch über Gott aussagen kann, war es richtig, daß alle vedischen Rezitationen mit OM enden mußten; ebenso richtig war es, daß sie alle mit OM begannen, denn OM ist der erste Laut, der über die Lippen des Menschen kommt, wenn er aus dem Schweigen zurückkehrt, in dem er das Mysterium vernommen hat, und es zum Wohl seiner Mitmenschen auszudrücken versucht, indem er die Herrlichkeit Gottes preist.

76 *Sushupti* – tiefer oder traumloser Schlaf, »in dem man man keinen Wunsch und keinen Traum hat, in sich einheitlich, eine bloße Wahrnehmungsmasse.«
(*Māndukya Upanishad* 5)

77 Wer gewohnt ist, die Psalmen in der Vulgata-Fassung zu rezitieren, wird sich an viele andere bedeutsame Stellen im Psalter erinnern, an denen *suscepit* vorkommt, z. B:

»..denn du hast mich *aus der Tiefe gezogen*«
(29, 2, Vulgata).

»..du hältst mich bei meiner rechten Hand; du leitest mich nach deinem Rat und *nimmst mich* am Ende mit Ehren *an.*«
(72, 24 Vulgata)

Schließlich können wir Psalm 119, Vers 116 zitieren, mit dessen Worten ein Mönch am Tag seines Gelübdes sein Selbstopfer und seine Erwartung zusammenfaßt: »Stütze mich (oder *erhebe mich*), damit ich lebe, wie du es verheißen hast. Laß mich in meiner Hoffnung nicht scheitern.«

78 Zitiert in *Carmel*, 1963, S. 250

79 Vgl. Johannes 15, 11, »damit meine Freude in euch ist«, und Matthäus 25, 21, »nimm teil an der Freude deines Herrn.«

80 Nach Thomas von Aquin (*Summa Theologica* II-II, 45, 2) beurteilt der menschliche Verstand die göttlichen Dinge aufgrund einer Art von Konnaturalität, wenn er vom Geist der Weisheit ergriffen wird, *non solum discens sed patiens divina*, »indem er die Dinge Gottes nicht nur lernt, sondern sie fühlt und erfährt«, wie Dionysius Areopagita es ausdrückt (*De Div. Nom.* 2).

81 Vgl. Apostelgeschichte 9, 5 – »Wer bist du, Herr?« »Ich bin Jesus, den du verfolgst.«

82 »Circumincessio« und »circuminsessio« sind zwei Begriffe aus der trinitarischen Theologie. Circuminsessio bezeichnet das gegenseitige »Wohnen« (in-sedere) der Personen ineinander; circumincessio bezeichnet ihre Bewegung aufeinander zu. Diese sind (auf der Ebene menschlichen Denkens) zwei Aspekte einer einzigen Wirklichkeit.

83 Vgl. den letzten Vers der *Hymne an Saccidānanda* im Anhang 1.

84 Nach einer Übersetzung des griechischen Worts *anothen* bei Johannes 3, 3 und 7, das entweder als »wieder« oder als »von oben her« verstanden werden kann.

85 Vgl. Hebräer 11, 13; 1. Korinther 7, 31; 2. Korinther 5, 6; Petrus 2, 11 etc. Vgl. dazu aber auch Johannes 17, 11 und 14; wenn die Jünger nicht der Welt *angehören*, so sind sie doch nichtsdestoweniger *in* ihr.

86 Vgl. den schönen Text des Dionysius von Alexandrien: »Wir erweitern die Monade unsichtbar zur Triade, und umgekehrt fassen wir die Triade ohne Verringerung in der Monade zusammen« (zitiert bei Athanasius, *de sent. Dion.* 17). Dazu gibt Th. de Régnon folgenden Kommentar: »Die Monade ist der

einzige Vater, dessen Wesen sich in die Personen erweitert, die von ihm aus-
gehen. Die Triade bedeutet die drei kraft ihrer Konsubstantialität und *circumincessio* im Vater zusammengefaßten Personen« (*Etudes sur la S. Trinité*, 3. Serie, Nr. XXI, S. 9).

87 »Nur der kommt zurück – wenn überhaupt – der nur den halben Weg gegangen
ist,« wie Misri über den nächtlichen Aufstieg Mohammeds sagt, der zurückkam, nachdem er der unzugänglichen Stadt, in der die Herrlichkeit Gottes
wohnt, bis auf zwei Bogenschüsse nahegekommen war. (L. Massignon, *Les
trois prières d'Abraham*, SS. 17, 63)

88   *Wenn alle Begierden gelöst sind,*

die sich im Herzen angesammelt haben,

dann wird der Sterbliche unsterblich

und erlangt Brahman schon hier und jetzt.

Wenn alle Knoten des Herzens gelöst sind,

dann wird der Sterbliche unsterblich.

(Katha Upanishad 6, 14-15)

Ihn erkennend schauen die Weisen den Unsterblichen,

die Verkörperung der Freude, den Leuchtenden.

Wenn man ihn schaut im Höchsten und im Tiefsten,

werden die Knoten des Herzens zertrennt,

alle Zweifel gelöst

und die Bindung an die Werke vernichtet.

(Mundaka Upanishad 2, 2, 7-8)

89 Wir müssen hier auf die Studie über den Glauben von R. Panikkar verweisen,
in der er unterscheidet zwischen *Glauben* – dem inneren Bezug des Menschen
zu dem, was jenseits von ihm ist, was sein eigenes Licht ist und nie verblassen
kann – und den *Überzeugungen*, den noetischen Symbolen, durch die sich der
Glaube auf der Verstandesebene darstellt. (Vgl. Panikkar, »Faith – a Consti-
tutive Dimension of Man« in *Journal of Ecumenical Studies*, Vol 8, S. 223 ff).

90 *Sadguru.* Guru ist der Mensch, der fähig ist, andere in das Erfahrungswissen vom Mysterium Gottes zu initiieren, das er aus eigener Erfahrung kennt – und nichts weiter. Die Vorsilbe *sat* fügt die Bedeutung der Wirklichkeit, Wahrheit und Güte hinzu. Der *Sadguru* ist in erster Linie der Meister der Wahrheit, der wirkliche und wahre Lehrer, der »gute Meister« des Evangeliums (Markus 10, 17). Nur er führt andere in das Wirkliche, das *sat* ein; nur er vermittelt seinen Schülern seinen eigenen Geist; seine Worte sind Geist und Leben; sie sind Samen, die Frucht tragen in den Herzen derer, die sie mit gutem und aufrichtigem Herzen (Lukas 8, 15) empfangen. Nur wer selbst im Schoße des Vaters, dem Ursprung und der Quelle allen Seins lebt, kann vom Sein, *sat*, sprechen und Menschen zu ihm führen.

91 Tatsächlich starb er im Campbell Hospital, als ihm die Inhaftierung drohte.

92 Über Swami Brahmabandhab Upādhyāya siehe das Buch seines Schülers und Freundes Swami Animānanda, *The Blade* (Calcutta) und die Bücher von G. Gispert-Sauch und J. Lipner.

93 Für einen Kommentar siehe G. Gispert-Sauch, *Religion and Society*, Vol. XIX, Nr. 4 (Dez. 1972), S. 60 ff.

94 Vgl. Anm. 71.

95 Verse 16 bis 26 von *Upadesha Sāram*, frei übersetzt.

96 Ausgewählte Verse aus Sri Ramanas *Hymns to Arunāchala*: »Eleven Verses« 10-11 und »Eight Stanzas« 1-5 und 7-8.

97 Eine Anspielung auf zwei Darstellungsformen Shivas. In der ersten, die als *Dakshinamūrti* bekannt ist, verfiel Shiva in Schweigen, nachdem er vergeblich versucht hatte, den »Söhnen Brahmas« das höchste Mysterium des Seins in Worten zu erklären.; und durch dieses Schweigen selbst erlangten seine Schüler das »Wissen vom Selbst«. In der zweiten erschien Shiva genau an der Stelle, wo jetzt Arunāchala steht, in Gestalt einer unermeßlichen Säule aus Licht, deren Fundament in den Tiefen der Erde begraben war, und deren Spitze über den Himmel hinausragte.

98 Ausgewählte Verse aus Sri Ramanas *Hymns to Arunāchala:* »Five Stanzas, 1-5; »Eleven Verses« 7, 5 und 2; »Necklace of Nine Gems« 2 und 1.

99 Eine Anspielung auf Shivas Erscheinung als Natarāja, König des Tanzes. Der triumphierend tanzende und mit einem Nimbus aus Feuer umgebene Shiva stampft mit seinen Füßen auf den von ihm soeben besiegten Dämon.

100 In Chidambaram (einer heiligen Stadt in Tamilnadu) wird Shiva als Natarāja verehrt. Die mystische Bedeutung von »Chidambaram« ist »der Raum des Herzens« (*cid ambaram*)

101 Wir erinnern uns daran, daß *a-chala* Berg heißt (wörtlich »der Unbewegliche«).